경찰법으로서

테러방지법의 이해

김용주

박영사

서 문

최근 테러가 파기스탄, 인도네시아, 필리핀 등 아시아로 확산되고 테러의 목표가 다수의 민간인을 노리는 소프트타깃으로 변화하는 등 국제테러단체의 위협이 고조되고 있다. 한편 우리 국민이 정부에 대한 개인적 반감으로 국제테러단체에 가입을 시도하거나 SNS를 통해 테러단체에 지지표명을 하는 등 특정조직이 아닌 외로운 늑대에 의한 자생적 테러도 증가할 가능성이 있다. 이에 더하여 북한의 공개적인 보복위협도 증가하는 경향을 보면, 향후 국내 후방테러 자행과 중국·동남아 지역에서 여행 중인 우리 국민을 대상으로 하는 납치테러도 우려되고 있는 실정이다.

이러한 현실에 대응하기 위하여 2016년 3월 3일 「국민보호와 공공안전을 위한 테러방지법」이 제정·시행되었다. 동 법률은 특별경찰법의 한 형태로, 테러의 예방 및 대응 활동 등에 관하여 필요한 사항과 테러로 인한 피해보전 등을 규정함으로써, 테러로부터 국민의 생명과 재산을 보호하고 국가 및 공공의 안전을 확보하는 것을 목적으로 한다. 테러방지법이 그 입법취지에 따라 테러를 사전에 예방하면서도 국민의 기본권을 침해하지 않도록 하기 위해서는 테러방지작용의 수권규범이 명확해야 하고, 헌법의 기본이념에 부합하고 적법·타당하게 적용 및 집행되어야 한다. 하지만 테러에 관한 일반도서는 시중에 많이 출판되어 있음에 반하여, 실정법인 테러방지법에 대한 이론 및 해설서는 대테러센터에서 마련한 「테러방지법 해설」 이외에는 마땅히 없는 것이 현실이다. 이 책은 이러한 현실을 감안하여 테러방지법의 체계적 이해와 보완사항에 저술의 중점을 두었다.

저자는 매년 정부중앙청사 별관 국제회의실에서 개최되는 중앙통합방위회의에 2007년 1월 24일 제40차 통합방위중앙회의, 2012년 2월 15일 제45차 중앙통합방위회의(2010년부터 통합방위중앙회의에서 중앙통합방위회의로 회의명칭 변경), 2013년 1월 24일 제46차 중앙통합방위회의 등 총 세 차례에 걸쳐 경호·경비 및 대테러계획담당관 직무를 수행하였다. 적의 침투·도발이나 그 위협에 대응하기 위한 통합방위대책을 수립·시행하는데 필요한 사항을 규정하고 있는 「통합방위법」에 따르면, 중앙통합방위회의는 통합방위정책, 통합방위작전·훈련 및 지침, 통합방위사태의 선포 또는 해제 등을 심의하는 기능을 수행하며, 국무총리와 국무위원, 정부부처 관계관, 광역지방자치단체장, 합참의장, 각군 총장, 군 주요 지휘관, 경찰·해양경찰·소방 주요 직위자, 언론사 대표 등으로 구성된 협의기구로 매년 개최된다. 저자는 중앙통합방위회의의 안전한 진행을 위한 경계 및 대테러 계획담당관으로 경찰·소방·군부대 등을 총괄 지휘하는 직책을 수행한 것이다.

저자는 그 당시 불명확한 테러개념을 규명하고 테러방지작용의 근거와 한계를 명확히 할 필요성을 느끼게 되었다. 그래서 이후 관련 논문을 게재하였던바, 이 책은 그것이 계기가 되어 테러방지법의 헌법합치적 이해와 적용을 위해 탄생하게 되었다. 따라서 이 책은 테러에 관한 여러 쟁점 가운데 테러방지의 작용법적 근거와 한계를 경찰행정법적 이론을 토대로 검토함으로써, 직무수행의 명확한 기준을 제시하는데 목적을 두고 있음을 밝힌다. 이 목적을 최대한 구현하기 위해서 순서를 제1장 「테러와 테러방지법」, 제2장 「테러방지조직」, 제3장 「테러방지작용」, 그리고 제4장 「보론: 테러방지법의 보완사항」이라는 총 4개 장으로 구성하였다.

제1장 「테러와 테러방지법」은 제1절 개관, 제2절 최근 테러의 경향, 제3절 테러방지의 필요성과 테러방지법의 제정 순으로 구성하였다.

제1절에서는 테러리즘·테러·테러범죄의 개념을 다루었고, 테러범죄와 일반범죄의 차이에 대해서도 규명하려고 시도하였다. 이어 현행 테러방지법에 정의된 테러의 개념을 분석한 후, 테러방지법의 적용과 다른 법률과의 관계에 대해서 검토하였다.

제2절에서는 최근 테러의 발생 현황을 유럽, 중동, 아시아·태평양, 아프리카, 미주 등 5개 지역으로 구분하여 제시하였다. 이어 테러 경향의 변화로서 뉴테러리즘의 개념과 특징을 고찰한 후, 유형을 검토하였다. 여기서 덧붙이고 싶은 것은, 이 책은 테러방지법을 이해하고 해석하는데 중점이 있으며 테러에 관한 일반도서는 많이 발간되어 있음을 고려하여, 제2절은 최대한 간략하게 기술하였음을 밝혀 둔다.

제3절에서는 테러방지의 필요성과 테러방지법의 제정과정에 대해서 검토하였다. 테러방지를 위한 사전 예방적 처벌의 필요성, 테러범죄에 대한 대응으로서의 입법 경향을 고찰한 이후, 국내 입법을 위한 노력 등을 살펴보았다. 이어 국회에 발의된 법안의 쟁점을 테러개념, 국가정보원의 권한, 대테러활동의 근거규정, 군병력 및 향토예비군의 동원문제 등을 중심으로 검토하였다. 마지막으로 현행 테러방지법의 제정과정, 주요 내용 및 평가순서로 기술하였다.

제2장 「테러방지조직」은 제1절 개관, 제2절 국가테러대책위원회 및 관계기관, 제3절 대테러 인권보호관, 제4절 전담조직 순으로 구성하였다.

제1절에서는 의의 및 대테러 체계를 개관함으로써, 테러방지법상 우리나라의 대테러활동이 어떻게 이루어지고 있는지를 살펴보았다.

제2절에서는 국가테러대책위원회, 테러대책실무위원회, 대테러센터, 대테러 관계기관 순으로 상세히 검토하였다.

제3절에서는 관계기관의 대테러활동으로 인한 국민의 기본권 침해 방지를 위하여 설치된 대테러 인권보호관의 의의, 자격 및 직무, 의무

등을 중심으로 검토하였다.

제4절에서는 대테러전담조직으로 테러정보통합센터, 지역 테러대책협의회, 공항·항만 테러대책협의회, 테러사건대책본부, 화생방테러대응지원본부, 테러복구지원본부, 현장지휘본부, 관계기관의 현장조직(대테러특공대, 테러대응구조대, 대테러합동조사팀, 대화생방테러특수임무대, 군대테러특수임무대) 순으로 검토하였다.

제3장 「테러방지작용」은 제1절 개관, 제2절 테러방지작용의 이해, 제3절 테러방지법상 테러방지작용의 유형과 근거, 제4절 테러방지작용의 문제점과 한계 순으로 구성하였다.

제1절에서는 테러방지작용의 의의, 테러의 방지 및 처벌근거로서 헌법적 문제를 분석·검토하였다.

제2절에서는 테러위험의 존재시기(테러위험은 언제 존재하는가?) 및 테러방지작용의 투입시기(테러방지작용은 언제 개시되어야 하는가?)를 경찰법 이론으로 자세히 서술하였다. 먼저 테러위험의 존재시기에 대해서는 경찰법 이론을 통해 위험(Gefahr), 리스크(Risiko), 잔존리스크(Restrisiko)의 구별을 전제로 구체적 위험의 개념과 관련하여 검토한 후, 이를 통해 테러방지법상의 테러위험이 경찰법상의 위험 개념에 포섭됨을 규명하였다. 한편 테러방지작용의 투입시기와 관련해서는 경찰작용으로서 테러방지작용의 의의, 테러에 대한 위험방지와 사전대비를 중심으로 상술하였다. 이어서 우리나라의 사례(판례)를 통해 테러위험의 유형, 테러방지작용의 유형·근거 및 적법성에 대한 법원의 입장을 살펴보았다. 세부적으로는 테러단체 가입 선동과 가입 권유에 대한 법원의 입장을 검토함으로써, 테러방지작용의 적용기준을 정립하는데 필요한 단초를 일부 얻을 수 있었다는 점에 의의를 가진다.

제3절에서는 테러대응절차를 테러경보의 발령, 상황전파 및 초동조치, 테러사건 대응 순으로 기술하였다. 이어서 테러방지작용의 유형

과 근거에 대해서는 테러방지작용의 내용을 개관한 후, 테러방지법 제9조, 대테러활동, 대테러조사 순으로 각각 개념·유형·법적 성격 및 근거 측면에서 검토함과 아울러 규정의 해석론을 함께 제시하였다.

제4절에서는 테러방지작용의 문제점 및 한계를 검토하였다. 테러방지법상 테러방지작용의 규율상 문제점으로 직무 및 권한분배의 문제, 테러 및 테러위험인물 개념의 불명확성, 대테러활동과 법률유보원칙, 대테러조사의 기본권 침해성과 법적 규제, 테러단체 가입 선동 및 가입 권유 조항의 위헌성 여부 순으로 검토하였다. 특히 테러단체 가입 선동 및 가입 권유 조항에 대해서는 명확성원칙 위반 여부, 표현의 자유 등 헌법상 기본권 침해 여부, 책임과 형벌 비례원칙 위반 여부, 평등권 침해 여부 등에 대한 법원의 입장을 검토하고 향후 전망을 제시하였다.

한편 테러방지작용은 국민의 기본권 침해를 수반하는 경찰작용임을 고려하여 테러방지법상 테러방지작용의 규율상 문제점을 제기하는데 그치지 않고, 테러방지기관이 테러방지작용의 직무수행시 준수하여야 할 한계를 제시하였다. 테러방지작용의 한계로서는 개별법적 한계, 경찰책임의 원칙, 비례의 원칙 등이 있는바, 차례대로 검토하였다.

제4장 「보론: 테러방지법의 보완사항」에서는 최근 테러 경향의 변화를 고려한 테러방지법의 보완사항 내지 개선방안에 대하여 저자의 의견을 간략히 제시하였다. 주지하다시피, 최근 테러 경향이 급격하게 변화하고 있는 반면에, 테러방지법이 제정되는 과정에서 여러 상황을 고려한 입법 탓으로 테러의 예방 및 대응을 위한 내용들을 충분히 반영하지 못한 부분이 있다고 여겨지기 때문이다.

덧붙이자면, 이 책은 테러방지법의 이해를 위한 시론(試論)에 불과하다. 또한 저자의 미력(微力)으로 인하여 저술하는 과정에서 많은 한계에 직면했음을 고백한다. 미흡한 부분은 앞으로 계속 수정·보완할 것임을 약속한다. 아무쪼록 이 책이 테러방지 관련 직무를 수행하는 분들께 조금이라도 도움이 되기를 소망한다.

이 책이 세상의 빛을 보게 된 데에는 많은 분들의 도움이 있었다. 먼저 저자에게 처음 행정법 공부의 길로 이끌어주시고 석사·박사학위 논문을 취득할 수 있도록 따뜻한 마음과 격려로 지도해주신 고려대학교 법학전문대학원 김연태 교수님, 그리고 경찰법 전공자로 자리매김할 수 있도록 늘 용기와 지혜를 주신 국립경찰대학 서정범 교수님께 머리 숙여 진심으로 감사드린다.

이 책을 출간해주신 박영사 안종만 회장님, 그리고 편집·교정의 전 과정에서 수고해주신 우석진 선생님을 비롯한 편집팀 여러분께 감사드린다.

그리고 저자에게 늘 헌신과 마음의 안식을 주셨던 부모님께 머리 숙여 감사드린다. 지금은 두 분 모두 하늘나라에 계시지만, 부모님께 당신들은 늘 저자의 마음 속 안식처에 계시다고 말씀드리고 싶다. 끝으로, 공부하겠다고 평생의 직장을 그만 둘 때에도 묵묵히 믿어주고 함께 해준 아내 백연미와 세 딸 보미, 가은, 수현에게도 미안함과 함께 각별한 고마움을 전한다. 이 책을 존경하는 부모님, 그리고 사랑하는 아내와 세 딸에게 바친다.

2020. 12.

저자 金 龍 柱

추 천 사

테러는 과거 해외 테러리스트의 국내 입국에 의하여 발생하는 모습을 떠나, 이제는 자생적 테러리스트에 의하여 발생하는 경향으로 급격히 변화하는 추세에 있다. 이에 따라 세계 각국은 테러를 방지하기 위하여 테러위험인물을 입국시 차단하여야 할 뿐만 아니라, SNS 등 온라인을 통해 이슬람 급진주의를 학습·추종하는 인물을 사전에 파악하여 이들에 의한 테러의 위험까지도 사전에 예방해야 하는 이중적 부담을 안고 있다.

이처럼 지구촌 곳곳에서 여러 유형의 테러가 발생하는 최근의 현실에 대응하기 위하여 세계 각국은 다양한 수단과 방법을 동원하여 대처하고 있다. 이는 한국도 예외는 아니어서, 우리나라에서도 이의 필요성을 느껴 2016년 3월 3일「국민보호와 공공안전을 위한 테러방지법」이 제정되어 시행 중에 있다.

테러방지법은 테러 관련 직무를 수행하는 관계자에게는 직무수행의 법적 근거를 제시하고 국민에게는 기본권 보호의 한계로 작용함으로써, 궁극적으로 인권과 법치의 조화를 목적으로 집행되어야 한다. 그런데 테러방지법이 제정·시행된 지 4년이 지난 현재까지도 이 분야에 대한 연구는 매우 부족한 상태에 있으며, 행정법의 비대화와 자료의 홍수 속에서도 테러방지법 분야에 있어서는 변변한 전문서적이 없는 것이 현실이다.

침해행정의 전형인 테러방지작용의 이해를 위해서는 경찰법 이론에 대한 연구가 선행되어야 한다. 이러한 상황을 고려할 때, 이번에 출간되는 김용주 교수의 「(경찰법으로서) 테러방지법의 이해」는 테러방지법 분야에 관한 국내 최초의 전문연구서라는 측면에서, 경찰행정법 영역의 뚜렷한 성과로 평가될 수 있다. 특히 김용주 교수가 테러방지법 분야의 이론과 실무를 겸비한 적격자라는 점은 이 책의 이론적 전문성과 현실적 유용성을 뒷받침하는 중요한 근거가 되리라고 본다.

김용주 교수는 제 연구실에서 연구조교를 시작으로, 경찰행정법 분야로 석사 및 박사과정을 이수하였다. 그는 2000년대 초 경찰의 정보처리가 이슈가 되었던 점에 착안하여 석사논문「독일 경찰법상 정보수집 및 처리에 대한 경찰의 임무와 권한」(2003)으로 법학석사학위를 취득하였다. 이후에는 지금까지도 논란의 중심에 있는 사법경찰과 검찰의 관계에 대하여 박사논문「사법경찰과 검찰의 관계에 대한 역사적 고찰」(2012)로 법학박사학위를 취득하였으며, 신진공법학자대회에서 논문발표를 통하여 신진법학자로서 다른 학자들로부터 학문적 성과와 역량을 인정받았다.

김용주 교수는 경찰법에 천착하면서, 경찰의 직무 가운데 테러, 경찰정보, 행정경찰과 사법경찰의 접점에 있는 분야에 연구를 집중하고 있으며, 현재에도 한국행정법학회 이사, 한국공법학회, 한국비교공법학회 등 많은 학회활동을 하고 있는바, 그의 연구능력은 이미 검증되었다고 하겠다.

경찰법 이론 전공자인 김용주 교수의「(경찰법으로서) 테러방지법의 이해」 저술은 자신의 선행연구와 경찰법 이론을 종합하여 이를 테러방지법에 접목한 연구물이라는 점에서 가치가 크며, 테러방지 이론과 실무 발전에 많은 기여를 할 것으로 확신한다.

이 책의 출간으로 경찰행정법 분야로서 테러방지법에 대한 새로운 관심과 심도 있는 연구가 제고되기를 기대하며, 혼신의 노고를 다해 역저를 출간하게 된 김용주 교수의 학문적 열정과 성과에 축하와 감사의 마음을 표한다.

2020년 12월
고려대학교 법학전문대학원
교수 김연태

차 례

제1장 테러와 테러방지법

제3장 테러방지작용

제1장

테러와 테러방지법

제1장 테러와 테러방지법

제1절 | 개 관

Ⅰ. 의 의

최근 테러가 세계 곳곳에서 일어나고 있다. 종래 테러는 특정 지역, 예컨대, 벨기에·네덜란드 등 북유럽이나 이라크·사우디아라비아 등 중동지역에서만 발생하는 것으로 인식하였다. 그러나 종전 경향과는 달리, 이제 테러는 장소를 가리지 않고 발생하기에 이르렀다. 더 나아가 테러의 주체도 중동지역의 일반적 테러리스트에서 벗어나 자생적 테러분자 내지 테러단체로 확대되고 있다. 이러한 변화에 따라 세계 각국은 테러를 방지하는 데 어려움을 겪고 있으며, 테러를 방지하기 위한 수단을 다양하게 취하며 적극적으로 대응하고 있다. 더욱이 잠재적 테러행위자의 입국금지는 물론이고, 자국 내의 테러 동향을 살피는 방법까지도 동원하고 있는 실정이다.

이러한 상황에 이르다 보니, 테러방지는 한 국가의 생존적 이익

내지 사활적 이익을 지키기 위한 매우 중요한 수단임에 틀림이 없다. 그러나 한편으로는 테러방지작용을 하다 보면 국민의 기본권이 침해되는 경우가 발생할 우려가 있다. 따라서 합헌적 법률에 근거한 테러방지작용을 담보하면서도 국민의 기본권 침해를 방지하기 위하여 서구 각국은 대테러법 내지 테러방지법을 제정하여 시행 중에 있는바, 우리나라도 예외는 아니다. 우리나라는 수많은 우여곡절 끝에 「국민보호와 공공안전을 위한 테러방지법」(이하 "테러방지법"이라 한다)이 2016년 3월 2일 국회를 통과하여, 3월 3일 법률 제14071호로 제정·공포되었다.[1)]

제1장 「테러와 테러방지법」은 동 법률의 사전 이해를 위하여 제1절 개관, 제2절 최근 테러의 경향, 제3절 테러방지의 필요성과 테러방지법의 제정 순으로 구성하였다.

제1절에서는 테러리즘·테러·테러범죄의 개념을 다루었고, 테러범죄와 일반범죄의 차이에 대해서도 규명하려고 시도하였다. 이어 현행 테러방지법에 정의된 테러의 개념을 분석한 후, 테러방지법의 적용과 다른 법률과의 관계에 대해서 검토하였다.

제2절에서는 최근 테러의 발생 현황을 유럽, 중동, 아시아·태평양, 아프리카, 미주 등 5개 지역으로 구분하여 제시하였다. 이어 테러 경향의 변화로서 뉴테러리즘의 개념과 특징을 고찰한 후 유형을 검토하였다. 여기서 덧붙이고 싶은 것은, 이 책은 테러방지법을 이해하고 해석하는데 중점이 있으며, 테러에 관한 일반도서는 많이 발간되어 있음을 고려하여, 제2절은 최대한 간략하게 기술하였음을 밝혀 둔다.

제3절에서는 테러방지의 필요성과 테러방지법의 제정과정에 대해서 검토하였다. 테러방지를 위한 사전 예방적 처벌의 필요성, 테러범죄

1) 그 당시, 테러방지법 부칙 제1조(시행일)에서 "이 법은 공포한 날부터 시행한다. 다만, 제5조부터 제8조까지, 제10조, 제11조, 제14조부터 제16조까지는 공포 후 3개월이 경과한 날부터 시행한다."라고 규정함으로써, 일부 조항의 시행에 경과규정을 두고 있었다.

에 대한 대응으로서의 입법 경향을 고찰한 이후, 국내 입법을 위한 노력 등을 살펴보았다. 이어 국회에 발의된 법안의 쟁점을 테러개념, 국가정보원의 권한, 대테러활동의 근거규정, 군병력 및 향토예비군의 동원문제 등을 중심으로 검토하였다. 마지막으로 현행 테러방지법의 제정과정, 주요 내용 및 평가순서로 기술하였다.

Ⅱ. 테러와 테러범죄

1. 테러리즘, 테러, 테러활동

국제연맹(The League of Nations)이 1937년 11월 26일 제정한 「테러리즘의 예방과 처벌을 위한 협약」(Convention for Prevention and Punishment of Terrorism)에서 처음으로 테러리즘에 대한 정의가 명시된 이후 수많은 정의 도출이 시도되었지만,[2] 최근까지도 테러리즘에 대하여 일반적·보편적으로 받아들여지는 정의가 확립되지는 못하고 있다. 이러한 이유는 국제정치적 상황 속에서 국가별로 테러리즘, 테러에 대해서 자국에 유리한 정의를 취하고 있기 때문이다. 이처럼 테러리즘, 테러는 그 개념이 광범위하고 다의적이기 때문에 학문적으로나 법적으로 일관된 개념으로 정립하기가 힘들다. 다만, 많은 학자들은 테러와 테러리즘을 거의 동일한 개념으로 이해하고 있다.[3]

테러와 테러리즘을 거의 동일한 개념으로 이해한다는 것은 테러리즘과 테러 사이에 밀접한 관계가 있음을 의미하며 이러한 이해가 어느 정도의 합리성을 지니지만, 양자 간의 관계 내지 차이점에 대하여는 보

---

2) 이에 대한 자세한 내용은 오태곤, "뉴테러리즘 시대 북한테러리즘에 관한 공법적 검토", 법학연구 제21집, 한국법학회, 2006, 372면 이하 참조.

3) 이대성, "테러범죄의 동향분석과 대응방안에 관한 헌법적 연구", 세계헌법연구 제14권 제3호, 국제헌법학회·한국학회, 2008, 267면.

다 상세한 규명이 필요하다. 대체로 테러리즘은 일종의 어떤 신앙적 기초 위에 뿌리를 둔 체계적인 이론과 주장이 있는 세계관 혹은 의식형태를 말하며, 그 가장 핵심적인 내용은 테러이념지상(至上)에 있다. 이에 반해 테러는 그를 수단으로 하여 공포사건의 단초를 조장하여 사회대중의 심리적 공황을 일으키는 것에 중점이 있다고 설명되는데, 이에 의하면 테러는 테러범이 사회공황을 조성하기 위해 실시하는 외적인 수단행위인 것이다. 즉, 테러리즘이 가리키는 테러는 테러범에게 내재하고 있는 신앙을 전제로 한 것이며, 체계적인 이론과 주장에 근본을 둔 내재된 신앙을 떠난다면 테러는 더 이상 테러리즘행위가 아닌 것이다.[4)5)]

미국의 국내법상 테러리즘의 정의에 대해 살펴보면, 미국법전(United States Code) Title 22, Chapter 38에는 '초국가적 집단 또는 비밀요원들에 의한 비전투요원인 대상에 대해 저질러지는 계획적이고 정치적인 동기를 가진 폭력'을 의미한다고 규정하고 있고, PATRIOT ACT[6)]에는 '(a) 미국 또는 어떤 국가의 형법을 위반하여 인간의 생명에 위험이 되는 행위를 수반하고, (b) ⅰ) 민간인을 위협 또는 강요하거나, ⅱ) 위협이나 강요에 의하여 정부의 정책에 영향을 미치거나, ⅲ)

4) 음건봉, "중국의 테러활동범죄에 관한 입법 연구", 동아법학 제49호, 동아대학교 법학연구소, 2010, 253면.

5) "테러는 테러리즘의 약어로서 공포, 전율, 특정한 위협 등의 뜻을 가진 명사로, 정치적·종교적·이념적 적대자 또는 그 단체나 기관의 대중들에게 살인, 납치, 방화, 폭파 따위의 온갖 폭력을 행사하여 상대방으로 하여금 공포에 빠지게 하는 불법적인 행위라 할 수 있다. 따라서 단순한 폭력이나 협박과는 달리 계획적이고, 조직적이며, 집단적으로 행하여지는 특징이 있다."는 견해 또한 이와 같은 취지라 볼 수 있다. 백종순, 「한국의 테러대응 정책에 관한 연구」, 광주대학교 행정학 박사학위논문, 2019, 11면.

6) 미국은 2001년 '9.11테러'가 발생하자, 기존의 대테러 관련법보다 대응을 강화한 「테러차단과 방지에 필요한 적절한 수단의 제공에 의한 미국의 통합 및 강화법」(Uniting and Strengthening America by providing Appropriate Tools Required to Intercept and Obstructing Terrorism Act: 일명 PATRIOT ACT)을 제정하였다.

대량파괴, 암살 또는 납치에 의하여 정부의 행위에 영향을 미치려는 의도가 있고, (c) 미국의 제1차적인 영토적 관할권 내에서 발생하는 활동'이라고 정의하고 있다.[7)]

유엔 안전보장이사회 결의 1373호(United Nations Security Council Resolution 1373)에 의한 테러리즘의 정의를 보면, '테러리즘이란 민간인을 상대로 하여 사망 혹은 중상을 입히거나 인질로 잡는 등의 위해를 가하여 대중 혹은 어떤 집단의 사람 또는 어떤 특정한 사람의 공포를 야기함으로써, 어떤 사람, 대중, 정부, 국제조직 등으로 하여금 특정행위를 하도록 강요하거나 또는 하지 못하도록 막고자 하는 의도를 가진 범죄행위'라고 규정하고 있다.[8)]

레바논의 Sami Zeidan은 "테러리즘의 정의에 대해서 일반적인 합의가 없는데, 테러리즘을 정의하는 것이 어려운 이유는 그러한 정의를 내리는 것이 수반하게 될 위험 때문이다. 현재 테러리즘이라는 용어의 정치적 가치는 그 법적인 가치를 압도하고 있다. 테러리즘을 정치적인 의미를 기준으로 이해한다면, 테러리즘은 특정한 시대, 특정한 국가들의 이해관계에 따라 그 의미가 쉽게 달라지게 된다. 예컨대, Taliban과 Osama bin Laden은 그들이 소련의 아프가니스탄 점령에 저항하던 때에는 한 때 자유의 전사(mujahideen)로 불리었고 CIA의 지원을 받았다. 그러나 현재 그들은 국제테러리스트 명단의 최상위에 올라 있다. 오늘날 국제연합은 팔레스타인을 이스라엘에 의해 그들의 땅을 불법점령한 것에 맞서 싸우며 합법적인 저항을 하고 있는 자유의 전사로 간주하는 반면, 아직도 이스라엘처럼 그들을 테러리스트로 간주하는 국가도 있다. 또한 이스라엘은 레바논의 Hizbullah에 대해서 테러리스트집단으

7) 문준조, 「국제테러에 대한 국내법제 개선방안 연구」, 연구보고 2012-03, 한국법제연구원, 2012, 116면.

8) 박재풍, "뉴테러리즘의 의미 재정립과 대응에 관한 연구", 한국치안행정논집 제8권 제1호, 한국치안행정학회, 2011, 168면.

로 간주하는 반면에, 국제사회는 Hizbullah를 이스라엘의 남레바논에 대한 불법점령에 저항하는 합법적인 저항세력으로 간주하고 있다."라고 언급하면서,[9] 테러리즘의 정의 설정의 어려움을 정치적 이유로 표현하였다.

다만, 테러리즘은 테러와 다음과 같은 점에서 구별될 수 있다. 즉, 테러가 '정치적 적대자 또는 그 단체나 기관에 대하여 파괴·구타·학살·방화 등 온갖 폭력수단을 행사하여 상대를 위협하거나 또는 공포에 빠뜨리게 하는 비합법적인 행동 또는 그렇게 하는 사람·폭력·폭행'을 의미하는데 반해, 테러리즘이란 '폭력 혹은 그 위협에 호소하는 정치상의 주의'를 말하는 것으로,[10] 어떠한 정치적·종교적·사회적 목적을 위해 폭력을 계획적·의도적으로 활용하는 것을 의미한다.[11]

하지만 이러한 개념 구별에도 불구하고, 이해 당사자 모두가 동의할 수 있는 테러리즘과 테러에 대한 정의를 내리기는 쉽지 않으며, 오늘날 테러리즘과 테러를 동일한 개념으로 사용하는 경우가 많음은 주지의 사실이다. 그러나 양자 간에 전술한 바와 같은 차이점이 엄존한다는 점을 고려할 때, 비록 테러리즘과 테러가 혼용되어 사용되고 있기는 하지만 양자는 구별될 필요가 있다.

2. 테러범죄와 일반범죄의 차이

동일한 사건을 관점에 따라 테러범죄로 규정하기도 하고, 어떤 경

---

9) Sami Zeidan, Desperately Seeking Definition: The International Community's Quest for Identifying the Specter of Terrorism, 36 Cornell International Law Journal, 2004, pp.491－492.

10) 김태종, "테러리즘의 실체에 관한 이론적 연구", 치안논총 제7집, 치안정책연구소, 1990, 76면.

11) 이태윤, (새로운 전쟁) 21세기 국제 테러리즘: 미 9.11테러와 대테러 전쟁의 실체, 도서출판 모시는 사람들, 2004, 46면.

우에는 단순한 일반범죄로 취급하기도 하며, 다른 시각에서는 애국적인 행위로 평가하기도 한다.[12)]

그렇다면 테러리즘을 테러와 동일한 개념으로 간주한다고 하더라도 테러 내지 테러범죄를 일반범죄로부터 구별할 수 있는 기준으로는 무엇을 생각할 수 있을까? 테러범죄는 사회 전체를 공포상태에 몰아넣는 행위로서 민간정부에게 정치적 요구를 관철하기 위해 비무장 민간대중을 공격하는 행위이다. 따라서 테러의 표적이 누구인가, 그 동기는 무엇인가가 테러범죄를 정의하는 결정요소라 할 수 있다. 테러범죄는 그 표적이 무고한 시민이며, 그 동기가 정치적이어서 해당 정권의 특정 행동을 요구한다는 것을 그 특징으로 한다. 사용된 무기의 종류는 테러범죄인가 아닌가를 결정하는데 있어서 아무런 역할도 하지 못한다. 한편 개인적 목적을 위해 무차별 대중을 공격하는 행위는 테러범죄가 아니라 일반범죄일 따름이고, 군사시설에 대한 공격은 테러범죄가 아니라 전쟁이다.[13)]

테러범죄는 일반범죄에 비해 다음과 같은 두 가지 특징을 가진다고 이해하는 것이 일반적이다. 그 하나는 목적성으로, 테러범죄는 일정한 정치 혹은 기타 목적이 있다는 것이며,[14)] 다른 하나는 폭력성으

---

12) 이는 Sami Zeidan이 Taliban과 Osama bin Laden, 레바논의 Hizbullah에 대한 상반된 평가가 있음을 언급한 것을 보아서도 알 수 있다. 이러한 이유는 동일한 사건을 보는 '상이한 시각' 때문에 국가 또는 담당기관에 따라 '다의적 해석'이 가능하여 완전히 통일된 개념으로 명확하게 정의내리기 어렵기 때문이다. 일반적으로 서구 선진국들은 행위유형과 동기를 불문하고 '비인간적' 또는 '반문명적' 폭력행위를 포괄적으로 테러리즘으로 규정하려 하고, 제3세계 국가들은 '민족자결권'의 행사로서의 폭력행위는 정당성을 인정하여 테러리즘에서 제외하려고 한다. 김두수, "EU의 테러리즘 규제에 관한 법적 검토", 유럽연구 제30권 3호(2012년 겨울), 한국유럽학회, 2012, 68면.

13) 이만종, "한국의 반테러 관련법제의 제정 필요성과 입법적 보완방향", 경찰학논총 제6권 제1호, 경찰학연구소, 2011, 348면.

14) 이에 의하면 지금까지는 테러범죄와 일반범죄의 구별기준으로 정치적 목적의 유무를 고려했으나, 최근에는 단순히 정치적 목적만을 달성하기 위해 테러범죄가 이용되는 것이 아니라, 정치·사회·종교·민족주의적인 요소들이 복합적으로 작용하여 나

로 테러범죄는 자주 폭력적 테러행위를 자행하여 공공안전을 심각하게 위협한다는 것이다.[15] 한편 전술한 바와 같은 테러범죄와 일반범죄의 구분에 관한 일반적 견해와 다른 입장도 나타나고 있는 바, 양자는 범죄주체나 범죄의 객관적 표현 및 범죄객체면에서는 별반 차이가 없으나 범죄의 주관적 측면에서 차이가 있을 뿐이라는 견해가 그것이다. 즉, 테러범죄는 '사회공포 조성'을 그 특유의 범죄목적으로 한다는 점에서 일반범죄와 구분된다는 것인바, 이러한 견해에 의하면 예컨대, 테러정보를 유출하는 행위는 폭력을 사용하거나 또는 폭력으로 서로 위협하는 방법이라고 하기는 어렵지만 테러범죄에 속한다. 사실상 사회공황의 조성을 목적으로 한 테러범의 행위는 비록 폭력이라는 행위가 없더라도 테러범죄의 색채를 띠는 것이라는 견해이다.[16]

문제는 테러범죄를 테러리즘범죄로 이해할 경우 테러에 대한 국제적인 개념 정의가 명확하지 않음을 고려할 때, 테러에 대한 각 국가의 임의적 해석이 국가 간의 분쟁을 초래할 수 있으며,[17] 또한 한 국가 내에서의 테러대응기관들의 법집행 기준의 재량범위가 넓어짐으로써, 테러용의자뿐만 아니라 일반시민의 인권침해까지도 야기할 수 있다는 문제점이 발생한다. 이것이 테러범죄와 일반범죄를 구별하여 다루어야 하는 실익이다.

타난다고 한다. 이런 측면을 고려하여 ① 종교적 테러리즘, ② 이데올로기적 테러리즘, ③ 민족주의적 테러리즘, ④ 분리주의적 테러리즘, ⑤ 국가 테러리즘 등으로 세분화하기도 한다. 김두현·김정현 공저, 현대테러리즘의 이해, 도서출판 두남, 2009, 16면.

15) 김두현·김정현, 앞의 책, 13면.

16) 음건봉, 앞의 논문, 255-256면.

17) 테러범죄의 법적 성격은 국제범죄 범주에만 속하는 것은 아니며, 국내범죄에도 포함된다. 이는 테러범죄에 대한 국제협약과 국내입법이 완전히 일치하지 않음을 의미하고, 한 국가의 테러범죄가 바로 국제범죄의 범주에 모두 속한다고 할 수 없다는 것을 의미한다.

Ⅲ. 테러방지법상 테러의 개념과 적용

1. 테러방지법상의 테러개념

그렇다면 우리나라의 테러개념에 대한 이해가 필요한바, 현행 테러방지법 제2조 제1호에 의하면, 테러란 국가·지방자치단체 또는 외국정부(외국 지방자치단체와 조약 또는 그 밖의 국제적인 협약에 따라 설립된 국제기구를 포함한다)의 권한행사를 방해하거나 의무 없는 일을 하게 할 목적 또는 공중을 협박할 목적으로,

가. 사람을 살해하거나 사람의 신체를 상해하여 생명에 대한 위험을 발생하게 하는 행위 또는 사람을 체포·감금·약취·유인하거나 인질로 삼는 행위

나. 항공기[18]와 관련하여 ① 운항 중[19]인 항공기를 추락시키거나 전복·파괴하는 행위, 그 밖에 운항 중인 항공기의 안전을 해칠 만한 손괴를 가하는 행위, ② 폭행이나 협박, 그 밖의 방법으로 운항 중인 항공기를 강탈하거나 항공기의 운항을 강제하는 행위, ③ 항공기의 운항과 관련된 항공시설을 손괴하거나 조작을 방해하여 항공기의 안전운항에 위해를 가하는 행위

다. 선박[20] 또는 해상구조물[21]과 관련하여 ① 운항[22] 중인 선박

18) 2016년 3월 29일 「항공법」은 「항공사업법」, 「항공안전법」, 「공항시설법」으로 분리되어 제정·공포되었다. 따라서 동 법상 규정된 「항공법」 제2조 제1호는 「항공안전법」 제2조 제1호를 준용하는 것으로 해석해야 하며 개정을 요한다. 한편 이에 의하면, 항공기란 공기의 반작용(지표면 또는 수면에 대한 공기의 반작용은 제외한다. 이하 같다)으로 뜰 수 있는 기기로서 최대이륙중량, 좌석 수 등 국토교통부령으로 정하는 기준에 해당하는 ① 비행기, ② 헬리콥터, ③ 비행선, ④ 활공기(滑空機), ⑤ 그 밖에 대통령령으로 정하는 기기를 말한다(「항공안전법」 제2조 제1호).

19) 운항 중이란 승객이 탑승한 후 항공기의 모든 문이 닫힌 때부터 내리기 위하여 문을 열 때까지를 말한다(「항공보안법」 제2조 제1호).

20) 선박이란 기선(機船), 범선(帆船), 부선(艀船) 및 잠수선(潛水船) 등 해저(海底)에 항

또는 해상구조물을 파괴하거나 그 안전을 위태롭게 할 만한 정도의 손상을 가하는 행위(운항 중인 선박이나 해상구조물에 실려 있는 화물에 손상을 가하는 행위를 포함한다), ② 폭행이나 협박, 그 밖의 방법으로 운항 중인 선박 또는 해상구조물을 강탈하거나 선박의 운항을 강제하는 행위, ③ 운항 중인 선박의 안전을 위태롭게 하기 위하여 그 선박 운항과 관련된 기기·시설을 파괴하거나 중대한 손상을 가하거나 기능장애 상태를 야기하는 행위

라. 사망·중상해 또는 중대한 물적 손상을 유발하도록 제작되거나 그러한 위력을 가진 생화학·폭발성·소이성(燒夷性) 무기나 장치를 ① 기차·전차·자동차 등 사람 또는 물건의 운송에 이용되는 차량으로서 공중이 이용하는 차량, ② ①에 해당하는 차량의 운행을 위하여 이용되는 시설 또는 도로, 공원, 역, 그 밖에 공중이 이용하는 시설, ③ 전기나 가스를 공급하기 위한 시설, 공중의 음용수를 공급하는 수도, 전기통신을 이용하기 위한 시설 및 그 밖의 시설로서 공용으로 제공되거나 공중이 이용하는 시설, ④ 석유, 가연성 가스, 석탄, 그 밖의 연료 등의 원료가 되는 물질을 제조 또는 정제하거나 연료로 만들기 위하여 처리·수송 또는 저장하는 시설, ⑤ 공중이 출입할 수 있는

상 고착되어 있지 아니한 모든 형태의 배를 말한다. 다만, 군함, 국가가 소유하거나 운영하는 해군보조함 및 세관·경찰용 선박은 제외한다(「선박 및 해상구조물에 대한 위해행위의 처벌 등에 관한 법률」 제2조 제1호).

21) 해상구조물이란 자원의 탐사·개발, 해양과학조사, 그 밖의 경제적 목적 등을 위하여 「해양법에 관한 국제연합 협약」에 따른 대륙붕에 항상 고착된 인공섬, 시설 또는 구조물을 말한다(「선박 및 해상구조물에 대한 위해행위의 처벌 등에 관한 법률」 제2조 제5호).

22) 운항이란 항해, 정박(碇泊), 계류(繫留), 대기(待機) 등 해양에서의 선박의 모든 사용 상태를 말한다(「선박 및 해상구조물에 대한 위해행위의 처벌 등에 관한 법률」 제2조 제2호).

건조물·항공기·선박으로서 ①부터 ④까지에 해당하는 것을 제외한 시설에 배치하거나 폭발시키거나 그 밖의 방법으로 이를 사용하는 행위

마. 핵물질,[23] 방사성물질[24] 또는 원자력시설[25]과 관련하여 ① 원자로를 파괴하여 사람의 생명·신체 또는 재산을 해하거나 그 밖에 공공의 안전을 위태롭게 하는 행위, ② 방사성물질 등과 원자로 및 관계 시설, 핵연료 주기시설 또는 방사선 발생장치를 부당하게 조작하여 사람의 생명이나 신체에 위험을 가하는 행위, ③ 핵물질을 수수·소지·소유·보관·사용·운반·개조·처분 또는 분산하는 행위, ④ 핵물질이나 원자력시설을 파괴·손상 또는 그 원인을 제공하거나 원자력시설의 정상적인 운전을 방해하여 방사성물질을 배출하거나 방사선을 노출하는 행위 등을 의미한다고 규정하고 있다.

테러개념을 좀더 명확하게 이해하기 위해서는 본 조항에서 규정하고 있는 '권한행사를 방해하거나 의무 없는 일을 하게 할 목적' 또는 '공중을 협박할 목적'의 의미에 대하여 검토가 필요하다.[26]

첫째 '권한행사를 방해할 목적'에서의 권한행사방해인바, 권한행사방해의 의미는 원래 개인의 권리에 대한 행사를 못하게 하는 것이지만,

---

23) 핵물질이란 우라늄, 토륨 등 원자력을 발생할 수 있는 물질과 우라늄광, 토륨광, 그 밖의 핵연료물질의 원료가 되는 물질 중 대통령령으로 정하는 것을 말한다(「원자력시설 등의 방호 및 방사능 방재 대책법」 제2조 제1호).

24) 방사성물질이란 핵연료물질·사용후핵연료·방사성동위원소 및 원자핵분열생성물(原子核分裂生成物)을 말한다(「원자력안전법」 제2조 제5호).

25) 원자력시설이란 발전용 원자로, 연구용 원자로, 핵연료 주기시설, 방사성폐기물의 저장·처리·처분시설, 핵물질 사용시설, 그 밖에 대통령령으로 정하는 원자력 이용과 관련된 시설을 말한다(「원자력시설 등의 방호 및 방사능 방재 대책법」 제2조 제2호).

26) 이하는 강현철, 「테러방지법 개정방안 연구」, 현안분석 2017-01, 한국법제연구원, 2017, 31-32면.

여기서는 기관의 권한행사를 방해하는 것이며, 기관에 속한 개인의 권한행사를 방해하는 것을 포함하는 개념이다.

둘째 '의무없는 일을 하게 한다는 것'은 하지 않아도 되는 일이나 해서는 아니 되는 일을 강요에 의하여 하게 하는 것을 의미하며, 행위는 작위뿐만 아니라 부작위도 포함된다. 또한 적극적이든 소극적이든 타인의 불법적 행동을 용인하는 행위도 포함하는 포괄적 의미라고 보아야 한다.

[권한행사를 방해하거나 의무 없는 일을 하게 할 목적]

〈판례 ①〉: '직권남용'이란 공무원이 일반적 직무권한에 속하는 사항에 관하여 그 권한을 위법 . 부당하게 행사하는 것을 뜻한다. 직권남용권리행사방해죄는 단순히 공무원이 직권을 남용하는 행위를 하였다는 것만으로 곧바로 성립하는 것이 아니다. 직권을 남용하여 현실적으로 다른 사람이 법령상 의무 없는 일을 하게 하였거나 다른 사람의 구체적인 권리행사를 방해하는 결과가 발생하여야 하고, 그 결과의 발생은 직권남용 행위로 인한 것이어야 한다(대법원 2020. 1. 30. 선고 2018도2236 전원합의체 판결, 같은 취지의 판결로는, 대법원 2020. 2. 13. 선고 2019도5186 판결: 대법원 2008. 12. 24. 선고 2007도9287 판결).

〈판례 ②〉: 강요죄는 폭행 또는 협박으로 사람의 권리행사를 방해하거나 의무 없는 일을 하게 하는 범죄이다. 여기에서 협박은 객관적으로 사람의 의사결정의 자유를 제한하거나 의사실행의 자유를 방해할 정도로 겁을 먹게 할 만한 해악을 고지하는 것을 말한다. 이와 같은 협박이 인정되기 위해서는 발생가능한 것으로 생각할 수 있는 정도의 구체적인 해악의 고지가 있어야 한다. 행위자가 직업이나 지위에 기초하여 상대방에게 어떠한 이익 등의 제공을 요구하였을 때 그 요구행위가 강요죄의 수단으로서 해악의 고지에 해당하는지 여부는 행위자의 지위뿐만 아니라 그 언동의 내용과 경위, 요구 당시의 상황, 행위자와 상대방의 성행·경력·상호관계 등에 비추어 볼 때 상대방으로 하여금 그 요구에 불응하면 어떠한 해악에 이를 것이라는 인식을 갖게 하였다고 볼 수 있는지,

행위자와 상대방이 행위자의 지위에서 상대방에게 줄 수 있는 해악을 인식하거나 합리적으로 예상할 수 있었는지 등을 종합하여 판단해야 한다. 공무원인 행위자가 상대방에게 어떠한 이익 등의 제공을 요구한 경우 위와 같은 해악의 고지로 인정될 수 없다면 직권남용이나 뇌물 요구 등이 될 수는 있어도 협박을 요건으로 하는 강요죄가 성립하기는 어렵다(대법원 2020. 2. 13. 선고 2019도5186 판결).

〈**판례 ③**〉: 강요죄는 폭행 또는 협박으로 사람의 권리행사를 방해하거나 의무 없는 일을 하게 하는 것을 말하고, 여기에서 '의무 없는 일'이란 법령, 계약 등에 기하여 발생하는 법률상 의무 없는 일을 말하므로, 폭행 또는 협박으로 법률상 의무 있는 일을 하게 한 경우에는 폭행 또는 협박죄만 성립할 뿐 강요죄는 성립하지 아니한다(대법원 2008. 5. 15. 선고 2008도1097 판결).

셋째 '공중을 협박할 목적'이란 2인 이상의 불특정 다수를 대상으로 공포심을 유발하거나 해악을 알리는 모든 행위를 의미하며, 테러행위에는 이러한 공중협박이라는 주된 목적이 있어야 함을 요소로 한다고 볼 수 있다.

한편 테러방지법 제2조 제1호에 의하면, 테러목적이 명확하게 확인될 것을 요구하고 있지만, 그 범위는 포괄적이고 추상적으로 제시하고 있다. 즉, 실제 해석의 기준으로 국가 등의 행위목적성을 제시하고 있지만, 국가 등의 행위가 포괄적이라는 점에서 그 대상의 정도는 매우 넓은 범위에서 인정된다고 볼 것이다. 따라서 명확성의 원칙 측면에서 '국가·지방자치단체 또는 외국 정부(외국 지방자치단체와 조약 또는 그 밖의 국제적인 협약에 따라 설립된 국제기구를 포함한다)의 권한행사를 방해하거나 의무 없는 일을 하게 할 목적 또는 공중을 협박할 목적'의 구체적 범위를 한정해서 규정할 필요성이 있다.

[공중을 협박할 목적]

〈판례 ①〉: 협박죄에서 협박이란, 일반적으로 보아 사람으로 하여금 공포심을 일으킬 정도의 해악을 고지하는 것을 의미하며, 그 고지되는 해악의 내용, 즉 침해하겠다는 법익의 종류나 법익의 향유 주체 등에는 아무런 제한이 없다. 따라서 피해자 본인이나 그 친족뿐만 아니라 그 밖의 '제3자'에 대한 법익 침해를 내용으로 하는 해악을 고지하는 것이라고 하더라도 피해자 본인과 제3자가 밀접한 관계에 있어 그 해악의 내용이 피해자 본인에게 공포심을 일으킬 만한 정도의 것이라면 협박죄가 성립할 수 있다. 이때 '제3자'에는 자연인뿐만 아니라 법인도 포함된다 할 것인데, 피해자 본인에게 법인에 대한 법익을 침해하겠다는 내용의 해악을 고지한 것이 피해자 본인에 대하여 공포심을 일으킬 만한 정도가 되는지 여부는 고지된 해악의 구체적 내용 및 그 표현방법, 피해자와 법인의 관계, 법인 내에서의 피해자의 지위와 역할, 해악의 고지에 이르게 된 경위, 당시 법인의 활동 및 경제적 상황 등 여러 사정을 종합하여 판단하여야 한다(대법원 2010. 7. 15. 선고 2010도1017 판결).

〈판례 ②〉: 협박죄가 성립하려면 고지된 해악의 내용이 행위자와 상대방의 성향, 고지 당시의 주변 상황, 행위자와 상대방 사이의 친숙의 정도 및 지위 등의 상호관계, 제3자에 의한 해악을 고지한 경우에는 그에 포함되거나 암시된 제3자와 행위자 사이의 관계 등 행위 전후의 여러 사정을 종합하여 볼 때에 일반적으로 사람으로 하여금 공포심을 일으키게 하기에 충분한 것이어야 하지만, 상대방이 그에 의하여 현실적으로 공포심을 일으킬 것까지 요구하는 것은 아니며, 그와 같은 정도의 해악을 고지함으로써 상대방이 그 의미를 인식한 이상, 상대방이 현실적으로 공포심을 일으켰는지 여부와 관계없이 그로써 구성요건은 충족되어 협박죄의 기수에 이르는 것으로 해석하여야 한다. 결국, 협박죄는 사람의 의사결정의 자유를 보호법익으로 하는 위험범이라 봄이 상당하고, 협박죄의 미수범 처벌조항은 해악의 고지가 현실적으로 상대방에게 도달하지 아니한 경우나, 도달은 하였으나 상대방이 이를 지각하지 못하였거나 고지된 해악의 의미를 인식하지 못한 경우 등에 적용될 뿐이다(대법원 2007. 9. 28. 선고 2007도606 전원합의체 판결).

2. 테러방지법의 적용과 다른 법률과의 관계

(1) 테러방지법상 테러의 주체

테러방지법상 인적 적용대상은 크게 ① 제2조 제1호의 테러행위자, ② 제2조 제2호에서 규정한 국제연합(UN)이 지정한 테러단체, ③ 테러단체의 관련자로 구분할 수 있다. 그리고 테러단체의 관련자는 다시 ① 테러위험인물로서 ⅰ) 테러단체의 조직원, ⅱ) 테러단체 선전자, 테러자금 모금·기부자, ⅲ) 그 밖에 테러 예비·음모·선전·선동을 하였거나 하였다고 의심할 상당한 이유가 있는 자, ② 그리고 외국인테러전투원으로서 테러를 실행·계획·준비하거나 테러에 참가할 목적으로 국적국이 아닌 국가의 테러단체에 가입하거나 가입하기 위하여 이동 또는 이동을 시도하는 내국인·외국인 등이 해당된다.[27]

(2) 테러범죄의 유형 및 처벌과 테러방지법의 적용

테러방지법은 대테러활동을 '테러 관련 정보의 수집, 테러위험인물의 관리, 테러에 이용될 수 있는 위험물질 등 테러수단의 안전관리, 인원·시설·장비의 보호, 국제행사의 안전확보, 테러위협에의 대응 및 무력진압 등 테러예방과 대응에 관한 제반 활동'으로 정의하는 한편(법 제2조 제6호), 대테러활동에 관하여 다른 법률에 우선하여 적용할 수 있도록 규정하고 있다(법 제4조).

따라서 테러방지법이 적용되기 위해서는 행위주체 및 대상행위가 동 법이 규정하고 있는 개념에 포섭되어야 함을 요구한다. 그렇지 않으면 동 법상 테러와 국내 일반 및 특별형법상 범죄와의 구별이 모호해지는 문제점이 발생하기 때문이다.

이를 전제로 동 법 제17조·제18조·제19조를 검토하면, 동 법은

---

27) 테러방지법 제2조 제1호·제2호·제3호·제4호 참조.

처벌하고자 하는 테러범죄유형을 규정하고 이에 해당하지 않는 범죄는 「형법」 등 국내법으로 처벌하도록 규정하고 있다.[28] 다시 말해, 동 법은 테러의 개념을 정의하고(법 제2조 제1호), 이에 해당되는 행위유형 가운데 동 법 제17조 제1항부터 제5항까지 규정된 범죄는 테러방지법상의 해당 규정으로 처벌하며, 그 이외에 「형법」 등 국내법에 따라 죄로 규정된 행위가 제2조의 테러에 해당하는 경우에는 해당 법률에서 정한 형에 따라 처벌하도록 규정하고 있다(법 제17조 제6항). 또한 타인으로 하여금 형사처분을 받게 할 목적으로 제17조의 죄에 대하여 무고 또는 위증을 하거나 증거를 날조·인멸·은닉한 사람은 「형법」 제152조부터

28) 테러방지법 제17조(테러단체 구성죄 등) ① 테러단체를 구성하거나 구성원으로 가입한 사람은 다음 각 호의 구분에 따라 처벌한다.

1. 수괴(首魁)는 사형·무기 또는 10년 이상의 징역
2. 테러를 기획 또는 지휘하는 등 중요한 역할을 맡은 사람은 무기 또는 7년 이상의 징역
3. 타국의 외국인테러전투원으로 가입한 사람은 5년 이상의 징역
4. 그 밖의 사람은 3년 이상의 징역

② 테러자금임을 알면서도 자금을 조달·알선·보관하거나 그 취득 및 발생원인에 관한 사실을 가장하는 등 테러단체를 지원한 사람은 10년 이하의 징역 또는 1억원 이하의 벌금에 처한다.

③ 테러단체 가입을 지원하거나 타인에게 가입을 권유 또는 선동한 사람은 5년 이하의 징역에 처한다.

④ 제1항 및 제2항의 미수범은 처벌한다.

⑤ 제1항 및 제2항에서 정한 죄를 범할 목적으로 예비 또는 음모한 사람은 3년 이하의 징역에 처한다.

⑥ 「형법」 등 국내법에 죄로 규정된 행위가 제2조의 테러에 해당하는 경우 해당 법률에서 정한 형에 따라 처벌한다.

테러방지법 제18조(무고, 날조) ① 타인으로 하여금 형사처분을 받게 할 목적으로 제17조의 죄에 대하여 무고 또는 위증을 하거나 증거를 날조·인멸·은닉한 사람은 「형법」 제152조부터 제157조까지에서 정한 형에 2분의 1을 가중하여 처벌한다.

② 범죄수사 또는 정보의 직무에 종사하는 공무원이나 이를 보조하는 사람 또는 이를 지휘하는 사람이 직권을 남용하여 제1항의 행위를 한 때에도 제1항의 형과 같다. 다만, 그 법정형의 최저가 2년 미만일 때에는 이를 2년으로 한다.

테러방지법 제19조(세계주의) 제17조의 죄는 대한민국 영역 밖에서 범한 외국인에게도 국내법을 적용한다.

제157조까지에서 정한 형에 2분의 1을 가중하여 처벌하며(법 제18조 제1항), 범죄수사 또는 정보의 직무에 종사하는 공무원이나 이를 보조하는 사람 또는 이를 지휘하는 사람이 직권을 남용하여 제1항의 행위를 한 때에도 제1항의 형과 같이 하되 다만, 그 법정형의 최저가 2년 미만일 때에는 이를 2년으로 처벌하도록 규정하여(법 제18조 제2항), 가중처벌하고 있다. 이렇게 본다면, 테러방지법상 특별한 테러범죄 유형으로 규정하여 처벌하고자 하는 유형은 동 법 제17조 제1항부터 제5항까지의 범죄만 해당되며, 이외에는 국내 일반 및 특별 형법의 규정에 따라 처벌된다고 해석할 수 있다.

이상과 같은 테러개념을 전제로 하여 테러방지법상 테러범죄의 대상, 행위 및 처벌을 표로 정리하면 다음과 같다.

표 1 테러방지법상 테러범죄의 유형 및 처벌[29]

대상	행위	처벌
가. 사람	◦ 살해·상해·체포·감금·약취·유·인질	◦ 테러방지법 제17조 제6항 : 「형법」 등 국내법에 죄로 규정된 행위가 제2조의 테러에 해당하는 경우 해당 법률에서 정한 형에 따라 처벌
나. 항공기 및 항공시설	◦ 항공기에 대한 추락·전복·파괴·기타 손괴·강탈·운행강제 ◦ 항공시설 손괴·조작방해·위해	
다. 선박 및 해상구조물	◦ 파괴·손상·강탈·운항강제·기능장애	
라. 공중차량, 도로 등 공중시설, 수도·전기 등 공중시설, 석유·가스 등 시설, 그 외 공중이 출입할 수 있는 건조물·항공기·선박시설	◦ 생화학·폭발성·소이성무기 및 장치의 배치·폭발·사용	

29) 김봉수, “테러, 안전, 형사법 –「테러방지법」이 말하는 ‘위험’의 실체와 그에 대한 비판적 고찰 –”, 비교형사법연구 제19권 제3호, 한국비교형사법학회, 2017, 192–193면 참조.

마. 핵물질·방사성물질·원자력시설	◦ 파괴·부당조작·수수·소지·소유·보관·사용·운반·개조·처분·분산·방사선 노출	
바. 테러단체	◦ 테러단체 구성 또는 구성원으로 가입	◦ 테러방지법 제17조 제1항 : 가담 정도에 따라 3년 이상–사형의 징역
	◦ 테러단체 지원(자금조달·알선·보관·가장)	◦ 테러방지법 제17조 제2항 : 10년 이하의 징역 또는 1억원 이하의 벌금
	◦ 테러단체 가입 지원, 타인에게 가입 권유·선동	◦ 테러방지법 제17조 제3항 : 5년 이하의 징역
	◦ 테러단체 구성·가입 및 테러단체 지원의 미수범	◦ 테러방지법 제17조 제4항
	◦ 테러단체 구성·가입 및 테러단체 지원의 예비·음모	◦ 테러방지법 제17조 제5항 : 3년 이하의 징역

제2절 | 최근 테러의 경향

Ⅰ. 최근 테러발생 현황

최근 주요 테러 현황을 보면 다음과 같다. 로–테크(Low–Tech) 테러, 얼굴없는 테러, 외로운 늑대형 테러[30]가 많이 발생하고 있음을

30) 외로운 늑대형(자생적) 테러리스트는 1996년 러시아 남부 다케스탄 공화국 키즐라르를 기습한 체첸 반군을 일컫는 말이었으나, '90년대 중반 미국의 극우 인종주의자 앨릭스 커티스가 백인 우월주의자들의 독자적 행동 선동에 '외로운 늑대'라는 표현을 사용하면서 '자생적 테러리스트'라는 의미로 변화하였다. 이들은 ① 배후세력 없이 특정조직이나 정부에 대한 반감으로 극단주의 단체의 이데올로기나 신념 등에 자발적으로 동조해 테러를 자행하거나, ② 소프트 타깃(Soft Target)을 대상으로 하는 경우가 많아 대형 인명피해 우려가 크다는 점, ③ 흉기·트럭 등 로–테크(Low–

알 수 있다.

1. 최근 주요 테러 현황[31]

(1) 유럽지역

일자	지역	내용
2017년 6월	영국 런던	◦ 영국 런던 시내 중심부 런던 브리지와 버러마켓에서 차량과 흉기를 이용한 테러가 발생하여 8명 사망, 48명 부상.
2018년 2월	러시아 다케스탄 자치 공화국	◦ 키즐라르 시내 소재 정교회에서 여성 신도들에게 총기를 난사하여 여성 신자 5명 사망, 여성 신자 3명·보안요원 2명 부상.
2018년 2월	이탈리아 중부 마르케 州	◦ 마체라타 도심에서 극우 성향의 이탈리아인 백인 남성이 2시간 동안 차량으로 이동하며 흑인을 대상으로 무차별 총격을 가해 7명 부상. ◦ 경찰은 난민을 겨냥한 계획된 증오범죄로 규정.
2018년 3월	프랑스 카르카손	◦ 차량 이용, 총기를 난사하여 1명 사망, 1명 부상. ◦ 테러범은 탈취한 차량으로 계속 이동하면서 조깅을 하던 경찰관 4명에게 총격을 가해 1명이 부상을 당하였으며, 트레브로 이동하여 슈퍼마켓에서 점원과 시민들을 총으로 위협하며 인질극을 벌여 시민 2명 사망, 17명 부상.

Tech) 수단을 이용해 테러 시점·방식에 대한 정보수집이 쉽지 않아 예방·추적이 어렵다는 등의 특징이 있다. 주요 테러로는 ① 1995년 미국 오클라호마시티 연방청사 테러사건(티머시 맥베이), ② 2012년 프랑스 툴루즈 유대인 학교 총기난사 사건(모하메드 메라), ③ 2013년 4월 보스턴 마라톤 테러(차르나예프 형제), ④ 2014년 12월 호주 시드니 도심 카페 인질극(만 하론 모니스) 등이 있다. 대테러센터, 주간테러동향 제153호, 2019년 6월 21일 발간, 3면 참조.

31) 이하에서 제시하는 사례는 대테러센터에서 제공하고 있는 주간테러동향 제98호(2018. 6. 1)부터 제204호(2020. 6. 19)까지의 테러 현황을 분석한 자료이며, 동 센터의 일반자료실에 있는 2018년 상반기 지역별 테러 동향 분석결과를 참고하여 종합·정리한 것임을 밝혀 둔다.

2018년 8월	영국 런던	◦ 영국 런던의 국회의사당 부근에서 차량돌진 테러가 발생하여 3명 부상. ◦ 은색 승용차가 국회의사당 주변을 통행하던 보행자에게 돌진하여 국회의사당 철제 보호벽을 들이받고 정차하였으며, 테러범(수단출신)은 현장에서 체포됨.

(2) 중동지역

일자	지역	내용
2016년 7월	이라크 바그다드	◦ 카라다 상업지역에서 차량을 이용한 자살폭탄테러로 292명 사망, 200여 명 부상.
2018년 1월	아프가니스탄 카불 市	◦ 카불 市 소재 인터콘티넨탈호텔에서 인질테러가 발생하여 파키스탄인 등 외국인 14명 포함하여 총 29명 사망.
2018년 1월	이라크 바그다드	◦ 타야란 광장에 다수 사람들이 모여 있던 가운데 2차례 연쇄 자살폭탄테러가 발생해 38명 사망, 100여 명 부상.
2018년 3월	리비아 벵가지	◦ 모스크(이슬람 예배당)에서 신자들이 저녁 기도를 마치고 나올 때 건물 밖에 세워져 있던 차량이 폭발하고 길 건너편 주차차량이 추가 폭발하여 민간인 및 군병력 등 41명 사망, 80여 명 부상.
2018년 4월	아프가니스탄 카불 市	◦ 아프간 수도 카불 市 소재 유권자 등록센터에서 차량폭탄테러가 발생하여 60명 사망, 120여 명 부상.
2018년 6월	아프가니스탄 낭가르하르 州	◦ 정부軍과 탈레반이 모여 사상 최초의 휴전을 축하하던 중 차량을 이용한 자살폭탄테러가 발생하여 36명 사망, 65명 부상.
2018년 9월	이란 남서부 아흐바즈 市	◦ 이라크의 이란침공 38주년을 맞아 개최된 열병식 중 무장괴한의 무차별 총격으로 군인·어린이 등 29명 사망, 60여 명 부상.

(3) 아·태지역

일자	지역	내용
2018년 5월	인도네시아 수라바야 市	◦ 일가족이 교회 3곳을 대상으로 연쇄 자살폭탄테러를 자행하여 13명 사망, 40명 부상. ◦ 또 다른 일가족이 오토바이 2대에 나누어 타서 경찰검문소를 대상으로 자살폭탄테러를 자행하여 6명 사망, 10명 부상.
2018년 7월	파키스탄 남서부 발루치스탄 州	◦ 파키스탄 남서부 발루치스탄 州에서 자살폭탄테러가 발생, 후보와 유권자 등 128명 사망.
2018년 11월	호주 멜버른	◦ 멜버른 도심 거리에서 소말리아 출신 이민자(남, 31세)에 의한 차량돌진 및 흉기난동 테러로 1명 사망, 2명 부상.
2019년 1월	필리핀 남부 민다나오 섬 인근	◦ 민다나오섬 인근 술루섬 홀로 市의 카멜대성당에서 연쇄폭탄테러가 발생하여 20명 사망, 10여 명 부상.
2019년 2월	인도 북부 잠무 카슈미르 州	◦ 펄와마 지역에서 경찰수송버스를 겨냥한 차량폭탄테러가 발생하여 4명 사망, 30여 명 부상. ◦ 테러범은 인도 경찰 250여 명이 탑승한 차량행렬을 겨냥하여 폭발물을 적재한 차량으로 돌진, 자폭함.
2019년 4월	파키스탄 남서부 발루치스탄 州 퀘타 市	◦ 퀘타 市 소재 과일시장에서 시아파 소수민족인 하자라族을 겨냥한 자살폭탄테러로 20명 사망, 48명 부상.
2019년 9월	터키 디야르바크르 州	◦ 디야르바크르 州 쿨프지역에서 도로 위에 PKK(쿠르드노동자당)가 설치한 것으로 추정되는 급조폭발물(IED)이 폭발하여 7명 사망, 9명 부상.

(4) 아프리카 지역

일자	지역	내용
2017년 10월	소말리아의 수도 모가디슈	◦ 소말리아 수도 모가디슈의 중심부에서 아프리카 역사상 최악의 트럭폭탄테러가 발생하여 587명 사망, 316명 부상.
2018년 3월	소말리아의 수도 모가디슈	◦ 소말리아 수도 모가디슈의 의회에서 멀지 않은 웨헬리예(Weheliye)호텔 건너편 '비비토' 커피숍 앞에서 차량폭탄테러가 발생하여 행인·상인 등을 포함하여 최소 18명 사망, 20여 명 부상.
2018년 5월	나이지리아 북동부 아다마와 州	◦ 나이지리아 북동부 아다마와 州 주도 '욜라'에서 약 20km 떨어진 '무비'(Mubi) 타운에 위치한 모스크(이슬람예배당)에서 연쇄 자살폭탄테러가 발생하여 86명 사망.
2020년 3월	말리	◦ 알카에다와 연계된 이슬람 무장세력의 테러공격으로 말리군 29명 사망.
2020년 6월	나이지리아 보르노 州	◦ 보코하람에 의해 민간인 81명 사망, 13명 부상, 7명 피랍.

(5) 미주 지역

일자	지역	내용
2018년 3월	미국 텍사스 州 오스틴 지역	◦ 6건의 연쇄 소포폭탄테러가 발생하여 민간인 2명 사망, 5명 부상. ◦ 용의자는 경찰 추격 중 자폭 사망함. ◦ 현지 경찰은 '자생적 테러리스트'로 규정.
2018년 8월	베네수엘라	◦ 베네수엘라 국가방위군 창설 81주년 기념행사에서 니콜라스 마두로 대통령의 연설 도중 폭발물을 탑재한 드론 2대가 폭발, 대통령 내외는 무사하고 국가방위군 7명 부상.

2018년 10월	미국 펜실베이니아	∘ 펜실베이니아 피츠버그 스퀴럴힐 소재 유대교회당에서 총기테러가 발생하여 1명 사망, 6명 부상(경찰관 4명 포함). ∘ 범인은 유대교 안식일인 토요일 오전 예배를 노렸음.
2019년 8월	미국 텍사스 州	∘ 텍사스 州 엘패소 소재 월마트에서 21세 백인청년 패트릭 크루시우스가 멕시코계 주민을 대상으로 무차별 총기를 난사하여 2명 사망, 26명 부상.

2. 평가

최근 테러 동향을 보았을 때 몇 가지 공통점을 파악할 수 있는바, 다음과 같이 정리할 수 있다.[32)]

첫째 ISIS의 몰락과 주요 국가들의 대테러활동 강화로 전형적인 테러는 감소 추세에 있지만, 난민·이민자 등에 의한 자생·모방테러 등 외로운 늑대형 테러가 증가하고 있다.

둘째 불특정 다수를 대상으로 대량 살상을 기도하는 자살폭탄 및 게릴라식 테러가 지속되고 있다.

셋째 민간인과 민간시설을 대상으로 하는 테러가 증가하고 있으며, 테러수단에 있어서도 전통적인 총기류뿐만 아니라 우편물 폭탄·드론 등 다양한 수단을 활용한 테러가 자행되고 있다.

넷째 로-테크(Low-Tech) 테러이다. 로-테크 테러는 테러수단의 다양성에서 힘들게 총기나 폭탄을 구할 필요 없이 누구나 언제든지 저지를 수 있는 테러공격을 말한다. 이는 전통적인 테러공격에 폭탄이나 총기류가 사용되는 것과 달리, 트럭 같은 일상적인 도구로도 살상이 가능하다는 것을 의미한다. 이로 인해 테러의 예방·대비에 애로사항이 발생할 가능성이 높아졌음을 유의할 필요가 있다.

---

32) 대테러센터, 2018 상반기 지역별 테러동향 분석결과, 2018, 43면.

Ⅱ. 테러 경향의 변화

1. 뉴테러리즘

최근에는 '뉴테러리즘'(New Terrorism)이라는 용어를 사용하는데, 뉴테러리즘은 미국의 랜드(Rand, Research and Development)연구소에서 1999년 최초로 사용한 용어로,[33] 이전의 테러리즘과는 다른 새로운 형태의 테러리즘을 의미한다. 뉴테러리즘이 학계에 등장하고 활발한 논의를 촉발시킨 사건은 바로 미국의 9.11테러이다.

최근에 인터넷을 통한 과학기술의 발전으로 인해 개인도 국가에 버금가는 폭력의 수단과 능력을 확보할 수 있게 되었으며, 9.11테러에서 보여준 바와 같이 피해 정도는 전쟁수준을 능가하고 있다.[34] 또한 뉴테러리즘이 국가 및 사회 전체에 미치는 영향이 전쟁만큼 파괴적일 수 있으며, 그 주체도 매우 복잡·다양한 성격을 갖고 있음을 보여주었다. 즉, 과거의 테러리즘은 하드 타깃(Hard Target)인 특정 국가를 대상으로 하는 반면, 9.11테러 이후의 뉴테러리즘은 소프트 타깃(Soft Target)인 불특정 다수를 대상으로 하고 있기 때문에 이에 대한 정책적 대응이 매우 모호하고 어려울 수밖에 없게 되었다. 현대의 뉴테러리즘은 과거와는 달리 국가가 아닌 불특정 다수를 대상으로 무차별적으로 이루어지고 있기 때문에 더 이상 군사적으로만 대응하는 것은 불가능하게 되었다. 뉴테러리즘 하에서는 국경 없는 경제·운송·통신의 세계화로 폭력행위의 주체가 다양해지고 공격수단 또한 예측이 어려워졌

33) 대테러연구 전문가이면서 랜드(Rand)연구소의 책임자를 역임한 호프만(Bruce Hofman)이 처음 사용하였는데, 그는 "과거의 전통적 테러리즘과 수법 및 피해 규모면에서 많은 차이를 보이고 있는 새로운 테러리즘"을 뉴테러리즘으로 정의하였다.

34) 이창용, 「한국의 위기관리시스템 구축방안: 테러리즘 방지를 중심으로」, 영남대학교 행정학 박사학위논문, 2004, 1면.

다.[35)]

뉴테러리즘은 이전의 테러 양상과 비교했을 때, 다음과 같은 특성을 가지고 있다.

첫째 무차별적 공격의 형태로 나타난다. 종전의 테러는 요인암살, 항공기·인질납치, 시설점거 등과 같은 상징성을 띤 대상을 공격함으로써, 공포심을 유발하여 자신들의 대의명분을 선전하고 요구사항을 관철하려는 측면이 강했다. 반면, '뉴테러리즘'은 무차별 대상을 향하여 화생방무기·항공기·교통수단 등을 대량살상무기(Wepons of Mass Destruction: WMD) 수준으로 사용하여 공격함으로써, 거의 전쟁과 흡사한 정도로 최대한 타격을 가하여 인적·물적 피해가 상상을 초월할 만큼 대형화된다.

둘째 소위 '얼굴 없는 테러리즘'이다. 과거의 테러는 테러집단이 독립국가 건설·제국주의체제 타도 등 구체적 목표를 가지고 있었고, 특정 테러를 자행한 후 자신들의 소행임과 요구조건을 뚜렷이 제시하였다. 그러나 뉴테러리즘에서는 순식간에 대량 사망자가 발생하고 테러리즘의 주체, 테러를 행한 이유 및 요구조건이 무엇인지 알 수가 없다. 따라서 얼굴 없는 테러리즘을 사전에 차단하거나 예방하기 어려울 뿐만 아니라, 후속하는 제2의 테러 발생가능성이 높고 테러단체를 제지할 가능성을 낮게 만든다. 이러한 얼굴 없는 테러리즘은 국가기관의 대테러활동을 무력화하고, 사후 수습의 과제만 남긴 채 상황이 종료되고 마는 것이다.

셋째 단발성 내지 비지속적 테러리즘이다. 과거의 테러는 일반적인 저격용 총기나 폭발물을 사용함으로써, 범행에 어느 정도 시간이 소요되어 폭발물처리팀·협상팀·대테러특공대 투입 등 현장대처가 가능한 경우가 많았다. 반면, 뉴테러리즘은 미국의 9.11테러에서 알 수

---

35) 이창용, "테러리즘 방지를 위한 한국형 위기관리시스템 구축방안", 지방정부연구 제9권 제2호, 한국지방정부학회, 2005, 203-204면.

있듯이, 서류 절단용 칼만으로 여객기를 납치하여 빌딩에 충돌시키는 등 상상을 초월한 수법과 장비를 사용하고 있다. 또한 여객기 납치에서부터 빌딩에 충돌하기까지 40－50분만에 상황이 종료되는 것과 같이 긴박하게 진행되어 테러방지를 위한 대응시간이 절대적으로 부족하다.[36] 최근의 테러 경향을 고려할 때, 제3장에서 논의하게 될 테러방지작용이 시간적으로 더 앞서 행해져야 하는 이유가 여기에 있다.[37]

넷째 피해규모의 대량화이다.[38] 불특정 대상에 대한 무차별 공격은 피해규모의 치명성·대량성과 직결된다. 더욱이 대량살상무기(WMD)가 테러수단으로 사용된다면 사실상 피해의 회복은 불가능하다. 국제사회가 화학무기, 생물무기 그리고 핵무기를 없애려고 노력하는 이유는 그 살상력이 매우 잔인하고 이들 무기가 테러단체에 흘러 들어갈 수 있기 때문임은 주지의 사실이다.

다섯째 테러단체가 횡적 구조를 가지고 그물망 조직으로 운영된다는 점이다. 과거의 전통적인 테러단체는 강력한 리더십을 가진 1인 지도자가 지배하는 수직형 체제로서 정점의 지도부를 제거하면 테러단체를 무력화하기가 용이했다. 그러나 뉴테러리즘에서는 테러단체가 여러 국가·지역에 걸쳐 그물망처럼 연결된 이념 결사체로서, 인터넷 비밀사이트·전자메일 및 첨단 이동통신 등을 연락수단으로 활용하고 있으며, 구성원들도 여러 국가의 수평적 위치에서 단체를 형성하고 활동하므로 테러단체의 무력화가 힘들다는 점이다. 더욱이 테러단체의 구성원들도 과거의 소외계층에서, 이제는 부유하고 풍요로운 중산층 출신으로 고학력 소유자가 많아졌다. 따라서 이러한 경향은 테러단체의 지

36) 신제철, 「한국의 대테러 관련 입법정책에 관한 연구」, 동국대학교 경찰학 박사학위논문, 2009, 16－17면.

37) 경찰법 이론상 이를 '테러에 대한 구체적 위험방지'와 비교하여 '테러에 대한 사전대비'라 일컫는다.

38) 자세한 내용은 박준석, 대테러정책론, 백산출판사, 2009, 71－72면.

도부를 제거해도 다른 누군가가 역할을 대신함으로써, 단체 전부를 무력화하는 데는 일정한 한계가 있다.

이상에서 논의한 것을 바탕으로 고전적 테러리즘과 뉴테러리즘을 요약·비교하면 다음과 같다.[39]

표 2 고전적 테러리즘과 뉴테러리즘의 비교

구분	고전적 테러리즘	뉴테러리즘
발생형태	◦ 전쟁에 준하는 상황과 배경 속에서 발생	◦ 최대의 인적·물적 피해를 추구하는 무차별적인 형태
주체	◦ 테러의 주체 및 이유가 명확 ◦ 중앙통제식	◦ 얼굴없는 테러 ◦ 테러의 이유가 추상적임 ◦ 느슨한 중앙통제식
전술목표	◦ 공포 및 두려움 유포	◦ 극적인 연출을 통한 테러의 공포·혼란 조성 ◦ 대중매체 적극 활용
목표물 범위	◦ 폭력의 대상자가 곧 희생자 ◦ 희생자의 규모가 명확히 한정	◦ 불특정 다수의 일반 대중에 대한 무차별 공격 ◦ 피해자와 희생자의 범위는 범세계적임
명문	◦ 군사상의 필요에 의한 명문	◦ 심리상·종교상·종족상의 필요에 의한 명분
대상	◦ 특정 개인 및 소규모 집단에 집중	◦ 대량살상무기를 활용한 불특정 다수

2. 뉴테러리즘의 유형

뉴테러리즘에 관한 연구를 보면, 대체로 뉴테러리즘의 유형을 그 활용수단적 측면에서 생화학 테러리즘·핵관련 테러리즘·사이버 테러리즘으로 구분하거나, 대량살상무기·무차별무기·생활의 도구로 구분

39) 이인태, 끝없는 테러공격, 책과 나무, 2016, 31−32면; 한종욱, 범죄이론과 테러리즘, 박영사, 2019, 160−162면.

하기도 한다. 목적에 따라 정치적 테러리즘·사회적 테러리즘으로, 그리고 국가개입 여부에 따라 국가 테러리즘·국내 테러리즘·국가간 테러리즘·초국가 테러리즘으로 구분하기도 한다. 더 나아가 뉴테러리즘 유형을 크게 체제 연계 유무에 따라 반체제 테러리즘·체제측 테러리즘으로, 수단에 따라 폭탄 테러리즘·핵 테러리즘·생화학 테러리즘·인질 테러리즘으로, 대상에 따라 항공 테러리즘·해상 테러리즘·사이버 테러리즘 등 세 가지 기준에 의해 분류하는 견해도 있다.[40]

또한 일반적인 기준에 따라 이데올로기적 테러리즘·민족주의적 테러리즘·국가 테러리즘·사이버 테러리즘으로 구분하는 견해도 있다.[41]

한편 국내의 경우 고전적 테러유형을 예상한 대비를 원칙으로 하면서도, 새로운 테러유형에 대해서도 대비하고 있다. 즉, 우리나라의 대테러센터는 국제테러단체에 의한 테러, 정부에 대한 개인적 반감으로 인한 국내의 자생적 테러, 북한의 테러 등 지역별 테러로 구분하고 있다. 또한 테러수단을 중심으로 폭발물 테러, 화학·생물 테러, 억류·납치 테러, 항공기 피랍 테러, 핵폭발·방사능 테러로 구분하고 있다.[42] 이와 더불어 차량테러 예방 및 대응을 위한 조치도 취하고 있는 것은 테러수단의 예측이 불가능한 점과 로-테크 테러의 가능성까지 고려한 선제적 대응책이라 볼 수 있다.[43]

40) 주승희, "신종테러범죄, 이른바 뉴테러리즘(New Terorism)에 대한 국내외 연구현황", 비교형사법연구 제17권 제4호, 한국비교형사법학회, 2015, 575-576면.

41) 자세한 내용은 한종욱, 앞의 책, 141-143면.

42) 대테러센터, 테러대비 행동요령 가이드북, 2017, 6-7면.

43) 차량테러의 정의·종류·사례·대응실태 등에 대해서는 대테러센터, 차량테러 예방 및 대응을 위한 「가이드라인」, 테러정보통합센터, 2017, 5면 이하 참조.

제3절 | 테러방지의 필요성과 테러방지법 제정

Ⅰ. 테러방지

1. 테러방지를 위한 사전 예방적 처벌의 필요성

울리히 벡에 의하면, 위험은 파국이 아니라 예기된 파국, 잠재적 위해를 의미하는 것으로,[44] 위험사회는 산업사회의 자체동력에 의한 결과물이다. 발전해 가는 근대화는 어쩔 수 없이 다른 근대 또는 '제2 근대'를 낳게 된다. 이는 산업사회로부터 위험사회로의 전환은 잠재적 부수결과 내지는 근대화의 위험 때문에 그 자체와 대결하게 된다는 것을 의미한다.[45] 즉, 위험사회란 본래 과학기술 발전의 배후에 있는 어두운 측면들이 점차 사회적 논의를 주도하는 사회이다. 여기서 과학은 과학 자체의 생산물·결핍·결과문제들과 부딪치게 된다. 또한 근대화 위험의 과학화로 그 위험의 잠재성이 드러나게 되는데, 그에 상응하여 자연파괴는 더 이상 '환경'문제로 축소되지 않는다. 그리고 산업사회의 보편화에 따른 체제 내재적인 사회적·정치적·경제적·문화적 모순들로 여겨지게 된다는 것이다.[46]

현대 위험사회의 특징은 객관적인 측면에서 위험의 상존과 주관적 측면에서 불안의 일상화라고 할 수 있는데, 미국의 '9.11테러'나 영국의 '7.7테러'는 이러한 전통적인 위험사회에 대한 개념 이해와는 다소 거

44) 울리히 벡 외, 한상진·심영희 편저, 위험에 처한 세계와 가족의 미래, 새물결출판사, 2010, 26면.

45) 우베 쉬만크·우테 볼크만 엮음, 김기범 외 15 옮김, 현대사회를 진단한다: 사회진단의 사회학, 논형, 2011, 32면.

46) 우베 쉬만크·우테 볼크만 엮음, 김기범 외 15 옮김, 앞의 책, 33면.

리가 있다. 울리히 벡이 상정한 위험사회의 위험은 과학기술에 의해 체계화된 사회에 잠재되어 있던 위험이 과학기술의 부작용에 무방비로 노출되어 있는 개인들을 역습하는 것인데 반해, 테러라는 새로운 위험은 과학기술의 발전으로 인한 현대사회의 발달 배후의 위험이 아니라, 인간에 의해 의도된 명백한 범죄이기 때문이다. 이 점에서 울리히 벡이 제시한 산업적인 대량위험으로서의 위험사회의 개념은 테러와의 관련성 하에서는 달리 이해되어야 한다. 그러나 최근의 위험사회는 전통적인 위험사회의 용례와는 달리, 가치중립적인 과학기술의 부작용에서 나오는 위험뿐만 아니라 가치조작적인 인간의 인위적 위험에까지 확대할 수 있으며, 그렇다면 울리히 벡이 강조한 불확실성의 측면에서 테러를 포함하는 광의의 개념으로 이해할 수도 있는 것이다.[47)]

이에 따라 위험사회에 있어서 법의 역할도 위험원에 대한 사후대응적 기능에만 국한하는 차원을 넘어 이제는 사전·예방적 기능을 인정해야 하는바, 위험사회의 등장은 종래의 법률적 방법으로 대응하기에는 한계가 있으므로 법에 있어서 예방적 관점은 이제 불가피하게 인정해야 할 것이다.[48)][49)] 즉, 법치주의와 책임주의의 기초 위에서 위험사회에 대한 합리적인 법의 역할을 모색해 볼 때, 위험사회는 위험원에 대한 적극적 조종과 축소의 기능도 고려해야 하는바, 증대하는 안전욕구에 의해 다시금 국가의 개입확대를 요구한다고 볼 수 있다.

이와 마찬가지로 테러도 최근의 경향이 무고한 사인(私人)을 대상으로 하고 있고 피해의 규모 역시 심대하며 불법의 정도 및 테러로 인

47) 이승준, "새로운 위험의 등장과 형법의 임무변화? −9.11테러 이후 영국을 중심으로−", 형사정책 제24권 제2호, 한국형사정책학회, 2012, 109면.

48) 허일태, "위험사회에 있어서 형법의 임무", 비교형사법연구 제5권 제2호, 한국비교형사법학회, 2003, 6면.

49) 형법에서 예방적 관점을 무시하는 것은 오늘날 기술적 위험의 심각성에 대해 눈을 감는 것이고, 다른 한편으로는 형법에 있어서 예방적 관점이 법치주의와 책임주의에 언제나 반한다고 볼 수는 없기 때문이다. 허일태, 앞의 논문, 15면.

해 침해를 받은 법익은 회복하기 힘들다는 측면에서, 테러에 대한 사후적 처벌보다 예방적 성격이 더 강조되어야 함은 이루 말할 수 없다. 따라서 특별형법의 강화와 같은 법익보호에 대한 새로운 이해를 요구하는 현상을 테러에 대해서도 적용할 수 있을 것이라 판단한다.[50)]

이렇다면 9.11테러에서 볼 수 있듯이, 오늘날 테러는 대규모의 인적·물적 손실을 가져오는 특성을 가지고 있기 때문에 테러범의 처벌 등 사후적 대응보다는 사전에 테러를 예방할 수 있는 입법적 근거는 충분하다고 본다. 따라서 테러의 예비·음모행위부터 가벌성을 인정하는 입법적 조치가 필요하다고 할 것이다.

우리나라의 경우 테러방지법이 제정되기 전까지는「형법」및 형사특별법이 제한적으로나마 테러로 포섭될 수 있는 행위유형들을 다소 규정하고 있었다. 하지만 이러한 규정들은 당해 행위의 사후적 대응과 처벌을 목적으로 하는 규정임에 반해, 테러범죄는 일단 발생하면 대규모의 피해와 그 복구가 힘들기 때문에 사전 예방적 수단이 매우 중요함을 고려할 때,[51)] 이 점에서 테러에 대해 형법으로 처벌하는 것은 한계가 있을 수밖에 없었다.

그런데 현행 테러방지법이 제정되어 테러단체를 구성하거나 구성원으로 가입한 범죄(동 법 제17조 제1항), 테러자금임을 알면서도 자금을 조달·알선·보관하거나 그 취득 및 발생원인에 관한 사실을 가장하는 등 테러단체를 지원한 범죄(동 법 제17조 제2항), 그리고 테러단체 가입을 지원하거나 타인에게 가입을 권유 또는 선동한 범죄(동 법 제17조 제3항)에 대한 처벌이 가능해졌다. 더 나아가 이들 범죄에 대한 미수범을 처벌할 뿐만 아니라(동 법 제17조 제4항), 예비 또는 음모행위도 처벌하

50) 즉, 테러범죄와 같이 현대의 위험이 실재하는 영역에서는 구체적으로 보호법익을 확정하기 어렵고, 근대형법의 근간에 있는 형법의 최후수단성을 고수한다면 위험의 현실화를 막을 수 없기 때문에 형법의 원칙을 수정할 수밖에 없는 것이다.

51) 박웅신,「테러범죄에 대한 형사법적 대응방안에 관한 연구」, 성균관대학교 법학석사 학위논문, 2012, 117면.

도록 규정함으로써(동 법 제17조 제5항), 테러발생 이전의 준비행위에 대해서도 사법적 통제가 가능한 법의 지배영역으로 포섭되었다. 또한 다소 미흡하기는 하지만,[52] 동 법 제9조에서 테러위험인물에 대한 정보수집 등 테러범죄의 사전예방에 관한 절차적 규정을 둠으로써, 테러범죄에 대한 효율적 대처가 어느 정도 가능하게 되었다.

그러나 여기에 그쳐서는 안 된다. 테러의 사전 차단 및 예방을 위한 근본적인 대응은 형사법적 조치를 넘어서 경찰행정법적 조치가 가능해야 함을 의미한다.

2. 테러범죄에 대한 대응으로서의 입법 경향

(1) 외국의 입법례

급격히 증가하는 테러에 대한 대다수 국가들의 입법적 대처에는 두 종류의 입법유형이 있다. 첫째 형법전에 테러에 대한 처벌조항을 규정하고 있는 경우로 프랑스·러시아·스페인·베트남 등 국가의 형법전에는 모두 '테러활동죄'가 규정되어 있으며, 비교적 무거운 형벌로 처벌하고 있다. 둘째 테러를 하나의 독립된 죄명으로 규정하고 있지는 않지만, 행위의 목적과 성격에 따라 각종 테러유형을 '국가안전위해죄' 내지 '공공안전위해죄'에 규정하고 있는 경우이다. 또한 '테러범죄'라는 용어를 사용하여 규정하는 경우에도 프랑스·스페인·독일 등과 같이 형법전과 테러방지법이 상호 결합한 형태와 영국·미국처럼 테러방지법의 형태로 단독으로 처리한 경우로 나눌 수 있다. 형법전 자체의 규정을 두고 보았을 때에도 세 종류의 입법유형이 있는데, 첫째 '테러조직설립

---

52) 여기서 다소 미흡하다고 언급한 이유는, 테러방지법 제9조 제4항의 '대테러조사 및 테러위험인물에 대한 추적권'의 세부적 절차규정이 없고, 더 나아가 대테러활동의 정의규정 이외에 유형·근거·한계 등이 규정되어 있지 않음을 의미한 것임을 밝혀둔다.

죄'만 규정한 경우로 각각의 테러행위는 그 목적과 성격에 따라 형법전 중의 범죄로 처벌하고 있으며 독일을 예로 들 수 있다. 둘째 형법전에 단독으로 테러범죄를 규정한 경우인데, 공공질서를 심각하게 혼란시키는 것을 목적으로 협박수단 혹은 공포수단으로 살인·상해·납치·비행기납치 등의 행위를 모두 테러에 포함시켜 규정한 유형으로 프랑스를 예로 들 수 있다. 셋째 역시 형법전에 단독으로 테러범죄를 규정한 경우이나 이 외에도 동시에 국제규약에 관련된 납치인질·해적 등 기타 일부 테러범죄도 규정한 경우로, 러시아·스페인을 예로 들 수 있다.[53)]

한편 테러는 국제적인 조직망을 가지고 있는 배후 조종세력들이 주로 외국에 근거를 두고 있어 범행모의와 실행이 매우 은밀하게 이루어지는 특색이 있으므로, 테러범죄 피의자에 대한 신병확보와 배후자에 대한 추적 및 관련증거의 확보가 매우 힘들다는 문제가 있다. 이러한 사정을 감안하여 미국·영국·프랑스·독일 등 주요 국가들은 대부분 감청절차 등 감시제도의 강화, 체포·구속·압수·수색 등 강제수사 요건의 완화를 내용으로 하는 테러범죄 관련 수사권한의 강화를 다음과 같이 추구해 왔다.

첫째 테러의 대응을 효율적이고 총괄적으로 수행하기 위해 '대테러대응기구'를 신설 또는 강화하고 있는 점이다. 예컨대, 미국의 테러방지업무의 조정·통합과 대테러업무의 총괄지휘를 위한 국토안보부(Department of Homeland Security)와 테러대응 관련 미 정부가 수집하거나 보유한 모든 정보를 분석·통합하고 향후 미 정부의 대테러 활동을 위한 전략적 운영계획을 수립하는 국가대테러센터(National Counter Terrorism Center: NCTC),[54)] 영국의 테러정보통합업무를 위한 보안정보부(Security Service: SS) 산하 부처 합동기구인 정부합동테러분석센터(Joint

---

53) 음건봉, 앞의 논문, 265-266면.

54) 정육상, "한국의 테러방지법 제정방향에 관한 연구 -외국의 입법 경험을 중심으로-", 한국공안행정학회보 제36호, 한국공안행정학회, 2009, 291면.

Terrorism Analysis Center: JTAC),[55] 독일의 합동대테러센터(Gemeinsames Terrorismus－Abwehrzentrum: GTAZ),[56] 프랑스의 내무부 산하 대테러조정센터(Unite de Coordination et de la Lutte Anti－Terrorism: UCLAT)[57] 등을 들 수 있다.

둘째 대인적 강제처분의 강화 내지 영장주의의 예외로, 미국은 법무부장관의 판단하에 테러리스트로 추정 및 의심되거나 국가의 안보를 위협할 우려가 있는 외국인에 대하여 기본적으로 7일, 불가피한 사정에 의한 경우에는 최대 60일까지 구금할 수 있도록 하였으며, 이 기간이 경과하면 해당 외국인을 추방·기소·석방해야 하며, 그 이상은 구금을 지속할 수 없도록 규정하고 있다.[58] 영국의 경우 경찰관은 테러범

---

55) 영국은 국가적인 대테러 정책 제시 및 테러정보의 수집·분석·배포업무를 수행하는 보안정보부, 해외의 테러정보를 수집하여 관련 대테러조직에 제공하는 비밀정보부(Secret Intelligence Service: SIS)를 두고 있으며, 2003년 5월 설립된 정부합동테러분석센터(JTAC)는 보안정보부·비밀정보부·경찰·군·외교부 등 10개 부처가 합동으로 편성되어 있으며, 국내외 테러 관련 정보의 종합·분석·테러경보 발령·수집우선순위 지정, 기타 테러대응 정부기구들이 필요로 하는 위협이나 테러 관련 주체의 평가·정보제공 등의 임무를 수행한다. 정육상, 앞의 논문, 293－294면.

56) 독일은 테러사건에 대한 수사업무를 담당하는 연방범죄수사청(Bundeskriminalamt: BKA), 해외 및 국내 테러정보수집·분석을 담당하는 연방정보부(Bundesnachrichtendienst: BND)와 연방헌법보호청(Bundes für Verfassungsschutz: BfV)이 있고, 2004년 12월 설립된 합동대테러센터(GTAZ)는 연방범죄수사청, 연방정보부, 연방헌법보호청, 각 주의 수사국 및 헌법보호청, 연방경찰청, 연방검찰청 등이 참여하여 실시간 정보교환·테러정보 분석 및 평가·국제테러 대응을 위한 장기계획 등을 수립하고 있다. 정육상, 앞의 논문, 296면.

57) 프랑스는 테러정보의 수집·분석, 테러행위에 대한 예방 및 대처, 테러혐의자에 대한 감시 및 수사업무를 담당하는 국내정보총국(DCRI), 해외의 테러정보를 수집·분석하여 수사기관 및 대테러조정센터에 전파하는 해외안전총국(DSGE)이 있고, 1984년 10월 대테러조정센터(UCLAT)는 내무부장관령(84－381호)에 따라 내무부 경찰총국장 산하에 설치되었으며, 국내정보총국·해외안전총국·군경찰·세관수사정보국(DNRED) 등에서 파견된 연락관·대테러전담 경찰요원 등으로 구성되어 있다. 기능은 대테러 관련 부서의 활동 조정 및 테러 관련 정보의 취합·분석·전파, 프랑스 최고 안보정책 결정기관인 국내안보위원회(CSI, 대통령 주재)에 테러 관련 안건상정 등의 임무를 수행한다. 정육상, 앞의 논문, 298－299면.

58) PATRIOT ACT 제412조.

이라고 의심할 만한 합리적인 이유가 있는 사람과 자동차에 대하여 영장없이 압수·수색할 수 있으며,[59] 정복을 입은 경찰관은 테러범이라고 의심할 만한 합리적인 이유가 있는 경우에는 영장없이 체포할 수 있다. 다만, 48시간 이내에 영장을 신청하여야 하며, 영장을 발부받지 못한 경우에는 석방하여야 한다. 그리고 자동차를 압수·수색할 경우에는 자동차 차체, 운전자, 동승자, 운전자 또는 동승자가 휴대한 물건, 자동차 내부의 물건이나 자동차 밖에 부착되어 있는 물건에 대해서도 압수·수색할 수 있다.[60] 9.11테러 이후 2001년 제정된 「대테러 범죄 및 안전보장법」(Anti-Terrorism, Crime and Security Act)에는 외국인 테러리스트 용의자에 한하여 무기한으로 구금이 가능하도록 하였다. 이 법은 2005년 「테러예방법」(Prevention of Terrorism Act)의 입법과 함께 관리명령(control order)제도가 도입되어 폐지되었다.[61] 2006년의 「대테러법」(Terrorism Act)은 기소없이 용의자를 유치할 수 있는 기간을 28일로 연장할 수 있도록 규정하였다. 그 전에는 2003년의 형사사법법(Criminal Justice Act)에 따라 기소 전 구속기간이 14일로 제한되었다.[62]

---

59) 「수사관의 권한에 관한 규제법」(The Regulation of Investigatior Power Act, 2000) 제43조.

60) 「수사관의 권한에 관한 규제법」(The Regulation of Investigatior Power Act, 2000) 제44조.

61) 2005년의 「테러예방법」(Prevention of Terrorism Act)은 영장없이 테러용의자의 구속을 폐지하는 대신 테러리스트의 행동의 자유를 대폭 제한하도록 하였는데, 관리명령(control order)제도는 자택감금명령으로서 '테러리즘으로부터 공공을 보호하기 위하여' 영국 내무부장관이 재판을 거치지 않고 조치를 할 수 있도록 한 것으로, 지정된 물건·물질의 사용 및 소지 금지, 지정된 서비스 및 시설의 사용 금지, 특정 직업에 대한 제한, 특정 행동에 대한 제한, 특정 인물 또는 대중과의 의사소통의 금지, 거주지의 제한 및 방문자의 제한, 특정 지역 및 특정 시간의 이동 제한, 여권의 압류, 소지품의 압류 및 분석 강제, 전자감시 및 사진촬영 강제, 그 외에 어떠한 내용이든 24시간 내에서 필요한 경우 강제하도록 하였다. 이 제도는 국회에서 격렬한 반대에 부딪혔으나 통과되었고, 지금도 끊임없이 논란의 대상이 되고 있다. 윤해성, "대테러 법제도 시사점 고찰", 한국테러학회 학술회의 자료집 제8호, 한국테러학회, 2011, 54-55면.

62) 「대테러법」(Terrorism Act, 2006) 제23조.

셋째 테러의 감시와 예방을 위한 감청절차를 강화하였다는 점이다. 미국의 경우 테러가 의심될 경우 외국인을 대상으로 한 감청기간을 120일까지 허용하고 필요시 최장 1년까지 가능하도록 하고 있으며,[63] 모든 연방테러범죄에 대하여 수사기관의 통신감청대상을 특정 전화가 아닌 특정 인물로 확대하고 감청대상자의 일반전화는 물론 이동전화, 인터넷 등 모든 통신수단에 대한 포괄적 감청제도를 도입하였다.[64] 영국의 경우 감청기간을 3개월에서 6개월로 수정하고 최대 12개월까지 연장할 수 있게 하였다.[65] 프랑스는 테러범죄 방지를 위해 수사기관에 개인정보 열람권을 부여하고 주요 도로와 공공장소에 비디오 감시시스템을 설치하도록 하였다. 독일은 테러범죄 피의자에 대해서는 도주우려가 없더라도 구속이 가능하도록 하였고, 테러범죄 피의자의 주거지에 대해 영장없는 압수·수색을 허용하고 피의자의 신원확인을 위한 휴대품 검색·지문채취·사진촬영 등의 조치가 가능하도록 하였다.[66]

이와 같이 미국·영국·독일·프랑스 등 선진국들의 대테러 관련 법들은 사후보다는 사전조치의 강화, 대테러 관련 기능의 통합을 위한 테러대응기구의 신설 및 보강, 테러의 예방과 대응을 위한 개인의 기본권침해를 강화하는 규정을 두고 있는 점에서 유사한 모습을 보이고 있다. 그러나 테러방지를 위한 조치들은 인권을 침해할 우려가 있으므로 신중한 태도를 견지하고 있는 것 또한 사실이다. 이런 입법례들은 직접 테러경험을 통한 시행착오를 거쳐 제정되었으므로, 우리나라의 테러방지법 제정에 많은 시사점을 주었다고 판단된다.

---

63) PATRIOT ACT 제207조.

64) PATRIOT ACT 제201조 이하.

65) 「대테러법」(Terrorism Act, 2006) 제32조.

66) 한제희, "테러범죄에 대한 수사관련 입법방향", 한국테러학회보 제4권 제2호, 한국테러학회, 2011, 58-59면.

(2) 테러방지법 제정 이전 국내 테러방지입법 형식에 대한 연혁적 논의

앞에서 언급하였듯이, 테러에 대한 세계 각국의 대응방식은 다양하게 전개되고 있다. 이에 따라 우리나라에서도 테러에 대응하는 방법으로 대체로 테러방지법 등의 제정에 의하는 방법, 형사특별법을 제정하는 방법, 현행법으로도 충분하다는 견해로 나뉘어져 있었다.

첫째 테러에 대응하기 위해서는 외국의 입법례와 국제사회의 여론을 고려해서 국내에도 통일적인 테러방지법을 제정하는 것이 현행법체계 내에서 테러방지 대책을 마련하는 방안 및 형사특별법의 제정을 통하여 테러방지대책을 마련하는 방안보다 낫다는 견해이다. 즉, 「형법」 등 기존 법령 체계만으로는 새로운 유형의 테러범죄에 효율적으로 대응할 수 없는 어려움이 있으므로, 종합적이고 체계적인 개별법 제정이 필요하다는 것이 이 법의 제정을 주장하는 측의 입장이다. 「형법」·「항공안전법」·「원자력안전법」·「원자력시설 등의 방호 및 방사능 방재 대책법」 등 기존 법률로서는 테러행위·자금·조직 등을 직접 규제할 수 없다. 더 나아가 탄저균 등 병원체를 이용한 생물학적 신종테러 등에는 대응할 수 없는 한계가 있다. 또한 관련 법률을 개정하는 경우에도 처벌은 가능하지만, 테러예방활동이나 대테러 전담기구설치·운영을 위한 근거를 명시할 수 없는 문제점이 있기 때문에 새로운 법으로 종합적인 대책을 수립하려는 것이 이 견해의 주요 논거이다.[67] 따라서 테러방지법에는 테러에 대한 정의규정은 물론 정부의 정책목표, 전담기구의 설치, 관련 부처 간의 공조체제, 테러범죄 수사 및 진압의 방법과 절차, 테러범의 처벌, 권한의 남용방지 등을 포함하여 테러로부터 국가의 안전을 보장하고 국민의 생명·신체 및 재산을 보호할 수 있는 조치를 갖

67) 신의기, 「테러리즘 관련법제 정비방안」, 연구보고서 02-10, 한국형사정책연구원, 2002, 158면.

추어야 한다는 것이다.[68]

둘째 형사특별법의 제정에 의하는 방법이 있다.[69] 그러나 형사특별법의 제정은 법률 만능주의적 사회분위기와 법률제정 남용 등의 부정적 영향도 있으므로 신중히 고려해야 한다. 더욱이 형사특별법의 제정을 통하여 테러방지 대책을 마련하는 것은 현행법 체계 내에서 테러방지대책을 마련하는 것과 같이 테러에 대한 전체적이고 통일적인 대응에는 한계를 가지고 있다는 점이 거론되었다.[70]

셋째 현행 법령 및 제도는 테러에 관한 정보의 수집·분석·배포에서부터 테러의 예방과 진압·수사·처벌을 위해 다양한 국가기관에 전문적 기능을 부여하고 있다. 따라서 기존의 법과 제도, 국가기관의 체계로도 대테러 대책을 수립하고 집행하는 데 별다른 문제가 없다는 견해가 있었다. 즉, 테러방지법을 제정하여 그 범위가 광범한 대테러활동을 기획·조정·총괄하는 체제를 만드는 일은 일견 그럴 듯 해 보이지만 실제로는 업무의 중복과 예산의 낭비만 초래할 것이며, '테러'라는 모호한 개념을 근거로 하여 테러방지를 명분으로 국가정보원이 정보기관으로서의 직무경계를 넘어 권한을 대폭 확대하는 것을 허용하는 법에 불과하다는 것이다.[71] 즉, 경찰특공대는 1982년 1월 21일 법령으로

68) 이황우, 테러리즘, 법문사, 2011, 290면.

69) 예컨대, 독일은 '9.11테러' 이전에는 형사실체법 및 형사절차법의 개정 등을 통하여 테러에 대비하였다. 그러나 '9.11테러' 이후 국제테러리즘이 전 세계적인 위협으로 발전되었고, 폭력의 대량화, 범죄인들의 네트워크화, 국경을 초월하는 전략 등으로 인하여 종래보다 더 발전된 입법조치가 불가피하다는 인식하에 2002년 1월 1월 새로운 테러위협상황에 적용하도록 개정하는 것을 내용으로 하는 「국제테러리즘의 투쟁을 위한 법률」(Gesetz zur Bekämpfung des Internationales Terrorismus)을 제정·시행하였다. 자세한 내용에 대해서는 손동권, "독일의 테러대책법과 활동방향", 한국공안행정학회보 제17호, 한국공안행정학회, 2004, 249-250면; 윤해성, 앞의 논문, 57-58면 참조.

70) 양승돈·안영규, "테러방지법안에 대한 입법적 제언", 한국테러학회보 제4권 제1호, 한국테러학회, 2011, 98면.

71) 이계수, "테러방지법안의 쟁점", 민주법학 제25호, 민주주의법학연구회, 2004, 388면.

제정·공포된 대통령 훈령 제47호「국가대테러활동지침」에 의해 테러예방 및 진압대책의 수립·지도업무를 수행하고 있고, 해양경찰청 경비국(그 당시 경비구난국)은 해상에서의 테러예방 및 진압업무를 수행하고 있으며, 대검찰청 공공수사부 대테러담당검사(그 당시 공안부 공안기획관)는 국제테러·범죄조직과 연계된 위해사범 및 방해책동의 차단업무를 수행하고 있다. 또한 관세청 조사감시국은 총기류·폭발물 등 테러 관련 물품의 반입방지 업무를 수행하고 있고, 법무부 출입국·외국인정책본부(그 당시 출입국관리국)는 출입국규제 및 대테러에 관한 업무를 수행하고 있다. 이외에도 국토교통부 항공정책실(그 당시 항공국), 외교부, 군사안보지원사령부(그 당시 국군기무사령부), 국가안전보장회의 등도 대테러 업무를 이미 수행하고 있다.[72] 따라서 테러방지법을 제정하여 광범위한 대테러활동을 총괄하는 방안은 기존 테러 관련 단행법률에 규정된 업무와의 중복과 예산낭비라는 비난을 받고 있다는 견해였다.

생각건대, 테러 대응을 위한 수단으로 우리나라의 각 단행법률에 산재되어 있는 테러 관련 규정[73]으로 대응하는 방안과 형사특별법을 제정하는 방안도 생각해 볼 수 있으나, 테러의 사전 차단 및 처벌 강화, 총력대응체제 유지를 강화하고 아울러 기본권 보호장치를 강구하기 위해서는 테러에 대한 총괄적·통일적인 법률인 테러방지법을 제정하는 것이 보다 장점이 많은 것으로 판단되어 현재의 테러방지법이 제정되게 되었다. 테러방지법의 제정이 인권을 침해할 소지가 크다는 우려로 인해 동 법이 필요하다는 목소리는 제대로 반영되지 못했던 것이 사실이다. 그러나 테러방지법이 인권침해를 이유로 제정되어서는 안 된다는 주장은 오히려 더 큰 인권침해를 야기할 수도 있다. 저

---

72) 이대성, "테러방지법의 필요성에 관한 연구", 한국경찰학회보 제9호, 한국경찰학회, 2005, 118－119면.

73) 현행 분야별 테러 관련 법령은 약 61개로, 세부적 현황에 대해서는 문준조, 앞의 논문, 127－133면 참조.

자는 일찍이 「테러방지법(안)」에 인권침해적 요소가 있다면 제정과정에서 위헌적인 요소들을 제거 또는 개선하도록 하는 방안을 강구할 수도 있으며, 더 나아가 우리나라는 이러한 기본권 침해를 확인하고 법률의 위헌 여부를 판단하기 위하여 헌법재판소를 설치·운영하고 있어 이후에 헌법소송을 제기할 수도 있으므로, 애초부터 테러방지법의 제정 자체를 반대하는 것은 문제가 있다는 견해를 피력해왔다.

따라서 인권침해 등 문제가 될 수 있는 사안에 대해서는 요건을 엄격히 규정하여 국민의 우려를 불식시키도록 제정한다면, 테러방지법의 제정은 인권침해의 방지 및 테러범죄의 대응을 위한 국제적인 추세에도 부합한다고 생각된다.

Ⅱ. 테러방지법 제정 경과

1. 입법을 위한 노력

테러방지법의 제정 노력[74]은 먼저 9.11테러가 발생한 직후 국가정보원이 주축이 되어 마련한 「테러방지법(안)」이 2001년 11월 28일 정부(안)으로 제16대 국회에 제출된 것으로 시작되었다. 제출된 법안은 2003년 11월 14일 국회정보위원회에서 만장일치로 통과되었으나, 법제사법위원회의 체계·자구심사과정에서 수정논의가 이루어지다가 제16대 국회의원의 임기만료(2004년 5월 29일)로 자동 폐기되었다.

제17대 국회에서는 김선일 씨 피살사건(2004년 6월) 등을 계기로

74) 테러와 관련해서는, 제일 처음으로 1982년 1월 22일 대통령훈령 제47호로 제정된 「국가대테러활동지침」이 있었고(2016년 6월 20일 폐지), 2007년 12월 21일 법률 제8697호로 제정되고 2008년 12월 22일 시행된 「공중 등 협박목적을 위한 자금조달행위의 금지에 관한 법률」(현행 법률 명칭은 「공중 등 협박목적 및 대량살상무기확산을 위한 자금조달행위의 금지에 관한 법률」)이 있다.

테러방지법의 제정 필요성이 다시 제기되어 의원입법으로 3개의 법안이 발의되었다. 2005년 3월 15일에는 한나라당 공성진 의원 등 23인이 발의한 「테러대응체계의 확립과 대테러활동 등에 관한 법률(안)」이 국회에 제출되었고, 2005년 8월 26일에는 열린우리당 조성태 의원 등 21인이 발의한 「테러방지 및 피해보전 등에 관한 법률(안)」이 국회에 제출되었으며, 2006년 2월 14일에는 한나라당 정형근 의원 등 29인이 발의한 「테러예방 및 대응에 관한 법률(안)」이 국회에 제출되었다. 2007년 11월 국회 정보위 법안심사 소위원회는 3건의 법률(안)의 내용을 통합·조정하여 대안을 제안하기로 하여, 2007년 제269회 정기국회 정보위 법안심사 소위원회에서 「테러방지 및 피해보전 등에 관한 법률(안)」을 채택하고 정보위 전체회의에 보고하였으나, 제17대 국회의원 임기만료(2008년 5월 29일)로 자동 폐기되었다.

제18대 국회에서는 2008년 10월 28일에 한나라당 공성진 의원 등 23인이 제17대 국회 정보위 법안심사 소위에서 채택된 대안을 토대로 「국가대테러활동에 관한 기본법(안)」을 제출하였고, 2009년 4월 15일에는 친박연대 송영선 의원 등 11인이 발의한 「테러예방 및 대응에 관한 법률(안)」이 정보위에 회부되었으나, 역시 18대 국회의원 임기만료(2012년 5월 29일)로 자동 폐기되었다.

제19대 국회에서는 2013년 3월 27일에 송영근 의원 등 10인이 「국가대테러활동과 피해보전 등에 관한 기본법(안)」을 발의하였고, 2015년 2월 16일 이병석 의원 등 73인이 「국민보호와 공공안전을 위한 테러방지법(안)」을 발의하였으며, 2015년 3월 12일 이노근 의원 등 10인이 「테러예방 및 대응에 관한 법률(안)」을 발의하였으나 모두 임기만료로 자동 폐기되었다. 한편 2013년 4월 9일에는 서상기 의원 등 13인이 「국가 사이버테러 방지에 관한 법률(안)」을 발의하였으며, 2015년 6월 24일에는 이노근 의원 등 13인이 「사이버테러 방지 및 대응에 관한 법률(안)」을 발의하였으나 임기만료로 자동 폐기되었다.

앞에서 살펴본 바와 같이, 현행 「국민보호와 공공안전을 위한 테러방지법」이 의안번호 18582로 2016년 2월 22일 제안되어, 동 년 3월 2일 국회의장이 본회의에 직권상정한 후, 192시간 동안 필리버스터 끝에 수정가결되고, 최종적으로 2016년 3월 3일 제정되기까지 국회에서는 많은 입법적 노력이 있었다. 하지만 2001년 9.11테러 이후 우리나라에서 테러방지법을 제정하려는 시도가 번번히 무산된 이유를, 논자에 따라서는 과거 독재정권의 권력남용 경험으로 인해 테러방지법이 '제2의 「국가보안법」'이 될 우려에 대한 비판이 거세었기 때문이라고 설명하기도 한다.[75] 테러방지를 위한 법률을 제정할 경우 테러범죄의 사전 차단·예방이라는 목적이 매우 중요함에도 불구하고, 테러개념의 모호성과 포괄성으로 인한 「형법」의 자의적 적용, 국가정보원의 권한 확대로 인한 인권침해에 대한 우리 국민의 불안감이 읽히는 대목이다.

그러나 우리나라가 처한 테러환경과 국제적 추세에 발맞추어 가기 위해서는 테러방지법의 제정이 필요하다고 할 것이며, 우여곡절 끝에 제정된 현행 테러방지법은 이 목적을 구현하는 시금석이 되리라 판단한다. 이하에서는 테러방지법의 제정 전까지 발의된 법(안)에서 문제가 되었던 쟁점들을 검토해본다. 이러한 논의는 현행 테러방지법의 수정 및 보완에 기여할 수 있기 때문이다.

2. 발의된 법안의 쟁점

(1) 테러의 개념 정립과 인권침해

테러리즘 또는 테러에 대한 개념이 매우 중요함에 반해, 아직 국제적으로 명확히 정립된 바 없음은 앞에서 살펴보았는데, 이는 자칫 잘못

75) 조병선, "위험사회에서의 형법의 역할, —이른바 '적대형법'의 논쟁과 관련하여—", 한국사회과학연구 제33권 제2호(2011년 가을·겨울 통합호), 청주대학교 사회과학연구소, 2011, 366면.

하면 국제정치적인 소용돌이에 휘말릴 수 있기 때문이다. 이와 관련하여 제18대 국회에서 제출된 공성진 의원(안)은 '국제적으로 승인된 국제협약 및 국내 관련법에서 범죄로 규정한 행위'를 테러로 보고 있다. 그런데 본문이 아닌 별표에서 개념에 관한 내용을 둔 점과 입법의 통일성이라는 측면에서 테러의 정의를 「공중 등 협박목적 및 대량살상무기확산을 위한 자금조달행위의 금지에 관한 법률」[76] 제2조의 내용을 그대로 채택한 점은 논란이 될 수 있다. 왜냐하면 테러방지법은 테러범죄에 관한 총괄적인 기본법이므로 테러방지법에 테러의 정의를 두고, 「공중 등 협박목적 및 대량살상무기확산을 위한 자금조달행위의 금지에 관한 법률」상 테러의 정의에 관한 조항은 삭제하고, 테러방지법의 정의를 원용하는 방향으로 개정되는 것이 타당하기 때문이다.

송영선 의원(안)은 테러의 개념을 '유엔이 지정한 테러단체와 연계한 범죄행위 또는 국가안보 및 공공의 안전을 위태롭게 하거나 공중(외국인을 포함한다)을 협박할 목적으로 국제적으로 승인된 테러 관련 국제협약에서 범죄로 규정한 행위 및 해킹·컴퓨터 바이러스 논리폭탄·대량정보전송·고출력 전자총 및 서비스 방해 등 전자적 수단에 의하여 고의적으로 정보통신망을 불법침입·교란·마비·파괴하거나 위협하는 행위 및 정보를 절취·훼손·조작하는 일체의 공격행위 등'으로 규정하였다(제2조 제1항). 이 (안)은 유엔 그리고 국제적으로 승인된 테러 관련 국제협약을 언급한 점에서, 테러의 정의를 둘러싼 미국 등 서방국가와 이슬람권, 아프리카 기타 지역의 국가들과의 입장 차이를 고려해 볼 때 바람직하다고 할 수 있다. 그러나 국제사회에서 일반적으로 승인된 정의가 없으므로 테러의 개념과 범주를 명확하게 규정할 수 없다. 따라서 규제대상이 되는 테러유형의 범주를 확정하기 어렵고 자의적 해석으로 인해 처벌대상의 범위가 넓어질 수 있어 법률 시행상 인권침해의 가능

---

76) 그 당시 법률 명칭은 「공중 등 협박목적을 위한 자금조달행위의 금지에 관한 법률」이다.

성도 배제할 수 없다.

테러방지법의 제정 반대론자들은 대테러 활동을 위한 감청·출입국 규제 등과 같은 행위를 허용한다면 인권침해의 가능성을 높이게 된다는 점을 지적하고 있다. 그러나 단순히 인권침해의 가능성이 있다는 이유가 테러방지법의 제정을 반대하는 논거가 될 수는 없고, 오히려 제정을 통하여 테러로부터 국민의 신체·생명과 재산, 그리고 안전을 보호할 필요가 있다는 주장도 가능하다.[77)]

그렇다면 테러방지법의 제정을 통해 정당화될 수 없는 다양한 형태의 테러를 단호하게 차단하고 처벌하면서도 자유민주주의·법치주의·개인의 존엄성과 기본적 자유를 지키고 유지할 수 있도록 해야 한다. 그러기 위해서는 테러방지법에 테러의 정의를 명확히 규정하고 인권침해적 요소를 제거할 수 있도록 요건을 상세히 규정하여야 한다. 더 나아가 엄격한 법적용과 아울러 인권침해행위에 대한 처벌 및 보상규정도 입법화함으로써 테러로부터 국민의 보호와 인권보호라는 양 법익의 조화를 함께 추구할 수 있도록 하여야 한다.

(2) 국가정보원의 테러 관련 권한의 비대

테러방지법(안)상 쟁점으로 논란이 된 부분 중 하나가 대테러활동과 관련한 국내외 정보의 수집·분석·작성·배포, 대테러활동의 기획·조정 등의 업무를 수행하기 위하여 국가정보원장 소속하에 국가대테러센터를 설치하도록 하는 규정이었다. 또한 국가정보원장으로 하여금 대테러업무 수행실태를 점검·평가하며 중요 사항에 대하여 국회 정보위원회에 보고하도록 하는 규정을 두고 있다는 점이었다(18대 국회 공성진 의원(안) 제7조). 이에 대한 문제점으로, 밀행성을 속성으로 하는 정보기관이 테러에 관한 수사권까지 보유한다면 권력의 비대화와 인권침해의 결과를 발생시킨다는 점이었다. 또한 국가정보원에 대테러센터를

77) 문준조, 앞의 논문, 156－158면.

두면 국가정보원이 그 권한을 이용하여 타 행정기관을 장악하게 되므로 필연적으로 다른 기관의 업무영역을 침범하게 되고,[78] 이 과정에서 국가정보원이 행정부처의 상위기관인 것처럼 군림하게 된다는 점이 거론되었다.

그러나 테러는 국가적 안보와 직결되는 문제로 이는 사후처리보다 사전차단·예방이 중요하므로 테러에 대한 정보수집 및 분석과 이를 기초로 하여 국가적 차원에서 대테러활동의 일사불란한 일체성과 효율성이 필요하다. 따라서 정보기관인 국가정보원에서 테러 관련 정보를 담당하되, 대테러센터의 소속을 국가정보원이 되지 않도록 하는 것이 타당하다. 또한 대테러활동의 주무 기관을 국가정보원이 하더라도 국가정보원의 권한 강화 우려를 해소할 수 있도록 인권침해 소지를 제거하고, 국가정보원과 타기관 간 견제와 균형의 원리가 적용되도록 제도를 보완하여야 한다.

(3) 대테러 관련 업무 근거규정의 문제점

1982년 1월 21일에 제정·공포된 대통령 훈령 제47호 「국가대테러활동지침」은 1972년 뮌헨올림픽 테러 이후 국가대테러활동이 주요 쟁점으로 부각되자, 1981년 서울올림픽 개최가 확정된 직후에 제정되었다.[79] 하지만 「국가대테러활동지침」은 내용 면에서 법규성을 갖고 있다고 보기 어렵고, 대통령이 국가정보원 및 테러업무와 관련된 중앙행정기관에 발령한 직무상 명령이라고 볼 수 있다. 동 지침은 법률유보의 원칙상 국민의 권리와 의무를 규정할 수 없을 뿐만 아니라, 9.11테러와 같은 대규모적이고 무차별적인 최근의 테러유형에 효과적으로 대처할

---

78) 강대출, “테러방지법안의 입법적 검토”, 한국테러학회보 제2권 제1호, 한국테러학회, 2009, 66면.

79) 이만종, “테러방지법안에 대한 주요논점 및 보완적 고찰”, 한국경찰연구 제9권 제1호, 한국경찰연구학회, 2010, 146면.

수 없는 한계가 있었다. 또한 동 지침은 내용이 불명확하여 적용상 확대·유추해석의 우려가 있으며, 예측가능성과 법적 안정성이 미흡하다는 문제점이 거론되었다.[80]

생각건대, 「국가대테러활동지침」은 행정규칙의 한 유형인 훈령으로 대외적 구속력이 법률에 비해 미흡할 뿐만 아니라 비밀로 분류되어 있었다. 따라서 명확성의 측면에서 법적 안정성과 예측가능성을 담보할 수 있도록 법률의 형식으로 규정함이 타당하다. 가장 최근까지 개정된 「국가대테러활동지침」(대통령 훈령 제354호)은 현행 테러방지법의 제정으로 2016년 6월 20일에 폐지되었다.

(4) 군병력 및 향토예비군의 동원

군병력의 지원을 반대하는 입장에서는 헌법의 위임이 없는 군병력의 출동은 위헌의 소지가 있다고 주장한다. 우리 헌법이 인정하고 있는 군병력의 동원은 헌법 제5조 제2항의 '국가의 안전보장과 국토방위의 수행'을 위한 경우에 가능하며, 구체적인 사안으로서 헌법 제77조는 계엄을 명시하고 있으므로 계엄이 아닌 평시 상황에서의 군병력의 동원은 위헌이라는 것이다.[81] 종래 국회에 제출되었던 테러 관련 법안 중 송영선 의원(안)을 제외한 모든 「테러방지법(안)」이 국가중요시설 및 많은 사람이 이용하는 시설 등을 테러로부터 보호하기 어렵다고 판단되는 경우에는 시설의 보호 및 경비에 필요한 최소한의 범위 안에서 군 병력 또는 향토예비군의 지원을 대통령에게 건의할 수 있도록 규정하고 있는데, 이는 너무 과도한 조치로서 위헌의 소지가 있으므로 굳이 입법화할 필요가 없다는 견해이다.[82] 이 견해에 의하면, 테러의 주요

80) 이대성, 앞의 논문(2005), 121면.

81) 김승환, "테러방지법과 국가정보원", 노동사회 8월호, 한국노동사회연구소, 2002, 5면.

82) 그러나 현실적으로 자연재해나 대형사고 등 재난이 발생했을 때 군이 보유한 인력과 장비를 투입하는 경우도 늘어나고 있다. 「재난 및 안전관리기본법」, 「자연재해대책법」, 「민방위기본법」, 「원자력시설 등의 방호 및 방사능 방재 대책법」에서도 군병력

대상국가도 아닌 상황에서 굳이 이러한 규정을 두기보다는 현행법에 따라 대처하는 것으로 충분하다고 한다.[83)]

그러나 현실적으로 경찰력만으로는 경계의 강화 등 테러에 대비하기에는 제한이 있으며, 이 경우에는 불가피하게 군의 동원이 필요하다고 본다. 현재에도 원자력발전소와 같은 대규모 국가중요시설 등에 대해서는 군이 경비지원을 하고 있으며, 화생방물질 등을 이용한 테러와 같이 피해지역이 광범위하여 경찰력만으로는 현장통제가 불가능할 경우 군병력의 지원이 필요하게 된다. 또한 실무상 자연재해나 대형사고 등 재난이 발생했을 때 군이 보유한 인력과 장비를 투입하는 경우도 늘고 있다. 이는 행정응원의 성격을 가지는 것으로서, 국가비상사태인 테러가 발생한 경우에 군병력을 지원하는 것이 헌법을 위반하는 것은 아니다.[84)] 만약 대규모 테러가 발생하여 군병력의 지원이 필요할 때마다 계엄을 선포하게 된다면 정부와 사법부의 기능이 정지되어 오히려 국민의 기본권이 침해될 소지가 클 것이다. 따라서 군의 존재이유가 적으로부터 국가를 방위하여 국민의 생명과 재산을 보호하는데 있다면, 국군 통수권자인 대통령의 승인을 받아 테러현장에서 대테러활동을 수행하는 것은 당연하다고 할 것이다.[85)]

헌법에 의해 국가는 테러로부터 국민의 기본권을 보장할 의무가 있으므로, 테러 대비는 군 본연의 직무라고 볼 수 있다. 테러는 무고한 민간인을 향한 무차별적인 살상을 동반하는 경우가 많기 때문에 사후 조치보다는 사전에 이를 차단·예방하는 것이 중요함은 언급하였다. 따

지원을 규정하고 있고, 심지어 「민사집행법」은 민사절차인 강제집행절차에 불복·저항하는 채무자에 대한 강제집행을 위해 군병력을 동원할 수 있도록 규정하고 있다(제5조).

83) 문준조, 앞의 논문, 162면.

84) 헌법재판소 2009. 5. 28. 2007헌마369 결정에서 본 바와 같이, 헌법재판소는 테러방지에 대한 국가의 의무를 헌법가치로 이해하고 있다.

85) 신의기, 앞의 논문, 171-172면.

라서 국가의 모든 자산을 활용하여 국민의 안전을 보호하는 것은 당연하며, 이에 대해서는 군도 예외가 아니다. 또한 법치주의 원칙상 군병력을 동원하기 위한 권한행사의 근거는 헌법과 법률이 정하는 바에 따라야 하므로, 군병력의 동원이 정치적으로 악용될 것이라는 부정적 사고는 지나친 우려라 보여진다.

3. 테러방지법의 제정

(1) 제정목적

현재 시행 중인 「국민보호와 공공안전을 위한 테러방지법」은 의안번호 18582로 이철우 의원 등 24명(주호영 의원 수정 발의)이 2016년 2월 22일 제안하였다. 동 년 2월 23일 관련위원회 심의를 거쳐 동 년 3월 2일 국회의장이 본회의에 직권상정하였는데, 192시간 동안 필리버스터 끝에 수정가결되었다. 최종적으로 테러방지법은 2016년 3월 3일 제정되어, 정부 이송 및 공포·시행되었다.

발의 당시, "2001년 9.11테러 이후 국제사회가 지속적으로 테러와의 전쟁을 치르고 있음에도 불구하고, 알카에다를 비롯한 극단주의 추종세력들의 테러활동은 끊이지 않고 이어지고 있고, 특히 'ISIL'(이슬람국가)는 시리아와 이라크에서 극단적 잔혹행위를 서슴지 않는 반(反)서방 과격파 단체로 기존의 극단주의 이데올로기를 대체하는 새로운 세력으로 국제테러를 주도하고 있는 상황이다.

이에 유엔은 9.11테러 이후 테러근절을 위해 국제공조를 결의하고 테러방지를 위한 국제협약 가입과 법령 제정 등을 권고해 OECD 34개 국가 대부분이 테러방지를 위한 법률을 제정하였음에도 불구하고, 아직 우리나라에서는 국가 대테러활동 수행에 기본이 되는 법적 근거조차 마련하지 못하고 있는 실정이다. 이는 테러로부터 국민을 안전하게 보호하기 위해 모든 역량을 집중해야 하는 국가가 그 책임을 다하지 못하는 결과를 낳게 될 것이고, 국민은 테러의 위협으로부터 안전을 도모하기 어려운 상황을 맞이하게 될 것이다.

이에 테러방지를 위한 국가 등의 책무와 필요한 사항을 명확히 규정하여 국가의 안보 및 공공의 안전은 물론 국민의 생명과 신체 및 재산을 보호하려는 것이다."라고 하여 제안이유를 밝히고 있다.

이어 하위 법령으로 테러방지법 시행령이 2016년 5월 31일 제정되어 동 년 6월 4일부터 시행되고 있으며, 테러방지법 시행규칙은 2016년 6월 1일 제정되어 동 년 6월 4일부터 시행되고 있다.

(2) 주요 내용

테러방지법의 주요 내용을 개관하면 다음과 같다.

첫째 대테러활동의 개념을 테러의 예방 및 대응을 위하여 필요한 제반 활동으로 정의하고 테러의 개념을 국내 관련법에서 범죄로 규정한 행위를 중심으로 적시하였다(법 제2조).

둘째 대테러활동에 관한 정책의 중요 사항을 심의·의결하기 위하여 국무총리를 위원장으로 하여 국가테러대책위원회를 둔다(법 제5조).

셋째 대테러활동과 관련하여 임무분담 및 협조사항을 실무 조정하고, 테러경보를 발령하는 등의 업무를 수행하기 위하여 국무총리 소속으로 대테러센터를 둔다(법 제6조).

넷째 관계기관의 대테러활동으로 인한 국민의 기본권 침해 방지를 위해 국가테러대책위원회 소속으로 대테러 인권보호관 1명을 둔다(법 제7조).

다섯째 국가정보원장은 테러위험인물에 대한 출입국·금융거래 정지 요청 및 통신이용 관련 정보를 수집할 수 있도록 한다(법 제9조).

여섯째 관계기관의 장은 테러를 선전·선동하는 글 또는 그림, 상징적 표현이나 테러에 이용될 수 있는 폭발물 등 위험물 제조법이 인터넷 등을 통해 유포될 경우 해당 기관의 장에 긴급 삭제 등 협조를 요청할 수 있도록 한다(법 제12조).

일곱째 관계기관의 장은 외국인테러전투원으로 출국하려 한다고 의심할 만한 상당한 이유가 있는 내·외국인에 대하여 일시 출국금지를 법무부장관에게 요청할 수 있도록 한다(법 제13조).

여덟째 테러계획 또는 실행사실을 신고하여 예방할 수 있게 한 자 등에 대해 국가의 보호의무를 규정하고, 포상금을 지급할 수 있도록 하고, 피해를 입은 자에 대하여 국가 또는 지방자치단체는 치료 및 복구에 필요한 비용의 전부 또는 일부를 지원할 수 있도록 하는 한편 의료지원금, 특별위로금 등을 지급할 수 있도록 한다(법 제14조–16조).

아홉째 테러단체를 구성하거나 구성원으로 가입 등 테러 관련 범죄를 처벌할 수 있도록 하고, 타인으로 하여금 형사처분을 받게 할 목적으로 이 법의 죄에 대하여 무고 또는 위증을 하거나 증거를 날조·인멸·은닉한 자는 가중처벌하며, 대한민국 영역 밖에서 이 같은 죄를 범한 외국인에게도 국내법을 적용한다(법 제17조–19조).

한편 동 법률이 제정되기 전인 2016년 2월 23일 개최된 정보위원회의 검토보고서에는 대략 다음과 같은 의견이 제시되었다.

"「국민보호와 공공안전을 위한 테러방지법(안)」은 국가정보원의 과도한 권한 행사로 인한 기본권 침해의 우려가 제기되고 있는바, 동 법(안)은 이를 방지하기 위하여 컨트롤 타워 기능을 수행하는 국가테러대책위원회를 국무총리를 위원장으로 하여 설치하고, 테러대응의 실무적 역할을 담당하는 대테러센터를 국무총리실 소속으로 두어 국가정보원의 권한 집중으로 인한 우려를 상당 부분 불식시키고 있다. … 이와 같은 점을 감안하면, 테러방지를 위한 국가 등의 책무와 필요한 사항을 명확히 규정하여 공공의 안전과 국민의 생명·신체·재산을 보호하기 위한 이 법의 제정이 필요하다고 보인다."라는 의견이 그것이다.

4. 평가

테러방지법의 입법 자체는 매우 긍정적으로 평가할 수 있다. 하지만 세부적 규율밀도 측면에서는 다소 문제가 있는데, 그것은 중요한 법적 용어의 개념이 명확하지 못하다는 점에 있다. 예컨대 테러 내지 테러리즘의 국제정치적 이해관계에 따른 현실적 개념 차이뿐만 아니라, 현행 테러방지법 제2조 제1호의 '국가·지방자치단체 또는 외국 정부(외국 지방자치단체와 조약 또는 그 밖의 국제적인 협약에 따라 설립된 국제기구를 포함한다)의 권한행사를 방해하거나 의무 없는 일을 하게 할 목적'의 불명확성,[86] 동 법 제2조 제3호는 "테러위험인물이란 테러단체의 조직원이거나 테러단체 선전, 테러자금 모금·기부, 그 밖에 테러 예비·음모·선전·선동을 하였거나 하였다고 의심할 상당한 이유가 있는 사람을 말한다."라고 규정하고 있는바, '테러의 예비·음모·선전·선동을 하였거나 하였다고 의심할 상당한 이유' 판단에 있어서 자의성의 개입 우려, 동 법 제2조 제6호 대테러활동 및 동 법 제2조 제8호 대테러조사 개념의 모호성, 동 법 제9조 제4항에서 규정하고 있는 대테러조사 및 테러위험인물에 대한 추적의 개념·범위와 허용 한계의 불명확성 등도 법치행정의 관점에서 중대한 문제이다. 이에 대해서는 각 쟁점별로 검토하기로 한다.

86) 동 법 제2조 제1호에는 "테러란 국가·지방자치단체 또는 외국 정부(외국 지방자치단체와 조약 또는 그 밖의 국제적인 협약에 따라 설립된 국제기구를 포함한다)의 권한행사를 방해하거나 의무 없는 일을 하게 할 목적 또는 공중을 협박할 목적으로 하는 다음 각 목의 행위를 말한다."라고 규정하고 있는바, 이 중 '국가·지방자치단체 또는 외국 정부의 권한행사를 방해하거나 의무 없는 일을 하게 할 목적'이라는 요건은 명확성의 원칙에 반할 뿐 아니라, 테러의 개념 확정에 자의적 판단이 개입될 소지가 크다.

토론과제

1. 국제적으로 통일적인 테러개념이 정의되지 못하고 있는 이유는 무엇인지 설명하시오.

2. 우리나라 테러방지법상 테러개념에 대하여 설명하시오.

3. 우리나라 테러방지법 제2조 제1호의 테러개념을 관철할 때 발생할 수 있는 문제점에 대하여 설명하시오.

4. 뉴테러리즘에 대하여 설명하시오.

5. 테러범죄에 대한 대응으로서의 입법 유형에는 어떠한 형식이 있는지 설명하시오.

6. 우리나라 테러방지법의 주요 내용으로 어떤 것이 반영되어 있는지 설명하시오.

7. 우리나라 테러방지법에 규정된 테러범죄의 유형 및 처벌에 대하여 설명하시오.

제2장

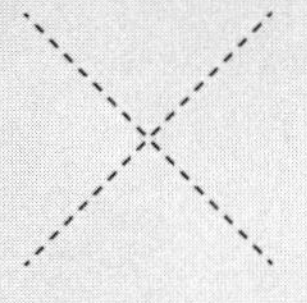

테러방지조직

제2장 테러방지조직

제1절 | 개 관

Ⅰ. 의 의

테러방지조직은 테러방지법 제5조부터 제8조까지 규정되어 있다. 그리고 세부적으로는 동 법 시행령에 제1장 「총칙 및 국가테러대책기구」, 제2장 「대테러 인권보호관」, 제3장 「전담조직」으로 구분하여 규정되어 있다.

제2장 「테러방지조직」은 제1절 개관, 제2절 국가테러대책위원회 및 관계기관, 제3절 대테러 인권보호관, 제4절 전담조직 순으로 구성하였다.

제1절에서는 의의 및 대테러 체계를 개관함으로써, 테러방지법상 우리나라의 대테러활동이 어떻게 이루어지고 있는지를 살펴보았다.

제2절에서는 국가테러대책위원회, 테러대책실무위원회, 대테러센터, 대테러 관계기관 순으로 상세히 검토하였다.

제3절에서는 관계기관의 대테러활동으로 인한 국민의 기본권 침해 방지를 위하여 설치된 대테러 인권보호관의 의의, 자격 및 직무, 의무

등을 중심으로 검토하였다.

제4절에서는 대테러전담조직으로 테러정보통합센터, 지역 테러대책협의회, 공항·항만 테러대책협의회, 테러사건대책본부, 화생방테러대응지원본부, 테러복구지원본부, 현장지휘본부, 관계기관의 현장조직(대테러특공대, 테러대응구조대, 대테러합동조사팀, 대화생방테러특수임무대, 군대테러특수임무대) 순으로 검토하였다.

Ⅱ. 대테러 체계도

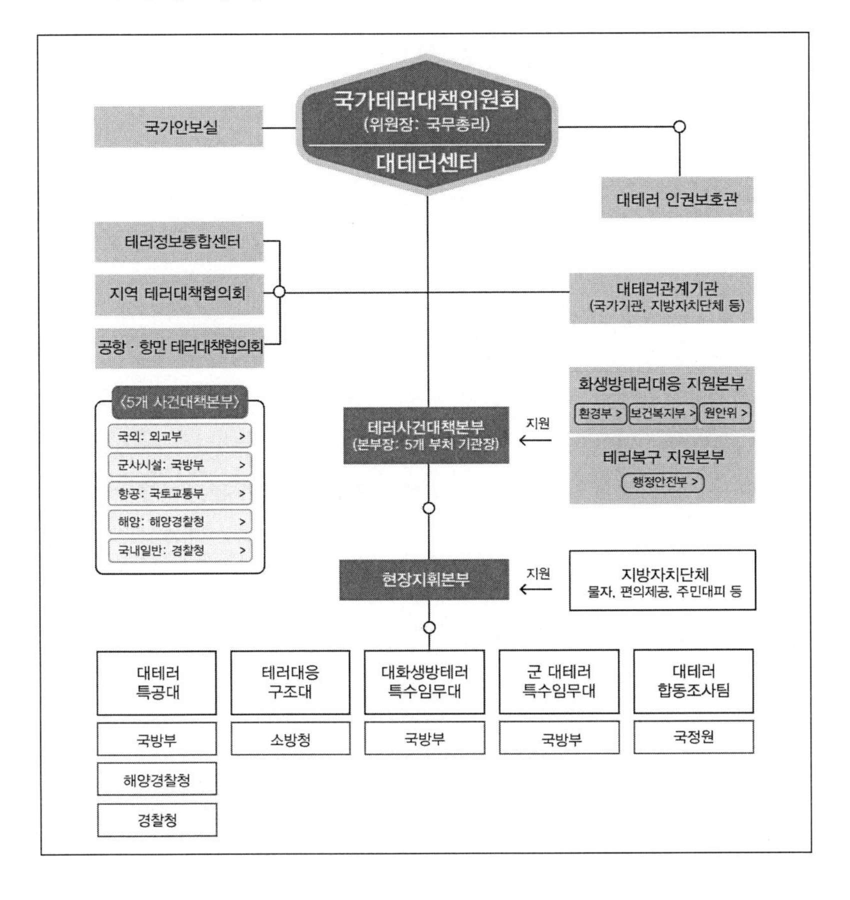

제2절 | 국가테러대책위원회 및 관계기관

Ⅰ. 국가테러대책위원회

1. 의의

국가테러대책위원회는 테러방지활동을 포함한 테러 관련 업무를 효율적이고 체계적으로 수행하기 위하여 설치된 총괄기구 및 최종적 의결기구이다. 대테러활동에 관한 정책의 중요 사항을 심의·의결하기 위하여 국가테러대책위원회를 둔다(법 제5조 제1항).

2. 구성

국가테러대책위원회는 국무총리 및 관계기관의 장 중 대통령령으로 정하는 사람으로 구성하고 위원장은 국무총리로 한다(법 제5조 제2항).

여기서 '대통령령으로 정하는 사람'이란 기획재정부장관, 외교부장관, 통일부장관, 법무부장관, 국방부장관, 행정안전부장관, 산업통상자원부장관, 보건복지부장관, 환경부장관, 국토교통부장관, 해양수산부장관, 국가정보원장, 국무조정실장, 금융위원회 위원장, 원자력안전위원회 위원장, 대통령경호처장, 관세청장, 경찰청장, 소방청장 및 해양경찰청장을 의미하므로, 이들이 국가테러대책위원회 구성원이 된다(시행령 제3조 제1항).

---

1) 국무총리실 대테러센터 홈페이지 참조(http://www.nctc.go.kr/nctc/activity/system.do); 국무총리실 대테러센터, 「테러방지법 해설」, 2017, 6면; 강현철, 앞의 논문, 27면 참조.

국가테러대책위원회의 위원장은 안건 심의에 필요한 경우에는 시행령 제3조 제1항에서 정한 위원 외에 관계기관의 장 또는 그 밖의 관계자에게 회의 참석을 요청할 수 있다(시행령 제3조 제2항).

국가테러대책위원회의 사무를 처리하기 위하여 간사를 두되, 간사는 법 제6조에 따른 대테러센터의 장이 된다(시행령 제3조 제3항).

그 밖에 국가테러대책위원회의 구성에 필요한 사항은 대통령령으로 정한다(법 제5조 제4항).

또한 국가테러대책위원회를 효율적으로 운영하고 국가테러대책위원회에 상정할 안건에 관한 전문적인 검토 및 사전 조정을 위하여 국가테러대책위원회에 테러대책실무위원회를 둔다(시행령 제5조 제1항). 테러대책실무위원회에는 위원장 1명을 두며, 테러대책실무위원회의 위원장은 대테러센터장이 된다(시행령 제5조 제2항). 테러대책실무위원회 위원은 시행령 제3조 제1항의 위원이 소속된 관계기관 및 그 소속기관의 고위공무원단에 속하는 일반직공무원(이에 상당하는 특정직·별정직 공무원을 포함한다) 중 관계기관의 장이 지명하는 사람으로 한다(시행령 제5조 제3항). 시행령 제5조 제1항부터 제3항까지에서 규정한 사항 외에 테러대책실무위원회 운영에 관한 사항은 국가테러대책위원회의 의결을 거쳐 위원장이 정한다(시행령 제5조 제4항).

3. 운영

국가테러대책위원회는 ① 대테러활동에 관한 국가의 정책 수립 및 평가, ② 국가 대테러 기본계획 등 중요 중장기 대책 추진사항, ③ 관계기관의 대테러활동 역할 분담·조정이 필요한 사항, ④ 그 밖에 위원장 또는 위원이 국가테러대책위원회에서 심의·의결할 필요가 있다고 제의하는 사항을 심의·의결한다(법 제5조 제3항, 「국가테러대책위원회 및 테러대책실무위원회 운영규정」 제2조 제1항).

이외에도 국가테러대책위원회는 시행령 제4조, 제5조, 제16조, 제18조, 제22조, 제26조, 제28조, 제31조, 제35조부터 제37조, 제41조에 따라 ① 국가테러대책위원회 회의의 공개 여부에 관한 사항, ② 국가테러대책위원회 운영에 관한 사항, ③ 테러대책실무위원회 운영에 관한 사항, ④ 대화생방테러특수임무대 설치·운영에 관한 사항, ⑤ 대테러특공대 설치·운영에 관한 사항, ⑥ 군 대테러특수임무대 설치·운영에 관한 사항, ⑦ 테러경보 발령 및 테러경보에 따른 관계기관 조치에 관한 사항, ⑧ 국가 중요행사 대테러·안전대책 기구 편성·운영에 관한 사항, ⑨ 테러취약요인 사전제거 비용의 한도, 세부기준, 지급방법 및 절차 등에 관한 사항, ⑩ 테러신고 포상금 세부 지급기준에 관한 사항, ⑪ 테러피해 복구비 금액에 관한 사항, ⑫ 테러피해 치료비 및 복구비 지급결정에 관한 사항, ⑬ 테러피해 지원금 한도, 세부기준, 지급방법, 절차 등에 관한 사항, ⑭ 특별위로금 지급결정에 관한 사항, ⑮ 특별위로금 세부기준, 지급방법, 절차에 관한 사항, ⑯ 테러피해 지원금 및 특별위로금 지급제한에 관한 사항을 심의·의결한다(「국가테러대책위원회 및 테러대책실무위원회 운영규정」 제2조 제2항).

국가테러대책위원회 회의는 위원장이 필요하다고 인정하거나 국가테러대책위원회 위원 과반수의 요청이 있는 경우에 위원장이 소집한다(시행령 제4조 제1항, 「국가테러대책위원회 및 테러대책실무위원회 운영규정」 제3조 제1항).

국가테러대책위원회는 재적위원 과반수의 출석으로 개의(開議)하고, 출석위원 과반수의 찬성으로 의결한다(시행령 제4조 제2항). 국가테러대책위원회의 회의는 공개하지 아니한다. 다만, 공개가 필요한 경우 국가테러대책위원회의 의결로 공개할 수 있다(시행령 제4조 제3항). 시행령 제4조 제1항부터 제3항까지에서 규정한 사항 외에 국가테러대책위원회 운영에 관한 사항은 국가테러대책위원회의 의결을 거쳐 위원장이 정한다(시행령 제4조 제4항).

국가테러대책위원회 위원장은 회의를 개최하고자 할 때에는 국가테러대책위원회 간사인 대테러센터장을 통해 회의 개최 7일 전까지 회의 안건, 일시, 장소를 각 국가테러대책위원회 위원에게 통보하여야 한다. 다만, 회의를 긴급히 소집할 이유가 있거나 부득이한 사유가 있는 경우에는 그러하지 아니한다(「국가테러대책위원회 및 테러대책실무위원회 운영규정」 규정 제3조 제2항). 대테러센터장은 국가테러대책위원회 소집 전 심의·의결 안건 검토 및 실무 조정 등을 위하여 테러대책실무위원회를 개최할 수 있다(동 규정 제3조 제3항).

국가테러대책위원회 위원장은 국가테러대책위원회를 대표하고 위원회 업무를 총괄한다(동 규정 제4조 제1항). 국가테러대책위원회 위원장이 부득이한 사유 또는 궐위로 인하여 직무를 수행할 수 없을 때에는 국가테러대책위원장이 지명하는 국가테러대책위원회 위원이 그 직무를 대행한다. 단, 국가테러대책위원장이 직무대행자를 지명할 수 없는 경우 위원 중 정부조직법 제26조 제1항에 규정된 순서에 따라 그 직무를 대행한다(동 규정 제4조 제2항).

국가테러대책위원회 위원 중 부득이한 사유가 있는 때에는 해당 위원이 지명한 자를 대리 출석하게 할 수 있으며, 이 경우 대리 출석한 공무원은 의결권을 가진다(동 규정 제5조 제1항). 정당한 사유 없이 회의에 참석하지 아니하였거나 회의 중에 퇴장한 국가테러대책위원회 위원은 위원회의 의결사항에 대하여 이의를 제기할 수 없다(동 규정 제5조 제2항).

동 규정 제3조에 따라 회의를 개최하기 어려운 경우 또는 위원장이 서면심의가 필요하다고 인정하는 경우에는 서면으로 심의·의결할 수 있다(동 규정 제6조 제1항). 국가테러대책위원회 위원은 제1항의 규정에 의하여 서면심의할 경우 별지 양식에 따라 해당 심의안건에 대하여 동의 또는 부동의에 대한 의견서를 제출하여야 한다(동 규정 제6조 제2항). 안건을 서면으로 심의·의결한 때에는 심의결과를 각 국가테러대책위원회 위원에게 통보하여야 한다(동 규정 제6조 제3항).

국가테러대책위원회의 심의안건은 의결안건과 보고안건으로 구분한다(동 규정 제7조 제1항). 동 규정 제7조 제1항에서 의결안건은 국가테러대책위원회 회의에 상정되어 토의 등을 거쳐 심의·의결을 구하는 사항으로 동 규정 제2조 제1항 및 제2항의 각 호에 해당하는 사항을 말한다(동 규정 제7조 제2항). 동 규정 제7조 제1항에서 보고안건은 관계기관 등이 대테러활동에 관하여 국가테러대책위원회에 보고하는 사항을 말한다(동 규정 제7조 제3항).

안건은 국가테러대책위원회 위원장 또는 위원이 제출할 수 있다. 다만, 위원이 안건을 제출할 경우에는 국가테러대책위원회 간사를 경유하여야 한다(동 규정 제8조 제1항). 안건은 ① 의결주문, ② 제안이유, ③ 주요 내용, ④ 기타 참고사항 등을 구비하여 제출하여야 한다(동 규정 제8조 제2항). 국가테러대책위원회 위원장은 긴급을 요하거나 보안유지 등을 위해 필요한 경우 동 규정 제3조 제2항 및 제8조 제1항에도 불구하고 즉석에서 안건을 상정할 수 있다(동 규정 제8조 제3항).

국가테러대책위원회는 필요하다고 인정되는 경우 전문가 또는 참고인을 출석하게 하여 의견을 듣거나 관계기관 등에 대하여 관련 자료 및 의견의 제출 등 필요한 협조를 요청할 수 있다(동 규정 제9조).

국가테러대책위원회 위원장은 국가테러대책위원회 간사를 통해 국가테러대책위원회에서 심의·의결된 사항에 대하여 관계기관의 장에게 통보하여야 한다(동 규정 제10조 제1항). 동 규정 제10조 제1항에 따라 통보를 받은 관계기관의 장은 통보받은 사항 중 관련 사항을 충실히 이행하고 그 결과를 국가테러대책위원회 간사를 경유하여 위원장에게 보고하여야 한다(동 규정 제10조 제2항). 위원장은 심의·의결된 사항에 대하여 원활한 이행을 위하여 필요하다고 인정하는 경우, 관계기관의 장에게 그 이행을 촉구할 수 있다(동 규정 제10조 제3항).

국가테러대책위원회 위원 및 국가테러대책회의에 참석한 자는 회의과정 및 그 밖의 국가테러대책위원회와 관련하여 업무수행상 알게 된 사항 중 국가테러대책위원회 심의·의결로 공개하기로 결정한 사항 이외의 사항을 누설하여서는 아니 된다(동 규정 제11조).

국가테러대책위원회 간사는 국가테러대책위원회 회의시 ① 국가테러대책위원회 회의의 일시, 장소, ② 참석위원 명단, ③ 의결 안건 및 그 심의 결과, ④ 보고 안건 및 그 주요 내용, ⑤ 기타 주요 논의사항을 회의록으로 작성하되 시행령 제4조 제3항에 따라 그 내용을 공개하여서는 아니 되며, 공개가 필요한 경우 국가테러대책위원회 의결을 따른다(동 규정 제12조).

Ⅱ. 테러대책실무위원회

1. 의의

국가테러대책위원회를 효율적으로 운영하고 국가테러대책위원회에 상정할 안건에 관한 전문적인 검토 및 사전 조정을 위하여 국가테러대책위원회에 테러대책실무위원회를 둔다(시행령 제5조 제1항).

2. 구성

테러대책실무위원회에 위원장 1명을 두며, 테러대책실무위원회의 위원장은 대테러센터장이 된다(시행령 제5조 제2항).

테러대책실무위원회 위원은 시행령 제3조 제1항의 위원이 소속된 관계기관 및 그 소속기관의 고위공무원단에 속하는 일반직공무원(이에 상당하는 특정직·별정직 공무원을 포함한다) 중 관계기관의 장이 지명하는 사람으로 한다(시행령 제5조 제3항).

이에 따라 테러대책실무위원회 위원은 ① 기획재정부 비상안전기획관, 외교부 국제기구국장·재외동포영사국장, 통일부 정책기획관, 법무부 출입국정책단장·대검찰청 대테러담당검사(고등검찰청 검사급), 국방부 정책기획관·합참작전1처장·군사안보지원사령부 방첩처장, 행정안전부 비상안전기획관·재난대응정책관, 산업통상자원부 비상안전기획관, 보건복지부 질병관리청 긴급상황센터장, 환경부 환경보건정책관, 국토교통부 항공정책관·비상안전기획관, 해양수산부 해운물류국장, 금융위원회 금융정보분석원장, 국가정보원 대테러담당 2급, 대통령경호처 경비안전본부장, 국무조정실 대테러정책관, 관세청 조사감시국장, 경찰청 경비국장, 소방청 119구조구급국장, 해양경찰청 경비국장, 원자력안전위원회 방사선방재국장, ② 그 밖에 테러대책실무위원장이 지명하는 자가 된다(「국가테러대책위원회 및 테러대책실무위원회 운영규정」 제13조 제3항).

테러대책실무위원장은 안건 심의에 필요한 경우 동 규정 제13조 제3항에 정한 테러대책실무위원회 위원 이외의 관계기관 및 소속기관의 고위공무원단에 속하는 일반직 공무원(이에 상당하는 특정직, 별정직 공무원을 포함한다)에게 테러대책실무위원회 회의 참석을 요청할 수 있다(동 규정 제13조 제4항). 테러대책실무위원회의 사무처리 및 효율적 운영을 지원하기 위해 테러대책실무위원회 간사를 두며, 간사는 대테러센터 소속 일반직 공무원(이에 상당하는 특정직·별정직 공무원을 포함한다) 중 대테러센터장이 지정하는 자로 한다(동 규정 제13조 제5항). 테러대책실무위원장은 사안에 따라 해당 소관분야 관계기관의 테러대책실무위원회 위원을 별도 소집하여 소위원회를 개최할 수 있다(동 규정 제13조 제6항).

3. 운영

시행령 제5조 제1항부터 제3항까지에서 규정한 사항 외에 테러대책실무위원회 운영에 관한 사항은 국가테러대책위원회의 의결을 거쳐 국가테러대책위원회의 위원장이 정한다(시행령 제5조 제4항).

테러대책실무위원회는 ① 국가테러대책위원회 개최를 위한 사전 안건 검토·조정에 관한 사항, ② 국가테러대책위원회 심의·의결 건에 대한 세부 이행에 관한 사항, ③ 테러 관련 현안 실무처리 방안에 관한 사항, ④ 테러경보 발령 심의에 관한 사항, ⑤ 그 밖의 테러대책실무위원장이 필요하다고 인정하는 사항을 처리한다(「국가테러대책위원회 및 테러대책실무위원회 운영규정」 제14조).

테러대책실무위원회 회의는 테러대책실무위원장이 필요하다고 인정한 때에 소집하며, 테러대책실무위원회 위원은 테러대책실무위원장에게 회의 소집을 건의할 수 있다(동 규정 제15조 제1항).

테러대책실무위원장은 회의를 개최하고자 할 때에는 회의 개최 7일 전까지 회의 안건, 일시, 장소를 각 테러대책실무위원회 위원에게 통보하여야 한다(동 규정 제15조 제2항). 각 테러대책실무위원회 위원은 회의 개최 사실을 통보받은 후 소관 업무 관련 사안에 대해 검토하고, 그 내용을 늦어도 회의 개최 3일 전까지 테러대책실무위원장에게 제출하여야 한다(동 규정 제15조 제3항). 회의를 긴급히 소집할 이유가 있거나 부득이한 사유가 있는 경우에는 동 규정 제15조 제2항과 제3항의 절차에 따르지 아니할 수 있다(동 규정 제15조 제4항).

그 밖에 테러대책실무위원회 운영에 관한 사항은 국가테러대책위원회 운영규정을 준용하며(동 규정 제16조), 이 운영규정에 규정한 사항 외에 국가테러대책위원회 및 테러대책실무위원회의 운영에 관하여 필요한 사항은 시행령 제4조 제4항 및 제5조 제4항에 따라 국가테러대책위원회의 의결을 거쳐 위원장이 정한다(동 규정 제17조).

Ⅲ. 대테러센터

1. 의의

대테러활동과 관련하여 ① 국가 대테러활동 관련 임무분담 및 협조사항 실무 조정, ② 장단기 국가대테러활동지침 작성·배포, ③ 테러경보 발령, ④ 국가중요행사 대테러안전대책 수립, ⑤ 국가테러대책위원회의 회의 및 운영에 필요한 사무의 처리, ⑥ 그 밖에 국가테러대책위원회에서 심의·의결한 사항 등의 처리를 수행하기 위하여 국무총리 소속으로 관계기관 공무원으로 구성되는 대테러센터를 둔다(법 제6조 제1항).

2. 구성

대테러센터의 조직·정원 및 운영에 관한 사항은 대통령령으로 정한다(법 제6조 제2항).

이에 따라 「국무조정실과 그 소속기관 직제」(대통령령)에서 세부적으로 규정하고 있는바, 이에 의하면 대테러센터에 센터장 1명을 두고, 센터장 밑에 대테러정책관 1명을 둔다(동 직제 제19조의3 제1항). 센터장 및 대테러정책관은 고위공무원단에 속하는 일반직공무원으로 보한다(동 직제 제19조의3 제2항). 센터장은 대테러센터의 사무를 총괄하고 소속 공무원을 지휘·감독한다(동 직제 제19조의3 제3항). 대테러정책관은 대테러활동과 관련하여 센터장을 보좌한다(동 직제 제19조의3 제4항). 동 직제 제19조의3 제2항에도 불구하고 특별한 사유가 있는 경우 대테러정책관은 고위공무원단에 상응하는 국가정보원 직원으로 대체하여 충원할 수 있다(동 직제 제19조의3 제5항).

대테러센터에 과에 상당하는 하부조직 4개를 두며, 그 하부조직의 장은 부이사관·경무관·서기관 또는 기술서기관으로 보한다(동 직제 제19조의4 제1항). 동 직제 제19조의4 제1항에 따른 하부조직과 그 분장사무는 국무총리의 승인을 받아 국무조정실장이 정한다(동 직제 제19조의4 제2항).

대테러센터 소속 직원의 인적사항은 공개하지 아니할 수 있다(법 제6조 제3항).

3. 운영

대테러센터는 테러방지법에 따라 ① 국가 대테러활동 관련 임무분담 및 협조사항 실무조정에 관한 사항, ② 장단기 국가 대테러활동지침 작성·배포에 관한 사항, ③ 테러경보 발령·조정 등에 관한 사항, ④ 테러대상시설 안전대책 수립·점검의 지원에 관한 사항, ⑤ 테러이용수단 안전대책 수립·점검의 지원에 관한 사항, ⑥ 국가 중요행사 대테러안전대책 수립에 관한 사항, ⑦ 관계기관 테러 대비태세 점검에 관한 사항, ⑧ 대테러활동 국제협력 및 홍보·교육·훈련 등에 관한 사항, ⑨ 테러신고 포상금·테러피해 지원금·특별위로금 지급의 지원 등에 관한 사항, ⑩ 국가 대테러활동 관련 법령, 지침 등의 제정·개정에 관한 사항, ⑪ 테러상황 관리 및 상황분석 등에 관한 사항, ⑫ 국가테러대책위원회 및 테러대책실무위원회 운영에 관한 사항, ⑬ 특별시 지역 테러대책협의회 운영에 관한 사항, ⑭ 그 밖에 국가테러대책위원회에서 심의·의결한 사항의 처리 등 업무를 수행한다(「국무조정실과 그 소속기관 직제」 제19조의2).

대테러센터는 국가 대테러활동을 원활히 수행하기 위하여 필요한 사항과 국가테러대책위원회의 회의 및 운영에 필요한 사무 등을 처리한다(시행령 제6조 제1항). 대테러센터장은 관계기관의 장에게 직무수행에 필요한 협조와 지원을 요청할 수 있다(시행령 제6조 제2항).

Ⅳ. 대테러 관계기관

대테러 관계기관이란 대테러활동을 수행하는 국가기관, 지방자치단체, 그 밖에 대통령령으로 정하는 기관을 말한다(법 제2조 제7호).

이에 따라 그 밖에 대통령령으로 정하는 기관에는 ① 기획재정부장관이 국가·지방자치단체가 아닌 법인·단체 또는 기관으로서 ⅰ) 다른 법률에 따라 직접 설립되고 정부가 출연한 기관(제1호), ⅱ) 정부지원액(법령에 따라 직접 정부의 업무를 위탁받거나 독점적 사업권을 부여받은 기관의 경우에는 그 위탁업무나 독점적 사업으로 인한 수입액을 포함한다. 이하 같다)이 총수입액의 2분의 1을 초과하는 기관(제2호), ⅲ) 정부가 100분의 50 이상의 지분을 가지고 있거나 100분의 30 이상의 지분을 가지고 임원 임명권한 행사 등을 통하여 당해 기관의 정책 결정에 사실상 지배력을 확보하고 있는 기관(제3호), ⅳ) 정부와 제1호부터 제3호까지의 어느 하나에 해당하는 기관이 합하여 100분의 50 이상의 지분을 가지고 있거나 100분의 30 이상의 지분을 가지고 임원 임명권한 행사 등을 통하여 당해 기관의 정책 결정에 사실상 지배력을 확보하고 있는 기관(제4호), ⅴ) 제1호부터 제4호까지의 어느 하나에 해당하는 기관이 단독으로 또는 두개 이상의 기관이 합하여 100분의 50 이상의 지분을 가지고 있거나 100분의 30 이상의 지분을 가지고 임원 임명권한 행사 등을 통하여 당해 기관의 정책 결정에 사실상 지배력을 확보하고 있는 기관(제5호), ⅵ) 「공공기관의 운영에 관한 법률」 제4조 제1항 제1호부터 제4호까지의 어느 하나에 해당하는 기관이 설립하고, 정부 또는 설립 기관이 출연한 기관(제6호) 중 공공기관으로 지정한 기관이 해당한다(시행령 제2조 제1호, 「공공기관의 운영에 관한 법률」 제4조 제1항).[2] 또한

2) 「공공기관의 운영에 관한 법률」 제4조 제2항에 의하면, 제1항에도 불구하고 기획재정부장관은 다음 각 호의 어느 하나에 해당하는 기관을 공공기관으로 지정할 수

② 「지방공기업법」 제2조 제1항 제1호부터 제4호까지의 사업을 수행하는 지방직영기업, 지방공사 및 지방공단을 말하는바, 여기에서 사업은 ⅰ) 수도사업(마을상수도사업은 제외한다)(제1호), ⅱ) 공업용수도사업(제2호), ⅲ) 궤도사업(도시철도사업을 포함한다)(제3호), ⅳ) 자동차운송사업(제4호)을 의미한다(시행령 제2조 제2호).

제3절 | 대테러 인권보호관

Ⅰ. 의 의

관계기관의 대테러활동으로 인한 국민의 기본권 침해 방지를 위하여 국가테러대책위원회 소속으로 대테러 인권보호관 1명을 두며(법 제7조 제1항), 대테러 인권보호관의 자격, 임기 등 운영에 관한 사항은 대통령령으로 정하도록 규정하고 있다(법 제7조 제2항).

Ⅱ. 자격 및 직무

대테러 인권보호관은 ① 변호사 자격이 있는 사람으로서 10년 이상의 실무경력이 있는 사람, ② 인권분야에 전문지식이 있고 「고등교

없다.
1. 구성원 상호 간의 상호부조·복리증진·권익향상 또는 영업질서 유지 등을 목적으로 설립된 기관
2. 지방자치단체가 설립하고, 그 운영에 관여하는 기관
3. 「방송법」에 따른 한국방송공사와 「한국교육방송공사법」에 따른 한국교육방송공사
따라서 위 기관들은 테러방지법상 대테러 관계기관이 될 수 없음은 물론이다.

육법」 제2조 제1호에 따른 학교에서 부교수 이상으로 10년 이상 재직하고 있거나 재직하였던 사람, ③ 국가기관 또는 지방자치단체에서 3급 상당 이상의 공무원으로 재직하였던 사람 중 인권 관련 업무경험이 있는 사람, ④ 인권분야 비영리 민간단체·법인·국제기구에서 근무하는 등 인권 관련 활동에 10년 이상 종사한 경력이 있는 대한민국 국민 중에서 위원장이 위촉한다(시행령 제7조 제1항).

대테러 인권보호관의 임기는 2년으로 하고 연임할 수 있으며(시행령 제7조 제2항), ①「국가공무원법」 제33조 각 호의 결격사유에 해당하는 경우, ② 직무와 관련한 형사사건으로 기소된 경우, ③ 직무상 알게 된 비밀을 누설한 경우, ④ 그 밖에 장기간의 심신쇠약으로 인권보호관의 직무를 계속 수행할 수 없는 특별한 사유가 발생한 경우를 제외하고는 그 의사에 반하여 해촉되지 아니한다(시행령 제7조 제3항).

대테러 인권보호관은 ① 국가테러대책위원회에 상정되는 관계기관의 대테러정책·제도 관련 안건의 인권보호에 관한 자문 및 개선 권고, ② 대테러활동에 따른 인권침해 관련 민원의 처리, ③ 그 밖에 관계기관 대상 인권교육 등 인권보호를 위한 활동 등의 직무를 수행한다(시행령 제8조 제1항). 대테러 인권보호관은 대테러활동에 따른 인권침해 관련 민원의 경우 민원을 접수한 날부터 2개월 내에 처리하여야 한다. 다만, 부득이한 사유로 정해진 기간 내에 처리하기 어려운 경우에는 그 사유와 처리 계획을 민원인에게 통지하여야 한다(시행령 제8조 제2항). 국가테러대책위원회 위원장은 대테러 인권보호관이 직무를 효율적으로 수행할 수 있도록 필요한 행정적·재정적 지원을 할 수 있다(시행령 제8조 제3항). 국가테러대책위원회는 대테러 인권보호관의 직무수행을 지원하기 위하여 지원조직을 둘 수 있으며, 필요한 경우에는 관계 중앙행정기관 소속 공무원의 파견을 요청할 수 있다(시행령 제8조 제4항).

대테러 인권보호관은 직무수행 중 인권침해 행위가 있다고 인정할 만한 상당한 이유가 있는 경우에는 국가테러대책위원회 위원장에게 보고한 후 관계기관의 장에게 시정을 권고할 수 있으며(시행령 제9조 제1항), 이에 따른 권고를 받은 관계기관의 장은 그 처리결과를 대테러 인권보호관에게 통지하여야 한다(시행령 제9조 제2항).

한편 대테러 인권보호관의 직무수행을 지원하기 위하여 국가테러대책위원회에 대테러 인권보호관 지원반을 둔다(「대테러 인권보호관 지원반 구성 및 운영에 관한 규정」 제2조). 지원반은 반장 1명 및 반원으로 구성하며(동 규정 제3조 제1항), 지원반의 반장은 관계 중앙행정기관에서 파견된 공무원 중 4급 공무원으로 보하고, 지원반의 반원은 관계 중앙행정기관에서 파견된 공무원으로 한다(동 규정 제3조 제2항). 반장은 지원반의 운영 및 업무에 관한 사항을 총괄하고 반원을 지휘·감독한다(동 규정 제3조 제3항). 지원반에는 예산의 범위에서 전문임기제공무원을 반원으로 둘 수 있다(동 규정 제3조 제4항).

지원반은 ① 테러방지법 시행령 제8조 제1항 및 제2항에 따른 대테러 인권보호관의 직무수행에 대한 지원, ② 동 규정 제4조 제1호에 따른 지원에 필요한 행정업무를 수행한다(동 규정 제4조). 지원반은 필요한 경우 관계 전문가 또는 관계 기관·단체 등에 대테러 인권보호관의 직무수행에 필요한 연구를 의뢰할 수 있다(동 규정 제5조 제1항). 동 규정 제5조 제1항에 따라 연구를 의뢰하는 경우에는 예산의 범위에서 필요한 경비를 지급할 수 있다(동 규정 제5조 제2항). 반장 및 반원에 대해서는 예산의 범위에서 수당·여비 그 밖에 필요한 경비를 지급할 수 있다(동 규정 제6조). 이외에 지원반의 구성 및 운영 등에 필요한 사항은 국가테러대책위원회 위원장이 정한다(동 규정 제7조).

Ⅲ. 의 무

대테러 인권보호관은 재직 중 및 퇴직 후에 직무상 알게 된 비밀을 엄수하여야 한다(시행령 제10조 제1항).

한편 대테러 인권보호관은 법령에 따른 증인, 참고인, 감정인 또는 사건 당사자로서 직무상의 비밀에 관한 사항을 증언하거나 진술하려는 경우에는 미리 국가테러대책위원회 위원장의 승인을 받아야 한다(시행령 제10조 제2항).

제4절 | 전담조직

Ⅰ. 전담조직의 구분

관계기관의 장은 테러 예방 및 대응을 위하여 필요한 전담조직을 둘 수 있다(법 제8조 제1항). 관계기관의 전담조직의 구성 및 운영과 효율적 테러대응을 위하여 필요한 사항은 대통령령으로 정한다(법 제8조 제2항). 전담조직은 테러방지법 시행령 제12조부터 제21조까지의 규정에 따라 테러 예방 및 대응을 위하여 관계기관 합동으로 구성하거나 관계기관의 장이 설치하는 ① 지역 테러대책협의회, ② 공항·항만 테러대책협의회, ③ 테러사건대책본부, ④ 현장지휘본부, ⑤ 화생방테러대응지원본부, ⑥ 테러복구지원본부, ⑦ 대테러특공대, ⑧ 테러대응구조대, ⑨ 테러정보통합센터, ⑩ 대테러합동조사팀 등의 전문조직(협의체를 포함한다)으로 한다(시행령 제11조 제1항).

관계기관의 장은 시행령 제11조 제1항 각 호에 따른 전담조직 외에 테러 예방 및 대응을 위하여 필요한 경우에는 대테러업무를 수행하는 하부조직을 전담조직으로 지정·운영할 수 있다(시행령 제11조 제2항).

여기서는 전담조직을 편의상 대테러 체계도에 맞추어 ① 국가테러대책위원회를 지원하는 테러정보통합센터, 지역 테러대책협의회, 공항·항만 테러대책협의회, ② 테러사건대책본부, ③ 테러사건대책본부를 지원하는 화생방테러대응지원본부 및 테러복구지원본부, ④ 테러사건대책본부의 지휘를 받는 현장지휘본부, ⑤ 관계기관의 현장조직인 대테러특공대, 테러대응구조대, 대테러합동조사팀, 대화생방테러특수임무대, 군 대테러특수임무대[3])로 구분하여 설명한다.

표 3 테러방지법상 테러전담조직과 책임기관 요약

전담조직 명칭	책임기관
테러정보통합센터	국가정보원
지역 테러대책협의회	특별시·광역시·특별자치시·도·특별자치도에 해당 지역에 있는 관계기관
공항·항만 테러대책협의회	공항 또는 항만 내에서의 관계기관
테러사건대책본부	외교부, 국방부, 국토교통부, 경찰청, 해양경찰청
화생방테러대응지원본부	보건복지부, 환경부, 원자력안전위원회
테러복구지원본부	행정안전부
현장지휘본부	외교부, 국방부, 국토교통부, 경찰청, 해양경찰청
대테러특공대	국방부, 경찰청, 해양경찰청
테러대응구조대	소방청, 시·도
대테러합동조사팀	국가정보원

3) 대화생방테러특수임무대, 군 대테러특수임무대는 대테러 체계도에는 편성이 되어 있으나, 테러방지법 시행령 제11조 제1항에 별도로 규정된 전담조직은 아니다. 즉, 대화생방테러특수임무대는 화생방테러대응지원본부(시행령 제16조)에서, 군 대테러특수임무대는 대테러특공대(시행령 제18조)에서 각각 규정하고 있다.

Ⅱ. 테러정보통합센터

국가정보원장은 테러 관련 정보를 통합관리하기 위하여 관계기관 공무원으로 구성되는 테러정보통합센터를 설치·운영한다(시행령 제20조 제1항).

테러정보통합센터는 ① 국내외 테러 관련 정보의 통합관리·분석 및 관계기관에의 배포, ② 24시간 테러 관련 상황 전파체계 유지, ③ 테러위험징후 평가, ④ 그 밖에 테러 관련 정보의 통합관리에 필요한 사항 등의 임무를 수행한다(시행령 제20조 제2항).

국가정보원장은 관계기관의 장에게 소속 공무원의 파견과 테러정보의 통합관리 등 업무수행에 필요한 협조를 요청할 수 있다(시행령 제20조 제3항).

Ⅲ. 지역 테러대책협의회

특별시·광역시·특별자치시·도·특별자치도(이하 "시·도"라 한다)에 해당 지역에 있는 관계기관 간 테러예방활동에 관한 협의를 위하여 지역 테러대책협의회를 둔다(시행령 제12조 제1항).

지역 테러대책협의회의 의장은 국가정보원의 해당 지역 관할지부의 장(특별시의 경우 대테러센터장을 말한다. 이하 같다)이 되며, 위원은 ① 시·도에서 대테러업무를 담당하는 고위공무원단 나급 상당 공무원 또는 3급 상당 공무원 중 특별시장·광역시장·특별자치시장·도지사·특별자치도지사(이하 "시·도지사"라 한다)가 지명하는 사람, ② 법무부·환경부·국토교통부·해양수산부·국가정보원·식품의약품안전처·관세청·검찰청·경찰청 및 해양경찰청의 지역기관에서 대테러업무를 담당하는 고위공무원단 나급 상당 공무원 또는 3급 상당 공무원 중 해당 관계기관의 장이 지명하는 사람, ③ 지역 관할 군부대 및 군사안보지원부대의 장, ④ 지역 테러대책협의회 의장이 필요하다고 인정하는 관계기관의 지역기관에서 대테러업무를 담당하는 공무원 중 해당 관계기관의 장이 지명하는 사람 및 국가중요시설의 관리자나 경비·보안 책임자가 된다(시행령 제12조 제2항).

지역 테러대책협의회는 ① 국가테러대책위원회의 심의·의결 사항 시행 방안, ② 해당 지역 테러사건의 사전예방 및 대응·사후처리 지원 대책, ③ 해당 지역 대테러업무 수행 실태의 분석·평가 및 발전 방안, ④ 해당 지역의 대테러 관련 훈련·점검 등 관계기관 간 협조에 관한 사항, ⑤ 그 밖에 해당 지역 대테러활동에 필요한 사항을 심의·의결한다(시행령 제12조 제3항).

관계기관의 장은 시행령 제12조 제3항의 심의·의결 사항에 대하여 그 이행결과를 지역 테러대책협의회에 통보하고, 지역 테러대책협의회 의장은 그 결과를 종합하여 국가테러대책위원회에 보고하여야 한다(시행령 제12조 제4항).

지역 테러대책협의회의 회의와 운영에 관한 세부 사항은 지역 실정을 고려하여 지역 테러대책협의회의 의결을 거쳐 의장이 정한다(시행령 제12조 제5항).

Ⅳ. 공항·항만 테러대책협의회

공항 또는 항만[4] 내에서의 관계기관 간 대테러활동에 관한 사항을

4) 「항만법」 제3조 제1항 제1호에 의하면, 해양수산부장관은 항만을 무역항과 연안항으로 구분하여 지정하되, 그 명칭·위치 및 구역은 대통령령으로 정한다고 규정하고 있다. 여기서의 항만은 무역항만을 의미하므로, 경인항, 인천항, 서울항, 평택·당진항, 대산항, 태안항, 보령항, 장항항, 군산항, 목포항, 완도항, 여수항, 광양항, 하동항, 삼

협의하기 위하여 공항·항만별로 테러대책협의회를 둔다(시행령 제13조 제1항).

공항·항만 테러대책협의회의 의장은 해당 공항·항만에서 대테러 업무를 담당하는 국가정보원 소속 공무원 중 국가정보원장이 지명하는 사람이 되며, 위원은 ① 해당 공항 또는 항만에 상주하는 법무부·농림축산식품부·보건복지부·국토교통부·해양수산부·관세청·경찰청·소방청·해양경찰청 및 군사안보지원사령부 소속기관의 장, ② 공항 또는 항만의 시설 소유자 및 경비·보안 책임자, ③ 그 밖에 공항·항만 테러대책협의회의 의장이 필요하다고 인정하는 관계기관에 소속된 기관의 장이 된다(시행령 제13조 제2항).

공항·항만 테러대책협의회는 해당 공항 또는 항만 내의 대테러활동에 관하여 ① 국가테러대책위원회의 심의·의결 사항 시행 방안, ② 공항 또는 항만 내 시설 및 장비의 보호 대책, ③ 항공기·선박의 테러 예방을 위한 탑승자와 휴대화물 검사 대책, ④ 테러 첩보의 입수·전파 및 긴급대응 체계 구축 방안, ⑤ 공항 또는 항만 내 테러사건 발생 시 비상대응 및 사후처리 대책, ⑥ 그 밖에 공항 또는 항만 내의 테러대책을 심의·의결한다(시행령 제13조 제3항).

관계기관의 장은 시행령 제13조 제3항의 심의·의결 사항에 대하여 그 이행 결과를 공항·항만 테러대책협의회에 통보하고, 공항·항만 테러대책협의회 의장은 그 결과를 종합하여 국가테러대책위원회에 보고하여야 한다(시행령 제13조 제4항).

공항·항만 테러대책협의회의 운영에 관한 세부사항은 공항·항만별로 테러대책협의회의 의결을 거쳐 의장이 정한다(시행령 제13조 제5항).

천포항, 통영항, 장승포항, 옥포항, 고현항, 마산항, 진해항, 부산항, 울산항, 포항항, 호산항, 삼척항, 동해·묵호항, 옥계항속초항, 제주항, 서귀포항을 의미한다(「항만법 시행령」 제2조 제1항 [별표1]).

Ⅴ. 테러사건대책본부

외교부장관, 국방부장관, 국토교통부장관, 경찰청장 및 해양경찰청장은 테러가 발생하거나 발생할 우려가 현저한 경우(국외테러의 경우는 대한민국 국민에게 중대한 피해가 발생하거나 발생할 우려가 있어 긴급한 조치가 필요한 경우에 한한다)에는 ① 외교부장관은 국외테러사건대책본부, ② 국방부장관은 군사시설테러사건대책본부, ③ 국토교통부장관은 항공테러사건대책본부, ④ 경찰청장은 국내일반테러사건대책본부, ⑤ 해양경찰청장은 해양테러사건대책본부를 설치·운영하여야 한다(시행령 제14조 제1항). 판단컨대, 외교부장관(국외테러사건대책본부), 국방부장관(군사시설테러사건대책본부), 국토교통부장관(항공테러사건대책본부) 및 해양경찰청장(해양테러사건대책본부)과 경찰청장(국내일반테러사건대책본부)의 테러사건에 대한 직무관계를 비교했을 때 일반법과 특별법의 관계로 볼 수 있다. 따라서 경찰청장은 특별한 상황에서의 테러사건을 제외한 국내일반테러사건을 전담·관할하는 제도적 의미의 일반경찰행정청에 해당하고 외교부장관, 국방부장관, 국토교통부장관 및 해양경찰청장은 해당 분야별 테러사건을 관할하는 특별경찰행정청이라 할 수 있다.

한편 시행령 제14조 제1항에 따라 테러사건대책본부를 설치한 관계기관의 장은 그 사실을 즉시 국가테러대책위원회 위원장에게 보고하여야 하며, 같은 사건에 2개 이상의 테러사건대책본부가 관련되는 경우에는 국가테러대책위원회 위원장이 테러사건의 성질·중요성 등을 고려하여 테러사건대책본부를 설치할 기관을 지정할 수 있다(시행령 제14조 제2항).

테러사건대책본부의 장은 테러사건대책본부를 설치하는 관계기관의 장(군사시설테러사건대책본부의 경우에는 합동참모의장을 말한다. 이하 같다)이 되며, 시행령 제15조에 따른 현장지휘본부의 사건 대응활동을 지휘·통제한다(시행령 제14조 제3항).

테러사건대책본부의 편성·운영에 관한 세부 사항은 테러사건대책본부의 장이 정한다(시행령 제14조 제4항).

Ⅵ. 화생방테러대응지원본부 등

보건복지부장관, 환경부장관 및 원자력안전위원회 위원장은 화생방테러사건 발생 시 테러사건대책본부를 지원하기 위하여 ① 보건복지부장관은 생물테러 대응 분야, ② 환경부장관은 화학테러 대응 분야, ③ 원자력안전위원회 위원장은 방사능테러 대응 분야 등 구분에 따른 분야별로 화생방테러대응지원본부를 설치·운영한다(시행령 제16조 제1항).

화생방테러대응지원본부는 ① 화생방테러 사건 발생 시 오염 확산 방지 및 제독(除毒) 방안 마련, ② 화생방 전문 인력 및 자원의 동원·배치, ③ 그 밖에 화생방테러 대응 지원에 필요한 사항의 시행 등의 임무를 수행한다(시행령 제16조 제2항).

국방부장관은 관계기관의 화생방테러 대응을 지원하기 위하여 테러사건대책위원회의 심의·의결을 거쳐 오염 확산 방지 및 제독 임무 등을 수행하는 대화생방테러특수임무대를 설치하거나 지정할 수 있다(시행령 제16조 제3항).

화생방테러대응지원본부 및 대화생방테러특수임무대의 설치·운영 등에 필요한 사항은 해당 관계기관의 장이 정한다(시행령 제16조 제4항). 따라서 여기서 관계기관의 장은 보건복지부장관, 환경부장관, 원자력안전위원회 위원장 및 국방부장관이 된다.

Ⅶ. 테러복구지원본부

1. 의의

행정안전부장관은 테러사건 발생 시 구조·구급·수습·복구활동 등에 관하여 테러사건대책본부를 지원하기 위하여 테러복구지원본부를 설치·운영할 수 있다(시행령 제17조 제1항).

테러복구지원본부는 ① 테러사건 발생 시 수습·복구 등 지원을 위한 자원의 동원 및 배치 등에 관한 사항, ② 테러사건대책본부의 협조요청에 따른 지원에 관한 사항, ③ 그 밖에 테러복구 등 지원에 필요한 사항의 시행의 임무를 수행한다(시행령 제17조 제2항).

테러방지법 제8조 및 동 법 시행령 제17조에 따라 테러사건 발생 시 구조·구급·수습·복구활동 등에 관하여 테러사건대책본부를 지원하기 위해 설치하는 테러복구지원본부의 편성·운영 등에 필요한 사항을 정함을 목적으로 「테러복구지원본부 운영규정」(행정안전부훈령)이 있다. 이에 의하면, 테러복구지원본부의 운영에 관하여 다른 법령에 규정된 것을 제외하고는 이 규정을 적용한다(동 규정 제2조).

2. 구성

행정안전부장관은 ① 테러발생 후 테러사건대책본부가 설치되어 수습·복구 등의 지원 요청이 있는 경우, ② 그 밖에 행정안전부장관이 필요하다고 인정하는 경우에 테러복구지원본부를 설치할 수 있다(동 규정 제4조).

테러복구지원본부는 본부장, 총괄조정관, 통제관, 담당관, 실무반으로 구성하며, 구성원의 역할은 ① 본부장은 테러복구지원본부 업무 총괄, ② 총괄조정관은 복구지원 관리 총괄, ③ 통제관은 실무반의 업무 총괄, ④ 담당관은 실무반 운영 및 관리, ⑤ 실무반은 행정안전부 소속 공무원 및 동 규정 제11조에 따른 관계기관 파견직원으로 구성하여 [별표1]에 따른 수습·복구 지원업무를 수행한다(동 규정 제5조).

테러복구지원본부장은 실무반을 편성할 때에는 테러방지법 및 테러위기관리표준매뉴얼에 따라 수습·복구와 관련된 관계기관의 장에게 소속 직원의 파견을 요청할 수 있다(동 규정 제11조 제1항). 동 규정 제11조 제1항에 따라 파견을 요청받은 관계기관의 장은 특별한 사항이 없는 경우 수습·복구를 위한 요청사항에 따라야 한다(동 규정 제11조 제2항).

표 4 실무반의 구성 및 업무(제5조 관련)

<table>
<tr><th colspan="2">구 분</th><th colspan="3">담당업무(기능)</th></tr>
<tr><td colspan="2">총괄지원반</td><td colspan="3">◦ 수습·복구 상황관리 및 대응기관 업무협조
◦ 상황판단회의 개최 및 안건상정
◦ 지시사항 및 요청사항의 처리
◦ 상황보고서 작성·보고
◦ 상황근무자 비상근무명령 및 복무 단속
◦ 주요 인사 방문시 의전업무 수행
◦ 대·내외 정보제공 및 사건대책본부와 언론공유 협조체계 유지</td></tr>
<tr><td colspan="2">현장지원반</td><td colspan="3">◦ 필요시 사건대책본부, 피해현장 파견(연락관)
◦ 주민 불편사항, 지원 필요사항 접수 및 처리</td></tr>
<tr><td colspan="3">수습복구지원반(주)</td><td>소관부서</td><td>관계기관</td></tr>
<tr><td rowspan="2"></td><td>긴급생활안정</td><td>◦ 피해주민 생활안정에 필요한 단기대책 지원
◦ 피해주민 구호 등 불편사항 해소 긴급대책 지원</td><td>재난구호과</td><td>지자체
민간단체</td></tr>
<tr><td>시설응급복구</td><td>◦ 시설 피해 및 응급복구 상황 파악
◦ 피해시설 현황파악 및 응급복구 지원</td><td>복구지원과</td><td>소관시설
관리기관</td></tr>
</table>

주요기능	자원지원	◦ 응급조치에 필요한 자원 현황 파악 ◦ 피해지역 재난관리자원 부족시 지원 조정	재난자원 관리과	지자체
	긴급통신	◦ 통신시설 피해상황 파악 및 복구지원 ◦ 통신두절지역의 긴급통신체계 지원	재난정보 통신과	방통위 과기부
	에너지시설 복구	◦ 생활불편시설(가스·전기·유류 등) 피해상황 파악 ◦ 가스·전기·유류 등 피해시설 기능회복 지원	산업교통 재난대응과	산업부
	교통대책지원	◦ 교통두절구간(도로·해상·항공) 실태 파악 ◦ 통행재개 및 소통대책 지원	산업교통 재난대응과	국토부 해수부
	의료방역지원	◦ 감염병 등 방역대책 지원 ◦ 재난지역 의료서비스 등 공중보건 지원	보건재난 대응과	복지부
	구조구급지원	◦ 구조구급 상황관리 및 지원 ◦ 응급조치 및 의료기관 후송사항 파악·지원	사회재난 대응정책과	소방청
	자원봉사지원	◦ 자원봉사 현장지원 ◦ 자원봉사센터 설치·운영 지원	재난자원 관리과	행안부
	환경정비	◦ 사건발생지역의 환경오염물질 처리 지원	환경재난 대응과	환경부 해수부

주: 수습복구지원반은 테러유형·피해규모·진행사항에 따라 필요한 기능을 탄력적으로 구성·운영

테러복구지원본부장이 부득이한 사유로 직무를 수행할 수 없는 때에는 동 규정 제5조 각 호에 따라 총괄조정관, 통제관, 담당관 순으로 그 직무를 대행한다(동 규정 제6조).

테러복구지원본부장은 테러복구지원본부를 테러유형에 따라 [별표 2]와 같이 편성하되, 피해규모, 진행상황 등에 따라 실무반의 구성 및 인원은 조정하여 운영할 수 있다(동 규정 제7조). 테러복구지원본부 편성표(제5조, 제7조 관련)는 다음과 같다.

표 5 국내 일반테러시

<table>
<tr><th colspan="4">국내 일반테러시</th></tr>
<tr><td>본 부 장</td><td colspan="3">행정안전부 재난안전관리본부장</td></tr>
<tr><td>총괄조정관</td><td colspan="3">재난협력실장</td></tr>
<tr><td>통 제 관</td><td colspan="3">사회재난대응정책관</td></tr>
<tr><td>담 당 관</td><td colspan="3">재난협력실 과장</td></tr>
<tr><td rowspan="13">실 무 반</td><td colspan="3">총 9명 + α명(주)</td></tr>
<tr><td>총 괄
지 원 반
(7명)</td><td colspan="2">◦ 반장 : 재난협력실 또는 재난관리실 1명(4급·5급)
◦ 반원 : 재난협력실 또는 재난관리실 직원 5명, 안전소통담당관 직원 1명 (* 안전소통담당관실 내에서 지원반 기능수행 1명)</td></tr>
<tr><td>현 장
지 원 반
(2명)</td><td colspan="2">◦ 반장 : 재난협력실 또는 재난관리실 1명(4급·5급)
◦ 팀원 : 재난협력실 또는 재난관리실 직원 1명</td></tr>
<tr><td rowspan="8">수습복구
지 원 반
(α명)</td><td colspan="2">◦ 반장 : 재난협력실 또는 재난관리실 1명(4급·5급)
◦ 팀원 : 소관부서 직원 또는 관계기관 파견인력</td></tr>
<tr><td>긴급생활안정</td><td>재난구호과 직원</td></tr>
<tr><td>시설응급복구</td><td>복구지원과 직원</td></tr>
<tr><td>자원지원</td><td>재난자원관리과 직원</td></tr>
<tr><td>교통대책지원</td><td>산업교통재난대응과 직원, 국토교통부 파견직원</td></tr>
<tr><td>의료방역지원</td><td>보건재난대응과 직원, 보건복지부 파견직원</td></tr>
<tr><td>구조구급지원</td><td>사회재난대응정책과 직원, 소방청 파견직원</td></tr>
<tr><td>자원봉사지원</td><td>재난자원관리과 직원</td></tr>
</table>

주: [별표1]의 수습·복구 지원기능 중 피해규모·진행사항에 따라 필요한 기능을 탄력적으로 운영

표 6 항공테러시

항공테러시			
본 부 장	행정안전부 재난안전관리본부장		
총괄조정관	재난협력실장		
통 제 관	사회재난대응정책관		
담 당 관	재난협력실 과장		
실 무 반	총 7명 + α명(주)		
	총괄 지원반 (7명)	◦ 반장 : 재난협력실 또는 재난관리실 1명(4급·5급) ◦ 반원 : 재난협력실 또는 재난관리실 직원 5명, 안전소통담당관 직원 1명 (* 안전소통담당관실 내에서 지원반 기능 수행 1명)	
	수습복구 지원반 (α명)	◦ 반장 : 재난협력실 또는 재난관리실 1명(4급·5급) ◦ 팀원 : 소관부서 직원 또는 관계기관 파견인력	
		시설응급복구	복구지원과 직원
		교통대책지원	산업교통재난대응과 직원, 국토교통부 파견직원
		의료방역지원	보건재난대응과 직원, 보건복지부 파견직원
		구조구급지원	사회재난대응정책과 직원, 소방청 파견직원
		자원봉사지원	재난자원관리과 직원

주: [별표1]의 수습·복구 지원기능 중 피해규모·진행사항에 따라 필요한 기능을 탄력적으로 운영

표 7 군사시설테러시

<table>
<tr><td colspan="4">군사시설테러시</td></tr>
<tr><td>본 부 장</td><td colspan="3">행정안전부 재난안전관리본부장</td></tr>
<tr><td>총괄조정관</td><td colspan="3">재난협력실장</td></tr>
<tr><td>통 제 관</td><td colspan="3">사회재난대응정책관</td></tr>
<tr><td>담 당 관</td><td colspan="3">재난협력실 과장</td></tr>
<tr><td rowspan="9">실 무 반</td><td colspan="3">총 7명 + α명(주)</td></tr>
<tr><td>총 괄
지 원 반
(7명)</td><td colspan="2">◦ 반장 : 재난협력실 또는 재난관리실 1명(4급·5급)
◦ 반원 : 재난협력실 또는 재난관리실 직원 5명, 안전소통담당관 직원 1명 (* 안전소통담당관실 내에서 지원반 기능수행 1명)</td></tr>
<tr><td rowspan="7">수습복구
지 원 반
(α명)</td><td colspan="2">◦ 반장 : 재난협력실 또는 재난관리실 1명(4급·5급)
◦ 팀원 : 소관부서 직원 또는 관계기관 파견인력</td></tr>
<tr><td>시설응급복구</td><td>복구지원과 직원</td></tr>
<tr><td>자원지원</td><td>재난자원관리과 직원</td></tr>
<tr><td>의료방역지원</td><td>보건재난대응과 직원, 보건복지부 파견직원</td></tr>
<tr><td>구조구급지원</td><td>사회재난대응정책과 직원, 소방청 파견직원</td></tr>
<tr><td>환경정비</td><td>환경재난대응과 직원, 환경부 파견직원</td></tr>
</table>

주: [별표1]의 수습·복구 지원기능 중 피해규모·진행사항에 따라 필요한 기능을 탄력적으로 운영

표 8 해양테러시

<table>
<tr><th colspan="4">해양테러시</th></tr>
<tr><td>본 부 장</td><td colspan="3">행정안전부 재난안전관리본부장</td></tr>
<tr><td>총괄조정관</td><td colspan="3">재난협력실장</td></tr>
<tr><td>통 제 관</td><td colspan="3">사회재난대응정책관</td></tr>
<tr><td>담 당 관</td><td colspan="3">재난협력실 과장</td></tr>
<tr><td rowspan="10">실 무 반</td><td colspan="3">총 9명 + α명(주)</td></tr>
<tr><td>총 괄
지 원 반
(7명)</td><td colspan="2">◦ 반장 : 재난협력실 또는 재난관리실 1명(4급·5급)
◦ 반원 : 재난협력실 또는 재난관리실 직원 5명, 안전소통담당관 직원 1명 (* 안전소통담당관실 내에서 지원반 기능수행 1명)</td></tr>
<tr><td>현 장
지 원 반
(2명)</td><td colspan="2">◦ 반장 : 재난협력실 또는 재난관리실 1명(4급·5급)
◦ 팀원 : 재난협력실 또는 재난관리실 직원 1명</td></tr>
<tr><td rowspan="7">수습복구
지 원 반
(α명)</td><td colspan="2">◦ 반장 : 재난협력실 또는 재난관리실 1명(4급·5급)
◦ 팀원 : 소관부서 직원 또는 관계기관 파견인력</td></tr>
<tr><td>시설응급복구</td><td>복구지원과 직원</td></tr>
<tr><td>자원지원</td><td>재난자원관리과 직원</td></tr>
<tr><td>교통대책지원</td><td>산업교통재난대응과 직원, 국토교통부 파견직원, 해양수산부 파견직원</td></tr>
<tr><td>의료방역지원</td><td>보건재난대응과 직원, 보건복지부 파견직원</td></tr>
<tr><td>구조구급지원</td><td>사회재난대응정책과 직원, 소방청 파견직원</td></tr>
<tr><td>자원봉사지원</td><td>재난자원관리과 직원</td></tr>
</table>

주: [별표1]의 수습·복구 지원기능 중 피해규모·진행사항에 따라 필요한 기능을 탄력적으로 운영

표 9 국외테러시

<table>
<tr><th colspan="4">국외테러시</th></tr>
<tr><td>본 부 장</td><td colspan="3">행정안전부 재난안전관리본부장</td></tr>
<tr><td>총괄조정관</td><td colspan="3">재난협력실장</td></tr>
<tr><td>통 제 관</td><td colspan="3">사회재난대응정책관</td></tr>
<tr><td>담 당 관</td><td colspan="3">재난협력실 과장</td></tr>
<tr><td rowspan="7">실 무 반</td><td colspan="3">총 7명 + α명(주)</td></tr>
<tr><td>총 괄
지 원 반
(7명)</td><td colspan="2">◦반장 : 재난협력실 또는 재난관리실 1명(4급·5급)
◦반원 : 재난협력실 또는 재난관리실 직원 5명, 안전소통담당관 직원 1명 (＊안전소통담당관실 내에서 지원반 기능수행 1명)</td></tr>
<tr><td rowspan="4">수습복구
지 원 반
(α명)</td><td colspan="2">◦반장 : 재난협력실 또는 재난관리실 1명(4급·5급)
◦팀원 : 소관부서 직원 또는 관계기관 파견인력</td></tr>
<tr><td>긴급생활안정</td><td>재난구호과 직원</td></tr>
<tr><td>구조구급지원</td><td>사회재난대응정책과 직원, 소방청 파견직원</td></tr>
<tr><td>자원봉사지원</td><td>재난자원관리과 직원</td></tr>
</table>

주: [별표1]의 수습·복구 지원기능 중 피해규모·진행사항에 따라 필요한 기능을 탄력적으로 운영

3. 운영

테러복구지원본부는 테러방지법 시행령 제17조 제2항 및 테러위기관리표준매뉴얼에 따라 ① 테러사건 수습·복구 등 지원을 위한 자원의 동원 및 배치, ② 테러사건대책본부의 협조 요청에 따른 수습·복구 지원, ③ 조속한 구조·구급·수습·복구를 위한 응급조치 지원, ④ 테러사건 관계기관과의 공조체계 유지, ⑤ 2차 사고 등 사고확산 방지를 위한 긴급조치 시행, ⑥ 피해주민 불편사항 조치 지원, ⑦ 적십자 등 민간사회단체의 현장봉사활동 지원임무를 수행한다(동 규정 제

8조 제1항). 테러복구지원본부장은 피해 확산방지 및 신속한 생활안정을 위하여 필요하다고 인정되는 경우 동 규정 제8조 제1항에 따른 지원사항 이외에도 추가적인 조치사항을 정하여 지원할 수 있다(동 규정 제8조 제2항).

테러복구지원본부장은 효율적인 수습·복구 지원을 위하여 테러복구지원본부상황실을 운영할 수 있다. 이 경우 중앙재난안전대책본부 상황실을 활용할 수 있다(동 규정 제9조 제1항). 테러복구지원본부상황실은 ① 구조·구급·수습·복구에 대한 상황접수 및 상황전파, ② 테러사건대책본부의 요청사항 접수 및 지원, ③ 상황별 근무요령 전파 및 비상근무 발령, ④ 테러사건대책본부 및 대테러 관계기관과의 비상연락체계 구축 및 유지를 위한 상황관리체계를 갖추어야 한다(동 규정 제9조 제2항). 테러복구지원본부장은 테러사건 발생에 따른 수습·복구 지원이 종료될 때까지 상황관리체계를 유지한다(동 규정 제9조 제3항).

테러복구지원본부장은 효율적인 수습·복구 지원 등을 위하여 상황판단회의를 개최할 수 있다(동 규정 제10조 제1항). 동 규정 제10조 제1항에 따른 상황판단회의에서 ① 테러사건대책본부 요청에 대한 지원의 방법 및 범위, ② 실무반 편성의 변경 및 동 규정 제11조에 따른 유관기관 직원의 파견 범위, ③ 동 규정 제8조 제2항에 따라 필요하다고 인정되는 추가적인 조치사항을 판단한다(동 규정 제10조 제2항). 상황판단회의는 ① 구조·구급·수습·복구와 관련된 행정안전부 소속 고위공무원단에 속하는 공무원, 관련 부서의 과장, ② 테러사건의 수습·복구와 관련된 유관기관 및 단체(민간단체를 포함한다)의 관계자 중 해당 업무에 관련되는 사람, ③ 그 밖에 테러복구지원본부장이 필요하다고 인정하는 사람으로 구성하며 필요한 경우 외부전문가를 참석시켜 필요한 자문을 구할 수 있다(동 규정 제10조 제3항).

테러복구지원본부장은 상황관리의 효율적인 수행을 위하여 소속

직원 및 파견근무자를 대상으로 상황근무에 필요한 교육을 실시할 수 있으며(동 규정 제12조), 테러방지법 시행령 제17조 제2항의 수습·복구 등 지원을 위한 자원에 대하여 필요자원의 종류, 수량 등을 별도로 정하여 관리할 수 있다(동 규정 제13조).

테러복구지원본부는 테러방지법 시행령 제11조에 따른 전담조직 및 수습·복구와 관련된 유관기관과 신속하고 원활한 임무수행이 가능하도록 비상연락체계와 상호협력체계를 유지하여야 한다(동 규정 제14조).

테러복구지원본부장은 구조·구급·수습·복구 지원사항에 대하여 보도자료, 언론 브리핑 등을 통해 정보를 제공할 수 있으며(동 규정 제15조 제1항), 이 경우 전담자를 지정하여 실시하고 테러사건대책본부에 설치된 언론 대응창구와 정보공유 및 협조체계를 구축해야 한다(동 규정 제15조 제2항).

테러사건대책본부의 수습·복구 지원을 위하여 소요된 재원의 집행 및 분담은 테러방지법 시행령 제35조에 따라 국가테러대책위원회에서 정한 바에 따르며(동 규정 제16조), 이 규정에서 정하지 않은 사항은 테러위기관리표준매뉴얼에서 정한 바에 따른다(동 규정 제17조).

Ⅷ. 현장지휘본부

테러사건대책본부의 장은 테러사건이 발생한 경우 사건 현장의 대응활동을 총괄하기 위하여 현장지휘본부를 설치할 수 있으며(시행령 제15조 제1항), 현장지휘본부의 장은 테러사건대책본부의 장이 지명한다(시행령 제15조 제2항).

현장지휘본부의 장은 테러의 양상·규모·현장상황 등을 고려하여 협상·진압·구조·구급·소방 등에 필요한 전문조직을 직접 구성하거나 관계기관의 장에게 지원을 요청할 수 있다. 이 경우 관계기관의 장은 특별한 사정이 없으면 현장지휘본부의 장이 요청한 사항을 지원하여야 한다(시행령 제15조 제3항).

현장지휘본부의 장은 현장에 출동한 관계기관의 조직(대테러특공대, 테러대응구조대, 대화생방테러특수임무대 및 대테러합동조사팀을 포함한다)을 지휘·통제한다(시행령 제15조 제4항).[5)]

현장지휘본부의 장은 현장에 출동한 관계기관과 합동으로 통합상황실을 설치·운영할 수 있다(시행령 제15조 제5항).

Ⅸ. 관계기관의 현장조직

1. 대테러특공대

국방부장관, 경찰청장 및 해양경찰청장은 테러사건에 신속히 대응하기 위하여 대테러특공대를 설치·운영한다(시행령 제18조 제1항). 국방부장관, 경찰청장 및 해양경찰청장은 대테러특공대를 설치·운영하려는 경우에는 국가테러대책위원회의 심의·의결을 거쳐야 한다(시행령 제18조 제2항).

대테러특공대는 ① 대한민국 또는 국민과 관련된 국내외 테러사건 진압, ② 테러사건과 관련된 폭발물의 탐색 및 처리, ③ 주요 요인경호

---

5) 대테러센터의 대테러 체계도에 의하면, 관계기관의 현장조직은 대테러특공대, 테러대응구조대, 대화생방테러특수임무대, 군 대테러특수임무대, 대테러합동조사팀으로 편성되어 있다. 그런데 테러방지법 시행령 제12조 내지 제21조에 규정된 다른 현장조직과는 달리, 대화생방테러특수임무대 및 군 대테러특수임무대는 별도의 제목으로 규정되어 있지 않고, 대화생방테러특수임무대는 시행령 제16조(화생방테러대응지원본부 등) 제3항·제4항에서, 군 대테러특수임무대는 시행령 제18조(대테러특공대 등) 제5항에서 규정하고 있다. 물론 시행령 제11조 제2항에 의해, 관계기관의 장은 시행령 제11조 제1항 각 호에 따른 전담조직 외에 테러 예방 및 대응을 위하여 필요한 경우에는 대테러업무를 수행하는 하부조직을 전담조직으로 지정·운영할 수 있지만, 다른 현장조직과의 체계 정합성의 측면에서 별도의 제목하에 규정함이 타당하다.

및 국가중요행사의 안전한 진행 지원, ④ 그 밖에 테러사건의 예방 및 저지활동의 임무를 수행한다(시행령 제18조 제3항).

국방부 소속 대테러특공대의 출동 및 진압작전은 군사시설 안에서 발생한 테러사건에 대하여 수행한다. 다만, 경찰력의 한계로 긴급한 지원이 필요하여 테러사건대책본부의 장이 요청하는 경우에는 군사시설 밖에서도 경찰의 대테러 작전을 지원할 수 있다(시행령 제18조 제4항).

국방부장관은 군 대테러특공대의 신속한 대응이 제한되는 상황에 대비하기 위하여 군 대테러특수임무대를 지역 단위로 편성·운영할 수 있다. 이 경우 군 대테러특수임무대의 편성·운영·임무에 관하여는 시행령 제18조 제2항부터 제4항까지의 규정을 준용한다(시행령 제18조 제5항).

2. 테러대응구조대

(1) 의의

소방청장과 시·도지사는 테러사건 발생 시 신속히 인명을 구조·구급하기 위하여 중앙 및 지방자치단체 소방본부에 테러대응구조대[6]를 설치·운영한다(시행령 제19조 제1항).

테러대응구조대는 ① 테러발생 시 초기단계에서의 조치 및 인명의 구조·구급, ② 화생방테러 발생 시 초기단계에서의 오염 확산 방지 및 제독, ③ 국가중요행사의 안전한 진행 지원, ④ 테러취약요인의 사전

---

6) "테러대응구조대"란 「119구조·구급에 관한 법률 시행령」 제6조 제1항 각 호의 구조대원 자격기준에 적합한 소방공무원으로 구성되어, 동 법 시행령 제5조 제1항 제4호에 따라 테러 및 특수재난에 전문적으로 대응하기 위하여 필요한 차량 및 장비를 갖추고 소방청 또는 시·도 소방본부에 설치하는 구조대를 말한다(「테러대응구조대 운영규정」 제2조 제1호).

예방·점검 지원임무를 수행한다(시행령 제19조 제2항).

이를 세부적으로 규율하기 위해 「테러대응구조대 운영규정」(소방청 훈령)이 있다. 이 규정은 「119구조·구급에 관한 법률」 제8조 및 시행령 제5조, 그리고 테러방지법 제8조 및 시행령 제19조에 따라 테러대응구조대의 편성·운영 등에 필요한 사항을 정함을 목적으로 하며(동 규정 제1조), 테러대응구조대의 운영에 관하여 다른 법령에 규정된 것을 제외하고는 이 규정을 적용한다(동 규정 제3조).

(2) 설치 및 편성

소방청장 또는 시·도지사는 테러사건 발생 시 신속히 인명을 구조·구급하기 위하여 중앙 및 시·도 소방본부에 테러대응구조대를 설치하는데(동 규정 제4조 제1항), ① 소방청은 중앙119구조본부 직할구조대 내에 테러대응구조대를 설치하되 권역별 특수구조대 내에도 추가로 설치할 수 있으며, ② 시·도 소방본부는 직할구조대 내에 테러대응구조대를 설치하되 직할구조대가 미설치된 시·도는 직할구조대가 설치될 때까지 시·도지사가 지정한 소방서 구조대로 설치하며, 테러취약시설[7] 및 지역특성 등을 고려하여 소방서 구조대를 추가로 설치할 수 있다(동 규정 제4조 제2항).

소방청장 또는 시·도지사는 테러대응구조대를 ① 총기·폭발 등 일반테러의 경우 지휘 및 구조반, 지원반으로 편성하고, ② 화학·생물·방사능 테러의 경우 지휘 및 구조반, 탐지·제독반, 지원반으로 편성·운영한다(동 규정 제5조 제1항). 테러대응구조대 임무 편성표(제5조 관련)는 다음과 같다.

---

7) "테러취약시설"이란 테러 예방 및 대응을 위해 「테러취약시설 안전활동에 관한 규칙」에 따른 경찰이 관리하는 국가중요시설, 다중이용시설, 공관지역, 미군 관련 시설 등을 말한다(「테러대응구조대 운영규정」 제2조 제2호).

표 10 총기·폭발 등 일반테러

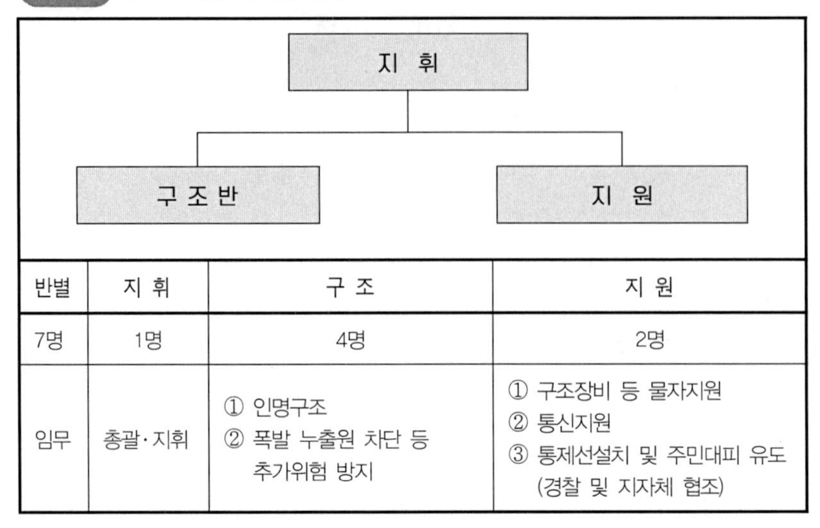

반별	지 휘	구 조	지 원
7명	1명	4명	2명
임무	총괄·지휘	① 인명구조 ② 폭발 누출원 차단 등 추가위험 방지	① 구조장비 등 물자지원 ② 통신지원 ③ 통제선설치 및 주민대피 유도 (경찰 및 지자체 협조)

표 11 화학·생물·방사능 테러

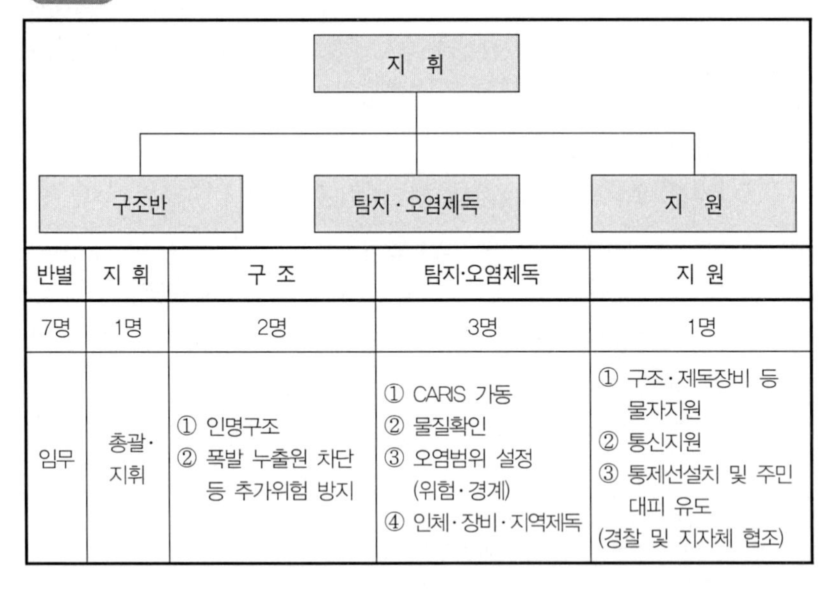

반별	지 휘	구 조	탐지·오염제독	지 원
7명	1명	2명	3명	1명
임무	총괄·지휘	① 인명구조 ② 폭발 누출원 차단 등 추가위험 방지	① CARIS 가동 ② 물질확인 ③ 오염범위 설정 (위험·경계) ④ 인체·장비·지역제독	① 구조·제독장비 등 물자지원 ② 통신지원 ③ 통제선설치 및 주민대피 유도 (경찰 및 지자체 협조)

소방청장 또는 시·도지사는 동 규정 제1항에 따른 편성에도 불구하고 임무수행의 효율성을 높이기 위하여 반을 통합하거나 세분화할 수 있으며(동 규정 제5조 제2항), 테러대응구조대의 1개 팀을 6명으로 편성하되, 인력운영상 불가피한 경우 최소 4명 이상으로 조정하여 편성·운영할 수 있다(동 규정 제5조 제3항).

(3) 운영

테러대응구조대는 테러방지법 시행령 제19조에 따라 ① 테러발생 시 초기단계에서의 조치 및 인명의 구조·구급, ② 화생방테러 발생 시 초기단계에서의 오염 확산 방지 및 의심물질 탐지·채취·이송·제독, ③ 국가중요행사장 전진배치 등 안전한 진행을 위한 지원, ④ 테러취약요인의 사전 예방·점검 지원, ⑤ 그 밖에 소방청장 또는 시·도지사가 지정하는 임무를 수행한다(동 규정 제6조).

테러대응구조대의 출동구역은 ① 중앙119구조본부는 중앙119구조본부 운영 규정 제7조에 따른 관할구역, ② 시·도 소방본부는 특별시·광역시·특별자치시·도 또는 특별자치도 관할구역으로 함을 원칙으로 하되(동 규정 제7조 제1항), 시·도 소방본부장 등의 요청 또는 현장상황 등을 고려하여 출동구역 밖으로 출동할 수 있다(동 규정 제7조 제2항).

테러현장에 도착한 테러대응구조대는 테러방지법 시행령 제15조에 따른 현장지휘본부장의 지휘를 받아 동 규정 제6조에 따른 임무를 수행한다(동 규정 제8조).

테러대응구조대가 갖추어야 하는 장비는 「구조장비 보유기준」(소방청 고시) [별표1]에 따라 대테러활동에 필요한 구조장비를 갖추어야 하며(동 규정 제9조 제1항), 동 규정 제9조 제1항의 규정에도 불구하고 중앙119구조본부장 및 시·도 소방본부장은 지역실정을 고려하여 필요한 장비를 추가하거나 제외할 수 있다(동 규정 제9조 제2항).

3. 대테러합동조사팀

국가정보원장은 국내외에서 테러사건이 발생하거나 발생할 우려가 현저할 때 또는 테러 첩보가 입수되거나 테러 관련 신고가 접수되었을 때에는 예방조치, 사건 분석 및 사후처리방안 마련 등을 위하여 관계기관 합동으로 대테러합동조사팀을 편성·운영할 수 있다(시행령 제21조 제1항).

국가정보원장은 대테러합동조사팀이 현장에 출동하여 조사한 경우 그 결과를 대테러센터장에게 통보하여야 한다(시행령 제21조 제2항).

시행령 제21조 제1항에도 불구하고 군사시설에 대해서는 국방부장관이 자체 조사팀을 편성·운영할 수 있다. 이 경우 국방부장관은 자체 조사팀이 조사한 결과를 대테러센터장에게 통보하여야 한다(시행령 제21조 제3항).

4. 대화생방테러특수임무대

국방부장관은 관계기관의 화생방테러 대응을 지원하기 위하여 국가테러대책위원회의 심의·의결을 거쳐 오염 확산 방지 및 제독 임무 등을 수행하는 대화생방테러특수임무대를 설치하거나 지정할 수 있다(시행령 제16조 제3항).

대화생방테러특수임무대의 설치·운영 등에 필요한 사항은 해당 관계기관의 장이 정한다(시행령 제16조 제4항).

5. 군 대테러특수임무대

국방부장관은 군 대테러특공대의 신속한 대응이 제한되는 상황에 대비하기 위하여 군 대테러특수임무대를 지역 단위로 편성·운영할 수 있다. 이 경우 군 대테러특수임무대의 편성·운영·임무에 관하여는 시행령 제18조 제2항부터 제4항까지의 규정을 준용한다(시행령 제18조 제5항). 따라서 군 대테러특수임무대의 출동 및 진압작전도 원칙적으로 군사시설 안에서 발생한 테러사건에 대하여 수행하며 다만, 경찰력의 한계로 긴급한 지원이 필요하여 테러사건대책본부의 장이 요청하는 경우에는 군사시설 밖에서도 경찰의 대테러 작전을 지원할 수 있다(시행령 제18조 제4항).

토론과제

1. 우리나라 대테러 체계에 대하여 개관하시오.

2. 국가테러대책위원회, 테러대책실무위원회, 대테러센터에 대하여 설명하시오.

3. 대테러 인권보호관의 의의, 자격 및 직무, 의무에 대하여 설명하시오.

4. 테러사건대책본부를 설치·운영할 수 있는 관계기관으로는 어떤 것이 있는지 설명하시오.

5. 화생방테러대응지원본부를 설치·운영할 수 있는 관계기관으로는 어떤 것이 있는지 설명하시오.

6. 대테러특공대를 설치·운영할 수 있는 관계기관으로는 어떤 것이 있는지 설명하시오.

제3장

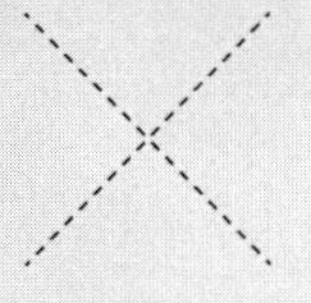

테러방지작용

제3장 테러방지작용

제1절 | 개 관

Ⅰ. 의 의

제3장 「테러방지작용」은 제1절 개관, 제2절 테러방지작용의 이해, 제3절 테러방지법상 테러방지작용의 유형과 근거, 제4절 테러방지작용의 문제점과 한계 순으로 구성하였다.

제1절에서는 테러방지작용의 의의, 테러의 방지 및 처벌근거로서 헌법적 문제를 분석·검토하였다.

제2절에서는 테러위험의 존재 시기(테러위험은 언제 존재하는가?) 및 테러방지작용의 투입시기(테러방지작용은 언제 개시되어야 하는가?)를 경찰법 이론으로 자세히 서술하였다. 먼저 테러위험의 존재시기에 대해서는 경찰법 이론을 통해 위험(Gefahr), 리스크(Risiko), 잔존리스크(Restrisiko)의 구별을 전제로 구체적 위험의 개념과 관련하여 검토한 후, 이를 통해 테러방지법상의 테러위험이 경찰법상의 위험 개념에 포섭됨을 규명

하였다. 한편 테러방지작용의 투입시기와 관련해서는 경찰작용으로서 테러방지작용의 의의, 테러에 대한 위험방지와 사전대비를 중심으로 상술하였다. 이어서 우리나라의 사례(판례)를 통해 테러위험의 유형, 테러방지작용의 유형·근거 및 적법성에 대한 법원의 입장을 살펴보았다. 세부적으로는 테러단체 가입 선동과 가입 권유에 대한 법원의 입장을 검토함으로써, 테러방지작용의 적용기준을 정립하는데 필요한 단초를 일부 얻을 수 있었다는 점에 의의를 가진다.

제3절에서는 테러대응절차를 테러경보의 발령, 상황전파 및 초동조치, 테러사건 대응 순으로 기술하였다. 이어서 테러방지작용의 유형과 근거에 대해서는 테러방지작용의 내용을 개관한 후, 테러방지법 제9조, 대테러활동, 대테러조사 순으로 각각 개념·유형·법적 성격 및 근거 측면에서 검토함과 아울러 규정의 해석론을 함께 제시하였다.

제4절에서는 테러방지작용의 문제점 및 한계를 검토하였다. 테러방지법상 테러방지작용의 규율상 문제점으로 직무 및 권한분배의 문제, 테러 및 테러위험인물 개념의 불명확성, 대테러활동과 법률유보원칙, 대테러조사의 기본권 침해성과 법적 규제, 테러단체 가입 선동 및 가입 권유 조항의 위헌성 여부 순으로 검토하였다. 특히 테러단체 가입 선동 및 가입 권유 조항에 대해서는 명확성원칙 위반 여부, 표현의 자유 등 헌법상 기본권 침해 여부, 책임과 형벌 비례원칙 위반 여부, 평등권 침해 여부 등에 대한 법원의 입장을 검토하고 향후 전망을 제시하였다.

한편 테러방지작용은 국민의 기본권 침해를 수반하는 경찰작용임을 고려하여 테러방지법상 테러방지작용의 규율상 문제점을 제기하는데 그치지 않고, 테러방지기관이 테러방지작용의 직무 수행시 준수하여야 할 한계를 제시하였다. 테러방지작용의 한계로서는 개별법적 한계, 경찰책임의 원칙, 비례의 원칙 등이 있는바, 차례대로 검토하였다.

Ⅱ. 테러의 방지 및 처벌근거로서 헌법

헌법에는 테러범죄와 관련있는 규정들이 다수 존재한다. 먼저 헌법 전문은 '우리들과 우리들의 자손의 안전'이란 표현을 통해 국가의 의무인 국민의 안전을 언급하고 있다. 또한 헌법 제5조 제2항은 국군의 신성한 의무로 국가의 안전보장을, 헌법 제10조는 국가의 기본권 보장의무를 언급하고 있다. 기본권 제한규정인 헌법 제37조 제2항에는 국민의 모든 자유와 권리는 국가안전보장을 위하여 필요한 경우 법률로써 제한할 수 있다고 규정하여 국가의 안전보장에 대하여 언급하고 있다. 그리고 헌법 제60조 제1항의 안전보장에 관한 조약에 대한 국회 동의권, 제66조 제2항의 대통령의 책무로서 국가의 독립·영토의 보전·국가의 계속성과 헌법의 수호, 제69조의 대통령의 취임선서에 있는 국가의 보위, 제72조의 대통령의 외교·국방·통일 기타 국가안위 등 중요정책에 관한 국민투표부의권, 제76조의 국가의 안전보장 또는 공공의 안녕질서를 유지하기 위한 대통령의 긴급명령권, 제77조의 비상계엄권, 제91조의 국가안전보장에 관한 자문을 위한 국가안전보장회의 등을 들 수 있다.[1)]

헌법재판소도 테러방지[2)]에 대한 국가의 의무를 헌법가치로 이해하고 있음을 알 수 있다.

---

1) 이대성, 앞의 논문(2008), 270면.

2) 테러방지법 제1조에는 "이 법은 테러의 예방 및 대응활동 등에 관하여 필요한 사항과 테러로 인한 피해보전 등을 규정함으로써 테러로부터 국민의 생명과 재산을 보호하고 국가 및 공공의 안전을 확보하는 것을 목적으로 한다."라고 규정하고 있다. 따라서 테러방지는 "테러의 예방 및 대응"을 의미하는 것이고, 강학상 테러에 대한 위험사전대비(Gefahrenvorsorge)와 위험방지(Gefahrenabwehr)를 모두 포섭하는 개념으로 이해함이 타당하다.

〈 **판례** 〉: 헌법재판소는 '2007년 전시증원연습 등 위헌확인'에 관한 헌법소원에서, "헌법 전문 및 제1장 총강에 나타난 '평화'에 관한 규정에 의하면, 우리 헌법은 침략적 전쟁을 부인하고 조국의 평화적 통일을 지향하며 항구적인 세계평화의 유지에 노력하여야 함을 이념 내지 목적으로 삼고 있음은 분명하다. 따라서 국가는 국민이 전쟁과 테러 등 무력행위로부터 자유로운 평화 속에서 생활을 영위하면서 인간의 존엄과 가치를 지키고 헌법상 보장된 기본권을 최대한 누릴 수 있도록 노력하여야 할 책무가 있음은 부인할 수 없다."라고 언급하였다(헌법재판소 2009. 5. 28. 2007헌마369 결정).

국가는 헌법질서 내에서 외부의 침략으로부터 국가를 방위해야 하는 한편, 사회질서의 안정과 경제적·문화적 발전을 도모해야 할 책무를 가진다. 이는 헌법 제10조가 "모든 국민은 인간으로서의 존엄과 가치를 가지며 행복을 추구할 권리를 가진다. 국가는 개인이 가지는 불가침의 기본적 인권을 확인하고 이를 보장할 의무를 진다."라고 하여 국가의 기본권 보호의무를 명시하고 있음을 고려할 때 명확하다.

국가가 국민의 기본권을 보호하고 실현해야 할 의무를 국가의 기본권 보호의무라고 하는데, 좁은 의미로는 국가 또는 개인에 의하여 기본권이 침해당하는 영역에서 기본권 보호의무가 인정된다는 것이며, 넓은 의미로는 자연력이나 외국에 의하여 국민의 기본권에 침해가 가해지는 경우에도 인정된다고 이해할 수 있다.[3)]

그렇기 때문에 국가의 안전보장과 사회의 질서유지, 그리고 국민의 자유와 권리를 지키기 위하여 국가는 헌법에 근거하여 국민으로부터 자신에게 주어진 권한을 행사하여 테러를 방지하거나 진압해야 한다. 최근 다양한 형태로 발생하고 있는 테러는 국가의 안전보장뿐만 아

3) 조재현, "테러방지법의 제정필요성 및 제정방향", 한국테러학회보 제2권 제2호(2009년 가을), 한국테러학회, 2009, 132면.

니라 사회질서를 파괴하고 국민의 자유와 생명·신체·재산 등을 침해하는 범죄라는 것은 자명하다. 더 나아가 9.11테러에서도 볼 수 있듯이, 테러는 이제 국가의 안보시스템을 무력화시키거나 국가의 안전에 직접적인 위해를 가할 정도로 대형화되었고, 국내뿐만 아니라 국제적으로도 엄청난 피해를 유발하는 범죄가 되었기 때문에 테러로부터 국가의 안전보장을 확보하는 것이 매우 중요하다. 이제 국가의 안전보장은 국방이나 방위의 개념을 넘어서 포괄적으로 해석해야 하고, 군사적 분야뿐만 아니라 정치·경제·사회·심리·사상 등 비군사적인 모든 분야까지 포함하는 넓은 개념으로 이해하여야 한다.[4)]

요컨대, 헌법은 국가의 존재형태와 기본적 가치질서를 규율하고 있는 국가의 최고규범이라는 점에서, 테러가 국가의 안전보장과 질서유지 및 공공복리에 심대한 침해를 가져오는 한 헌법상의 질서를 위협하고 침해한다고 볼 수 있다. 그렇다면 테러로부터 국가의 안전보장은 이미 헌법적 가치를 발현하고 있다고 할 것이다.

제2절 | 테러방지작용의 이해

Ⅰ. 테러위험은 언제 존재하는가?

테러위험을 사전에 대비하거나 방지하기 위해서는 우선 합목적적이면서도 적법한 위험방지조치(경찰권)의 발동시기를 결정해야 하는바, 이러한 위험방지조치의 발동시기는 테러에 대한 위험판단을 전제로 한다. 그리고 그 판단은 테러위험의 개념을 명확히 할 것을 요구한다. 이를 위해서는 전통적 경찰법상 위험의 개념 및 종류를 먼저 분석·검토

4) 이대성, 앞의 논문(2008), 268−269면.

할 것이 요구되는바, 세부내용은 다음과 같다.

1. 위험(Gefahr), 리스크(Risiko), 잔존리스크(Restrisiko)

이른바 3단계 모델[5]에 의하면, 위험개념이 비록 그 내용에 있어서 여전히 해석을 요하는 면은 있지만 학문적으로 정립되어 있는 것에 반해, 리스크는 그러한 정도의 개념정립조차 제대로 되어 있지 않다. 리스크에 대해서는 '수학적으로 보아 사건이 발생할 개연성' 또는 '사건의 실현을 통해 기대되는 손해의 정도와 사건에 특징적인 발생개연성(Eintrittswahrscheinlichkeit)의 산물'이라는 정도의 설명이 있을 뿐이다. 그리고 리스크는 그 예측이 불가능에 가까울 정도로 불확실하다는 것, 따라서 발생개연성이 영(Zero)에 가깝다는 것을 본질적 특성으로 한다. 이처럼 발생개연성이 영(Zero)에 가까운데도 불구하고 리스크를 문제 삼아 이에 대한 대비를 논하는 이유는 리스크가 비록 발생개연성은 영(Zero)에 가깝지만, 만약 그것이 현실화되어 발생하는 경우 그로 인한 피해는 소위 재난이라고 불릴 정도로 크기 때문이다. 이를 영-무한대-딜레마(Zero-Infinity-Dilemma)라고 부른다. 한편 잔존리스크는 법적으로 요청된 안정수준을 충족하고 있어 법적으로 허용된 리스크를 의미한다. 즉, 자동차, 항공기, 원자력처럼 인간생활을 위하여 필요불가결한 것이므로 과학기술 이용 자체를 전반적으로 금지할 수 없는 리스크를 의미한다. 그리고 잔존리스크를 이렇게 이해하는 한, 그것은 사회적으로 타당한 것으로 국민들에 의해 수인되어야 한다. 위험, 리스크, 잔존리스크를 구분하는 경우 그에 따라 국가의 대응 또한 달라지게 되는바, 먼저 잔존리스크는 법적으로 허용된 리스크이므로 국가가 그에 법적으로 대처할 필요성이 전혀 없다. 즉, 잔존리스크는 법적 규율대상이 아니다. 이에 반해, 위험과 리스크는 그에 대하여 국가가 법적으로 대처

5) 이에 대한 자세한 내용은 서정범, 경찰행정법, 세창출판사, 2020, 107-110면 참조.

하여야 할 필요성이 있다는 점에서 공통된다. 그러나 그 경우에도 국가적 대처방식에 있어서는 차이가 있게 되어 위험에 대해서는 위험방지를, 리스크에 대해서는 사전대비를 하게 된다.[6]

2. 구체적 위험

경찰행정청의 위험방지조치는 법적인 의미에서의 위험이 놓여 있을 것을 전제로 한다.[7] 위험의 존재는 경찰권 발동의 전제조건을 이루고 있다. 위험의 개념을 어느 정도까지 인정하느냐에 따라 경찰책임원칙에 의한 경찰조치의 대상자를 선정할 수 있는지가 결정되며, 경찰조치의 유형 및 정도를 관통하는 체계적인 법리전개가 가능하다. 경찰법이론상 위험에 관한 연구는 독일법에 집중되어 있는데, 그 이유는 독일에서는 개괄적 수권조항이 존재하는 관계로 개괄적 수권조항에서 정하는 경찰권 발동의 요건인 위험이 무엇인가를 밝히는 것은 아주 근본적이고 중요한 문제였기 때문이다.[8]

경찰법 이론상 경찰권 발동의 요건으로서의 구체적 위험이란 '어떤 사실의 정상적인 진행을 방치하게 되면 가까운 장래에 어떤 상태 또는 행위가 공공의 안녕 또는 공공의 질서에 손해를 가져올 충분한 개연성이 있는 경우'를 말한다.[9] 다시 말해, 구체적인 사안에서 실제로 또는 일반적으로 사전적 관점에서 경찰공무원의 합리적 판단에 따를 때 매우 가까운 장래에 손해가 발생할 충분한 개연성이 있는 상태를 의미한

---

6) 서정범, "행정경찰에의 초대 –경찰작용의 Paradigm Shift–", 경찰학연구 제12권 제4호(통권 제32호), 경찰대학, 2012, 203–204면.

7) 이상해, "경찰처분의 실질적 적법성에 관한 일고찰 –독일법상 개괄수권조항의 구성요건적 측면을 중심으로–", 법학논고 제40집, 경북대학교 법학연구원, 2012, 305면.

8) 이호용, "경찰권 발동에 관한 외관상 위험과 위험 혐의의 법적 평가와 손실보상", 한국공안행정학회보 제23호, 한국공안행정학회, 2006, 88면.

9) 서정범·박병욱, "경찰법상 위험개념의 변화에 관한 법적 고찰 –전통적 위험개념의 작별(?)–", 안암법학 제36권, 안암법학회, 2011, 95면.

다.[10] 그리고 위험의 개념적 요소로서 손해란 외부적 영향 또는 공공의 질서의 개념에 속하는 불문의 사회규범에의 위반에 의한 현존하는 법익의 객관적 감손을 의미하며, 이때 손해는 손해발생의 충분한 개연성이 있는 상태를 의미한다. 구체적 위험의 존재 여부에 대한 판단은 사전적 관점이다. 불확실한 사건진행의 예측·진단을 전제로 행하는 경찰의 사전조치에 대하여 사후적인 결과를 염두에 두면서 평가하는 것은 비합리적이다.[11]

효과적인 위험방지를 위한 위험개념은 비정상적이고 시간적 압박을 받는 상황에 탄력적 대응이 가능하도록 하기 위해 불확실하고 개방적이지만, 충분한 개연성이라는 징표에 의해 법치국가적 명확성을 추구한다. 따라서 충분한 개연성은 경찰작용의 법치국가적 한계로 기능하게 된다. 충분한 개연성은 보호법익이 처한 상황과 방어이익에 대하여 미치는 효과의 강도 등에 따라 가변성을 가진다.[12] 즉, 구체적 위험에 의해 위협받는 법익의 가치가 중요하고 예상되는 손해가 클수록 위험이 요구하는 개연성의 정도가 낮아지는 반면에, 위험에 의해 위협받는 법익의 가치가 덜 중요하고 예상되는 손해가 작을수록 개연성의 정도는 높아진다. 위험개념은 특히 개괄적 수권조항에 따른 경찰조치 요건으로 중요한 기능을 수행한다. 왜냐하면 개별적 수권조항은 특별한 경우에 따른 경찰조치의 요건을 별도로 규율하고 있기 때문이다.[13] 독

---

10) 이기춘, “경찰질서법상 위험개념 및 표현위험과 위험의 의심”, 공법연구 제31집 제4호, 한국공법학회, 2003, 368면.

11) 이를 해결하기 위해 경찰법 이론에 있어 위험의 개념을 어떻게 보아야 할 것인가가 논쟁이 되고 있다. 위험의 개념에 대하여, 과거 객관적 위험개념에서 주관적 위험개념으로 발전하여 왔다. 객관적 위험개념은 위험요건은 객관적으로 이해되어야 하며 사실로 존재하는 것으로 확인된 경우에만 위험으로 볼 수 있다는 것이며, 반면 주관적 위험개념은 위험방지조치를 취하는 공무원의 개연성에 관한 주관적이고 합리적인 판단을 신뢰 및 강조하여 위험을 상대화시켜 이해하는 것으로 요약할 수 있다.

12) 이기춘, 앞의 논문, 383면.

13) 물론 개별적 수권조항도 규정 자체에 경찰법상 위험개념이 반영되어 있기는 하지만, 경찰조치의 요건을 특별히 규정하고 있으므로, 위험개념을 해석해야 하는 부분에 있

일 연방헌법재판소는 구체적 위험의 요건으로서 ① 개별적인 경우(Einzelfall), ② 위험이 실질적인 손해로 전환될 시간적 근접성, ③ 위험야기자로서 특정인과의 관련성이라는 3요소를 요구하고 있다.[14]

3. 구체적 위험의 유사개념과 이에 대한 대응

한편 전통적 경찰법 이론에 의하면, 위험방지를 위한 경찰작용은 구체적 위험이 발생할 충분한 개연성이 있는 경우에만 행하여짐을 전제로 한다. 하지만 구체적 위험과 구별이 모호한 경우가 존재하는바, 리스크, 외관상 위험, 위험에 대한 의심이다.

오늘날 전통적 위험개념만으로는 현대사회의 위험을 방지할 수는 없게 되었다. 현대사회의 특성에 기인하여 발생한 구체적 위험개념의 변화, 그리고 이로 인하여 전통적 경찰법 이론은 많은 문제에 봉착하게 되었고,[15] 이제 새로운 위험에 대비한 개념이 필요하게 되었다. 즉, 최근에는 법익 손상 내지 감손에 효율적으로 대처해야 할 대상으로서 위험인지가 불명확한 경우도 발생하고 있으며(외관상 위험, 위험에 대한 의심), 또한 구체적 위험에 대한 방지작용만으로는 효과적으로 대응할 수 없어 시간적으로 더 앞서서 경찰의 위험방지작용이 행해져야 할 경우(리스크)도 있다. 이른바 구체적 위험의 완화 내지 위험의 전단계(Vorfeld)까지도 전통적 경찰법 이론의 위험개념에 포함시키려는 경향이 그것이다.[16] 특히 이는 테러에 대한 대응, 경찰의 정보수집 및 처리와 관련해서 많이 발생하고 있다.[17][18] 이를 간단히 정리하면 대체로

어서는 덜 수고롭다.

14) BVerfGE 120, 274(281).

15) 서정범·박병욱, 앞의 논문, 100면.

16) 이를 경찰의 사전배려 내지 사전대비라는 용어로 번역하고 있다. 그러나 배려가 사전적 의미로 '도와주거나 보살펴 주려고 마음을 씀'의 의미를 가지고 있어, 경찰법 이론상 위험방지를 위한 경찰의 조치로서는 사전대비가 더 이해하기 쉽다고 판단하여 본서에서는 사전대비라는 용어를 사용하기로 한다.

다음과 같다.

표 12 위험의 종류와 경찰의 조치

조치		구체적 위험	리스크	외관상 위험	위험에 대한 의심
시기	위험방지조치	○		○	○
	사전대비		○		
정도	종국적 조치	○	○	○	
	잠정적 조치				○

4. 테러위험의 존재 시기

"테러위험은 언제 존재하는가?"에 대한 물음은 테러위험이 언제 현실화될 개연성이 있는가에 대한 판단이다. 적법한 테러방지작용을 위해서는 테러위험이라는 개념에 대한 이해와 이를 기초로 하여 테러위험이 현실적으로 발생할 개연성에 대한 판단이 선행되어야 한다.

전통적 경찰법 이론상 경찰은 공공의 안녕 또는 공공의 질서에 대한 위험방지를 그의 직무로 한다. 이를 경찰의 입장에서 이해하면, 경찰은 공공의 안녕 또는 공공의 질서에 대한 구체적 위험이 존재하는

---

17) 이로 인해 발생하는 기본권 침해의 문제에 대해서는 김연태, "정보의 자기결정권과 경찰의 정보관리", 고려법학 제36호, 2001, 157면 이하 참조.

18) 독일의 경우 2008. 2. 28. 독일 연방헌법재판소의 판결내용을 보면, 온라인수색에 있어서도 원칙적으로 구체적 위험을 요구하고 있다. 그러나 동 판결에서 연방헌법재판소는 '반드시 가까운 장래에' 손해의 발생이 위협되어야 하는 것이 아니라 '예견가능한 시간 내에'(in absehbarer Zeit) 손해의 발생이 위협된다면 구체적 위험개념 범주에 포함시킬 수 있으며, 고도의 법익에 대한 손상이 우려되는 경우에는 '충분한 개연성'이 인정되기 직전이라도 국가에 의한 정보침해활동을 정당화하고 있다고 함으로써, 구체적 위험의 약화현상 내지 구체적 위험의 전단계에서도 온라인 수색을 법적으로 허용하였다고 해석될 여지가 있다고 한다. 서정범·박병욱, 앞의 논문, 104-106면 참조.

경우에만 경찰권을 발동할 수 있다는 의미이다.

이와 마찬가지로, 원칙적으로 테러로 인한 공공의 안녕 또는 공공의 질서에 대한 구체적 위험이 존재해야만 테러방지기관에 의한 테러위험방지작용이 가능하게 된다. 그러나 테러위험의 존재 시기를 확정하는 데 있어 어떤 사실의 정상적인 진행을 방치하게 되면 가까운 장래에 어떤 상태 또는 행위가 공공의 안녕 또는 공공의 질서에 손해를 가져올 충분한 개연성이 있는 즉, 엄격한 의미의 구체적 위험개념을 요구한다면, 테러를 사전에 차단하기 위한 테러방지작용으로서의 경찰권 발동이 너무 늦어져 효과적 테러방지에 아무런 기여를 하지 못할 우려가 있다.

이러한 논의를 종합하면, 테러위험의 존재 시기에 대해서는 '구체적 위험'개념과 '리스크' 내지 '완화된 구체적 위험'개념을 함께 포섭해야만 테러위험의 효과적 방지라는 경찰목적을 달성할 수 있는 것이다. 즉, 발생이 임박한 테러에 대해서는 이를 공공의 안녕 또는 공공의 질서에 대한 손해를 가져올 충분한 개연성이 있는 경우인 구체적 위험으로 판단할 수 있다. 하지만 테러발생의 예측이 현실적으로 어려운 점, 그리고 테러가 현실화되어 발생했을 경우에 그 피해는 회복이 불가능할 정도의 재난에 해당한다는 점을 고려한다면, 이 경우에는 사전에 대비하지 않으면 테러에 대한 대응 자체가 무의미해진다. 따라서 테러를 예방하기 위해서는 테러에 대한 위험을 판단하는 데 있어 리스크에 준하는 평가 -이를 구체적 위험의 완화 내지 확장이라고 부를 수 있다- 가 필요하다고 결론지을 수 있다.[19)]

---

19) 물론 법리적으로는 구체적 위험의 경우에도 사전대비의 상정이 불가능한 것은 아니나, 구체적 위험을 완화하여 위험의 전단계(Vorfeld)인 즉 손해발생의 개연성이 낮은 단계까지도 경찰법상 위험개념으로 확장하여 포섭한다는 것은 결국 리스크에 준하는 평가와 다름이 없다.

Ⅱ. 테러방지작용은 언제 투입되어야 하는가?

"테러방지작용[20]은 언제 투입되어야 하는가?"에 대한 물음은 테러방지작용을 위한 경찰권 투입시기를 결정하는 문제이다. 경찰권은 구체적 위험방지를 위한 적절한 시간과 비례성의 원칙에 부합하게 발동되어야 한다. 한편 테러방지를 위한 경찰권 발동의 시기와 관련해서는 위험방지작용의 전치 즉, 테러에 대한 구체적 위험방지뿐만 아니라 사전대비가 함께 인정된다.

1. 경찰작용으로서 테러방지

경찰의 개념은 형식적 의미의 경찰과 실질적 의미의 경찰로 구분할 수 있다. 형식적 의미의 경찰은 제도적(조직적) 의미의 경찰이 행하는 모든 행정작용을 의미한다. 다시 말해, 형식적 의미의 경찰이란 그때 그때의 실정법상 명시적으로 경찰이라고 표현되어 있는 행정기관(즉, 보통경찰기관)이 관장하는 모든 행정작용을 의미한다.

「경찰관직무집행법」 제2조는 경찰의 직무범위를 ① 국민의 생명·신체 및 재산의 보호, ② 범죄의 예방·진압 및 수사, ③ 범죄피해자 보호, ④ 경비, 주요 인사(人士) 경호 및 대간첩·대테러 작전 수행, ⑤ 치안정보의 수집·작성 및 배포, ⑥ 교통 단속과 교통 위해(危害)의 방지, ⑦ 외국 정부기관 및 국제기구와의 국제협력, ⑧ 그 밖에 공공의 안녕과 질서유지로 규정하고 있다. 이에 의하면, 제도적 의미의 경찰의 직무 중에 대테러작전 수행이 포함되어 있으므로 테러방지작용은 형식적 의미의 경찰작용에 해당한다.

20) 여기서 방지는 구체적 위험에 대한 방지와 위험사전대비를 포함하는 개념으로 이해한다.

한편 실질적 의미의 경찰개념은 공공의 안녕 또는 공공의 질서를 유지하기 위하여 일반통치권에 근거하여 국민에 대해 명령·강제함으로써 그의 자연적 자유를 제한하는 작용을 의미한다.[21] 이러한 개념에 의하더라도 테러방지작용은 테러방지법 제2조에 규정된 테러로부터 대테러활동, 대테러조사 등을 수단으로 하여 국민의 생명과 재산을 보호하고 국가 및 공공의 안전을 확보하는 것을 목적으로 하고 있으므로 실질적 의미의 경찰작용에 해당한다.[22]

테러방지작용은 테러의 예방 및 대응활동을 의미한다.[23] 테러방지작용은 반테러, 대테러 등 다양한 용어와 혼재되어 사용되고 있는바, 국가정보원은 대테러를 테러 관련 정보의 수집, 테러위험인물(테러혐의자)의 관리, 테러에 이용될 수 있는 위험물질 등 테러수단의 안전관리, 시설·장비의 보호, 국제행사의 안전확보, 테러위협에의 대응 및 무력진압 등 테러예방·대비와 대응에 관한 제반활동을 의미하는 것으로 정의하고 있다.[24]

테러방지작용은 국민의 기본권을 침해하는 전형적 침해행정작용이다. 따라서 법률유보의 원칙상 개별법적 근거를 필요로 함은 물론이다.

---

21) 김남진·김연태, 행정법Ⅱ, 법문사, 2020, 287면.

22) 한편 테러방지법 제8조에는 테러예방 및 대응을 위한 전담조직을 둘 수 있도록 규정하고 있는바, 위임된 동 법 시행령에는 국내일반테러사건대책본부의 설치·운영 관할을 경찰청장에게 부여하고 있다. 그리고 동 규정상 외교부장관(국외테러사건대책본부), 국방부장관(군사시설테러사건대책본부), 국토교통부장관(항공테러사건대책본부), 해양경찰청장(해양테러사건대책본부)과 경찰청장(국내일반테러사건대책본부)의 직무관계를 비교시 일반법과 특별법의 관계로 볼 수 있어, 결국 경찰청장은 특별한 상황에서의 테러사건을 제외한 국내일반테러사건을 전담·관할하는 제도적 의미의 경찰기관에 해당한다.

23) 테러방지법 제1조.

24) 국가정보원 홈페이지 참조(https://www.nis.go.kr:4016/AF/1_6.do).

2. 테러에 대한 위험방지(Gefahrenabwehr)와 위험사전 대비(Gefahrenvorsorge)

테러방지작용이라는 경찰권을 발동하기 위해서는 테러로 인한 공공의 안녕 또는 공공의 질서에 대한 위해(危害) 즉, 위험(Gefahr)과 장해(Störung)가 있어야 한다.

경찰법상 위험이라고 하면 손해발생의 단순한 추정이나 약간의 가능성만으로는 충분하지 않고 손해가 발생할 것이라는 충분한 개연성이 있어야 한다. 여기서 개연성의 정도는 예견되는 손해의 범위와 개입을 하지 않는 경우에 위협받게 되는 경찰상의 보호법익의 중요성 및 보호의 필요성 등의 요소에 달려 있다. 다시 말해, 발생가능한 손해가 중대하면 할수록 손해발생의 개연성은 덜 요구된다고 할 것이다(Je-Desto-Regel).

원칙적으로 경찰이 개괄적 수권조항에 근거하여 경찰조치를 취하기 위해서는 구체적 위험이 존재할 것이 요구된다. 하지만 현대사회의 위험을 방지하기 위해서는 구체적 위험뿐만 아니라 구체적 위험을 사전에 대비하는 활동도 필요하다. 위험의 사전대비는 현재까지는 아직 구체적 위험이 존재하지는 않지만, 차후에 발생할 수 있는 구체적 위험을 효과적으로 방지하기 위하여 위험의 발생 이전 단계에서 위험에 대비하거나 위험발생 자체를 사전에 차단하는 경찰활동을 의미한다.[25) 이처럼 경찰의 위험방지를 위한 직무에는 구체적 위험을 방지하는 활동뿐만 아니라 사전대비도 포함되는데, 테러방지법상 조치들이 대표적 예로 제시될 수 있다.[26) 최근 위험의 발생가능성이 증가함에 따라 때

25) 손재영, “경찰의 사전대비활동”, 공법학연구 제11권 제2호, 한국비교공법학회, 2010, 296면 ; 손재영, 경찰법, 제4판, 박영사, 2018, 27면.

26) 9.11테러 전후 세계 각국의 테러 관련 법률은 경찰의 직무가 전통적인 위험방지로부터 위험의 사전대비로 확대되고 있음을 보여준다. 우리나라 테러방지법 제9조의 경우 테러위험인물(동 법 제2조 제3호: ‘테러위험인물’이란 테러단체의 조직원이거나 테러단체 선전, 테러자금 모금·기부, 그 밖에 테러 예비·음모·선전·선동을 하였거나 하였다고 의심할 상당한 이유가 있는 사람을 말한다)에 대한 정보수집 등의 조치

로는 국민에 대한 국가의 예방적 개입이 선제적으로 행하여진다. 현대 위험사회로 인한 예방국가에서의 기능 아래에서 이러한 사전대비조치는 타당한 측면이 있으며, 이때 정당화 근거는 효율적인 법익보호 내지 합목적성의 원리가 된다. 다만, 여기서 주의할 것은 이러한 사전대비조치는 개괄적 수권조항을 근거로 행하여질 수는 없다는 점이다.

헌법재판소도 「무작위 음주운전단속 위헌확인」 심판에서 경찰의 위험사전대비조치를 합헌적으로 판시하고 있다.

〈**판례**〉: 경찰작용은 가장 대표적인 침해적 공권력작용의 하나이기 때문에 법률유보원칙이 원칙적으로 엄격히 지켜져야 한다. 즉, 통상의 경우에는 개별적·구체적 위험발생이 현실화한 경우에 비로소 경찰권이 발동되어야 하겠지만, 자동차 운전의 경우 정지시키지 않고서는 운전자의 상태를 파악하기 어려운 데다, 위험과 결과의 발생이 거의 동시적으로 순간에 이루어지는 특성을 지니고 있으므로, 비록 자동차 운전으로 인한 개별적·구체적인 위험이 표출되지 않았다 하더라도 사전에 미리 차단하는 것이 반드시 필요하므로 그러한 사전 차단행위 또한 위험방지활동에 해당하는 것으로 보아야 한다. … 이러한 해석에 대하여는 경찰작용의 근거조항을 지나치게 넓게 해석하여 국민의 자유와 권리에 불리한 결과를 초래하는 것이 아니냐는 의문이 제기될 수도 있겠으나, 법익형량의 관점에서 또한 우리 사회의 현실적 음주문화를 고려할 때 헌법적으로 용인될 수 있다 하겠다(헌법재판소 2004. 1. 29. 2002헌마293 결정).

요컨대, 위험과 결과의 발생이 거의 동시에 이루어질 가능성이 높은 테러의 경우에도 법률유보의 원칙상 개별적 수권조항에 근거하고 비례의 원칙[27]에 부합하는 경찰작용은 합헌적이라고 볼 수 있는

는 구체적 위험이 발생하기 훨씬 이전 단계의 조치로서 경찰의 사전대비조치의 전형(典型)에 해당한다.

27) 비례의 원칙(Verhältnißmäßigkeitsprinzip)이란 행정주체가 구체적인 행정목적을 실현함에 있어서 그 목적실현과 수단 사이에 합리적인 비례관계가 유지되어야 한다는 것을 의미한다. 경찰법상 비례의 원칙은 적합성의 원칙, 필요성의 원칙, 그리고 상당

것이다.

3. 테러방지작용의 투입 시기

최근의 테러 양상을 보았을 때, 테러위험을 전통적인 경찰법 이론상 구체적 위험으로만 한정해서 파악해서는 안 되며 리스크 내지 완화된 구체적 위험까지 포섭해야 한다는 것을 살펴보았다. 그러한 논리적 결과로서 테러방지작용은 테러로 인한 공공의 안녕 또는 공공의 질서에 대한 손해발생의 충분한 개연성이 있는 경우뿐만 아니라 충분한 개연성이 없다 하더라도 즉, 구체적 위험의 완화 내지 위험의 전단계(Vorfeld)에서도 경찰권 발동으로서의 테러방지작용을 할 수 있음을 의미한다. 왜냐하면, 테러를 사전에 —즉, 테러로 인한 손해발생의 충분한 개연성이 있기 전이라도— 차단하지 않으면 손해의 심각성, 중대성, 회복불가능성에 비추어 테러방지작용은 무의미해지기 때문이다.

따라서 테러방지작용에는 테러로 인한 공공의 안녕 또는 공공의 질서에 대한 손해발생의 충분한 개연성이 있는 경우의 경찰권 발동을 의미하는 구체적 위험방지작용뿐만 아니라, 구체적 위험의 완화 내지 전단계(Vorfeld)에서 테러에 대한 사전대비조치도 포함한다. 그리고 이러한 사전대비조치까지 포섭하는 테러방지작용 법리의 기저에는 종래 전통적 위험개념을 전제로 하는 소극적 경찰작용에서, 이제는 적극적인 예방경찰로의 역할 확대라는 합목적성, 필요성, 효율성 측면을 고려한 위험방지시스템의 전환을 의미하는 것이다.

성의 원칙(협의의 비례의 원칙)으로 이해한다. 이에 대한 자세한 내용은 서정범·박상희, 행정법총론, 제3전정판, 세창출판사, 2017, 38－40면; 김남진·김연태, 행정법 Ⅰ, 제24판, 법문사, 2020, 42－45면 참조.

Ⅲ. 사례를 통한 테러위험의 유형 고찰

1. 사건의 기초로서 피고인의 국내 근황[28)]

피고인은 2007년 7월 8일경 국내 입국한 후 현재까지 총 21차례에 걸쳐 시리아를 오가고 있으며, 2013년 9월 30일경 서울출입국관리사무소에서 난민인정신청(G－1)을 하였고, 2014년 7월 22일경 난민인정은 불허되었으나, 실제 시리아에서 전쟁 중인 사안을 감안하여 인도적 체류허가(G－1－6)를 받아 현재까지 국내에 체류 중인 사람이다.

피고인은 시리아 국적으로 1985년 1월 2일경 다마스쿠스(Damascus)[29)] 의 알쿠마시아(alqumasiya)에서 출생하였고, 이후 다마스쿠스의 자동차 부품판매점에서 일을 하던 중 그 판매점 사장 A의 주선으로 2007년경 한국에 있는 폐차장에서 A를 위하여 한국에서 중고차를 해체하여 그 중 사용가치가 있는 부품을 시리아에 보내는 일을 하게 되었다. 2011년 시리아 내전이 발생하여 A의 사업이 어려워지자 한국인 사장이 운영하는 폐차장에서 일을 하면서 중고차를 분해하는 일을 하고 있었다.

피고인은 위와 같이 폐차장에서 일을 하면서 한국과 시리아를 수회 오가던 중 2010년 7월경 다마스쿠스에서 B(여, 27세)와 결혼을 하여 다마스쿠스 부근의 두마(Duma) 지역의 2층집에 그 가족이 살고 있었다. 2014년경 시리아 정부군의 폭격으로 그 집이 부숴짐에 따라 피고인의 가족들은 두마에서 이들립(Idlib) 주(州)의 베니시(Binnish)로 이사를 가게 되었다.

피고인은 수니파 이슬람교도로 시아파를 지지하고 있던 바샤르알

28) 인천지방법원 2018. 12. 06. 선고 2018고단5068 판결을 중심으로 수정하였다.
29) 현재 시리아의 수도인 Damascus는 알아사드정권의 정부군에 대항하는 수 많은 반군들과 알누스라전선과 같은 이슬람 수니파 극단무장단체들이 치열하게 전투를 치른 곳이다.

아사드 정부의 독재에 대하여 반감을 가지고 있던 중 위와 같이 자신의 집이 정부군의 폭격에 의하여 부숴지자 시리아 정부군과 싸우고 있던 IS에 대하여 호감을 가지게 되었고, 그들의 활동에 감화되어 피고인 명의의 페이스북과 주변 시리아 사람들을 상대로 IS의 이데올로기를 전파하기 시작하였다.

2. 범죄사실

피고인은 2015년 5월경부터 2015년 11월경까지 수차례에 걸쳐 충청북도 ○○군 ○○면에 있는 ○○폐차장에서 함께 일을 하던 시리아 국적의 C, D, E, F, G, H, I가 모여 있는 자리에서 “IS는 좋은 사람들이다. 너희들이 잘못 생각하고 있는 것이다. IS는 시리아 사람을 도와주는 고마운 사람들이다. IS는 위대한 사람들이며, 전쟁에서 반드시 승리하고, 영원할 것이다.”라고 얘기를 하는 등 주변의 지인들에게 IS에 대한 긍정적인 발언을 하였다.

(1) 페이스북 게시를 통한 테러단체인 IS 가입 선동

IS는 그 근거지인 이라크와 시리아에서 조직원을 충당하는 것을 넘어서 트위터, 페이스북 등 소셜미디어를 통해 국적 및 지역과 상관없이 지원자를 조직원으로 가입받고 있다. 구체적으로 IS는 아으마끄 통신(Amaq Agency)[30] 등 선전기관을 통하여 자신들에게 우호적인 영상과 사진들을 제작한 후 이를 조직원들을 통해 소셜미디어에 배포하고,

30) 아으마끄 통신은 공식적으로 IS 내 홍보기관에 공식적으로 속해 있지는 않지만, IS는 테러가 자신들의 소행인지 아닌지를 아으마끄를 통해 밝히는 등 사실상 IS의 선전매체로 활동하는 기관으로, IS 테러를 선전 및 그 입장을 대변하고 전파하면서 IS 관련 테러가 발생할 때마다 IS로부터 뉴스를 공급받아 전파하는 매체이다. IS는 아으마끄를 선전매체로 활용하면서 자신들의 활동을 널리 알리고 동경하는 사람들을 선동하여 끌어들이고 있다.

그것들을 보고 호감을 표시하는 사람들로 하여금 텔레그램, 슈어스팟 등과 같은 보안성이 뛰어난 모바일 메신저의 1:1 대화방에 유도한 다음, 그 대화방에서 IS 조직원과의 대화를 통하여 자신들의 조직원으로 포섭하는 방식이다.[31)]

피고인은 위와 같은 전략에 따라 자신이 운영하는 인터넷 페이스북 계정에 IS 및 그 계열 테러단체를 찬양하거나 IS 등의 활동을 긍정적으로 볼 수 있는 게시물을 게재하고, 그 게시물을 보고 IS에 호감을 가지는 사람들이 곧바로 IS 대원과 1:1대화를 할 수 있는 텔레그램 대화방 링크를 게재하는 방법으로 다수의 사람들이 IS에 가입하도록 선동하기로 마음먹었다.

(가) 피고인은 2015년 10월 25일경부터 2018년 6월 18일경까지 페이스북에 불상의 인원이 IS깃발을 들고 탱크 앞에서 "우리는 말이 아닌 행동으로 가자 지구로 가고 있다. 많은 말들, 흘리는 눈물은 필요 없다. 우리가 유대인과 싸운다면 신이 우리가 무엇을 할 것인지 보실 것이다. IS대원들과 인내하고 있는 우리 가자 지구에 있는 형제들에게 전하는 편지"라는 글이 적힌 종이를 들고 서 있는 IS조직원들의 사진을 게시하였다.

(나) 2016년 2월 22일경부터 2018년 6월 18일경까지 페이스북에 아으마끄 통신의 불상의 인원과 직접 대화를 나눌 수 있는 아으마끄 통신 명의의 텔레그램 대화방 링크를 게시하여 불특정 다수가 IS의 대원과 대화를 하고 가입할 수 있도록 하였다.

---

31) 국내에서는 2015년 소위 "김군 사건"이 발생하였는바, 당사자인 김군이 2015년경 인터넷에서 IS의 활동을 보고 동경한 나머지 페이스북에서 불상의 IS모집책에게 가입을 원한다는 메시지를 수회 보낸 후, 트위터로 불상의 IS대원으로부터 "터키에서 하싼에게 연락하라."는 말을 듣고 터키로 간 다음, IS에 합류한(그 후 행방불명되어 합류 부분은 추정) 사건이 발생한 적이 있었다.

(다) 2016년 11월 13일경 페이스북에 "신이시여, 우리는 알레포, 아프가니스탄, 체첸, 그리고 이슬람이 공격받는 지구 여러 곳에서 싸우고 있는 무자히딘들이 있습니다. 그들이 이기게 해주고 도와주소서. 안내도 해주고, 같은 마음으로 해주고, 적을 흩어지게 하고, 적이 망하는 날을 보여주소서. 우리 서로에 대한 증오를 없애주고, 알레포와 다른 지역들을 다시 되찾게 하고, 이슬람과 무슬림들을 보호해 주소서."라는 IS조직원을 칭하는 무자히딘을 위한 기도글을 게시하였다.

(라) 2016년 11월 14일경 페이스북에 "나는 싸워서 죽고, 또 싸워서 죽고 싶다. 우리는 공격한다. 또 공격한다. 우리의 힘을 그들에게 보여줄 것이다. 우리는 죽음을 두려워하지 않는 남자들이다. 우리는 싸우는 시간을 잘 맞추고, 또 철수하고, 또 돌아온다. 우리는 한번 공격하고, 또 돌아와서 또 공격하고, 해방시킬 것이다. 우리가 시리아에 온 것은 민주주의나 민족주의 때문이 아니라 신의 종교를 보호하기 위해서 왔다."라는 내용의 동영상을 게시하였다.

(마) 2016년 12월 23일경 페이스북에 "내일 12월 24일은 무아즈 알 카사스바(Muaz Al Kasasba, IS가 살아있는 채로 불에 태워 죽인 요르단 공군조종사)의 공군전투기가 떨어진 날이다."라는 글을 게시하였다.

이렇게 함으로써, 피고인은 페이스북에 국제연합(UN)이 지정한 테러단체인 IS의 사상을 찬양하는 글과 동영상을 올리고, 불상의 IS 대원과 직접 대화할 수 있는 링크를 게시하는 방법으로 불특정 다수로 하여금 IS에 가입하도록 선동하였다.

(2) 테러단체인 IS에 가입 권유

피고인은 주변 사람들에게 IS조직원으로 가입을 권유하는 과정의 일환으로 판시와 같이, 2015년 5월경부터 2015년 11월경까지 수차례에 걸쳐 충청북도 ○○군 ○○면에 있는 ○○폐차장에서 함께 일을 하던 시리아 국적의 C, D, E, F, G, H, I가 모여 있는 자리에서, "IS는 좋은 사람들이다. 너희들이 잘못 생각하고 있는 것이다. IS는 시리아 사람을 도와주는 고마운 사람들이다. IS는 위대한 사람들이며, 전쟁에서 반드시 승리하고, 영원할 것이다."라고 얘기를 하는 등 주변의 지인들에게 IS에 대한 긍정적인 발언을 하였다.

계속하여 피고인은 판시와 같이, 자신이 운영하는 페이스북 등에 IS에 대하여 홍보를 하는 등으로 다수의 사람들로 하여금 IS에 대한 좋은 인식을 가지게 한 후, 궁극적으로 이들을 IS조직에 가입시키기로 마음먹었다.

이에 피고인은 2016년 3월 초순경부터 2016년 4월 25일경까지 ○○시에 있는 ○○폐차장에서 함께 일을 하던 이라크 국적의 갑(甲)에게 수회에 걸쳐 자신의 스마트폰을 이용하여 IS 관련 동영상과 사진 및 피고인이 직접 소총을 들고 있는 사진 등을 보여주면서, "IS는 올바른 사람들이고, 무슬림국가를 통일시킬 것이다. 그리고 너에게 결혼도 시켜주고 월급도 줄 것이다. IS는 위대한 사람들이며, 전쟁에서 반드시 승리하고, 영원할 것이다. 그리고 시리아와 이라크, 리비아도 정복할 것이다. 그러니 너도 IS에 가입하지 않겠나."라고 얘기를 하고, 이에 응하지 않는 갑(甲)을 상대로 "네가 시리아에 있었으면 내가 너를 참수하였을 것이다. 만약 네가 시리아로 간다면 너를 참수할 것이다."라고 협박하였다.

이렇게 함으로써, 피고인은 갑(甲)으로 하여금 국제연합(UN)이 지정한 테러단체인 IS에 가입하도록 권유하였다.

3. 1심 법원의 판단

(1) 테러단체인 IS 가입 선동에 대한 판단

제1심 재판부는 피고인의 행위가 테러방지법상 테러단체의 가입 선동 행위에 해당한다고 판단했는바, 그 근거는 다음과 같다.

(가) **테러단체 가입 선동의 의미**: 테러단체 가입 선동은 다수의 심리상태에 영향을 주는 방법으로 피선동자로 하여금 테러단체에 가입하도록 자극하거나 부추기는 행위를 말한다. 이때 테러단체 가입이라 함은 반드시 어떠한 정형을 요구하거나 특별한 가입식과 같은 형식적인 절차가 있어야만 성립되는 것은 아니다. IS는 국제연합이 지정한 테러단체로서 이라크, 시리아의 본거지와 중동 내전지역뿐만 아니라, 조직의 유지와 확장을 위하여 널리 북아프리카와 중앙아시아의 범아랍권이나 심지어 서방세계와 동남아시아 거주자로부터도 다국적 지원자와 자생적 테러리스트를 원거리에서 적극적으로 모집하거나 선동하는 것으로 알려져 있다. 이러한 현대적 테러의 양상이나 지구촌 확산의 특성을 반영하면, IS의 경우에는 가입자로 하여금 반드시 내전지역에 은거한 본부에 소집되어 집단의 일원으로 합류하는 것만이 아니라, 전 세계의 거주지역에서 IS에 포섭되거나 자생적으로 '글로벌 지하디스트'라는 명분과 비대면 충성의 서약 하에 자신이 할 수 있는 테러활동을 다양한 형태로 수행하는 것 역시 테러단체 가입의 징표로 보아야 할 것이다.

(나) **페이스북 게시의 목적**: 피고인은 2016년 10월 18일 시아파 군중이 수니파 주민을 학살하고 희생자의 살과 피를 먹는 영상을 게시함으로써, 수니파의 영향권에 속할 페이스북 이용자들

에게 고통과 굴욕으로 다가올 이미지를 의도적으로 전파하였다. 이는 종교적 일체성을 갖는 어떤 집단이 당면하는 고통과 굴욕을 상대 집단에 대한 분노로 투영시키면서, 그 굴욕을 방관하거나 무력감에 빠진 채 도처에 흩어진 사람들에게 동질성을 갖는 집단의 소속감을 부여하고 종교적 합일을 빙자하여 극단적인 행동으로 나아갈 것을 고무하는 IS나 알카에다의 선동전략에 그대로 부합한다. 피고인은 명시적으로 <가입하라>라는 구호를 사용하지는 않았지만, 자신의 페이스북 계정의 영상과 텍스트를 통하여 IS의 활동과 목표를 지속적으로 홍보하면서, 이에 관심을 가질 접속자로 하여금 직접 IS대원과 비밀 채팅을 진행할 수 있는 IS 선전매체의 텔레그램 대화방 링크를 게재하였다. 이는 1차적으로 대중 파급력과 호소력이 높은 영상과 슬로건을 통하여 IS의 호감도를 높이고 교리와 투쟁의 당위를 유포하면서, 2차적으로 이에 이끌리는 사람과의 보안성 대화로 지지자를 포섭하거나 활동을 지령하는 IS의 방식과 궤를 같이 하는 것이다. 피고인이 페이스북에 활발하게 게시한 영상과 슬로건은 당시 IS의 판세 확장과 해외 테러기획과 맞물려 있다.

(다) **페이스북의 선동수단**: IS의 활동은 국지적인 전쟁이나 살육에 그치는 것이 아니라, 글로벌 외부세계에 대한 테러와 광범위한 선동을 포함한다. IS는 테러의 실행뿐만 아니라 지지기반의 강화를 위하여 소셜미디어를 가장 혁신적으로 사용하는 테러단체로 주목받고 있다. IS는 페이스북, 트위터, 텔레그램 등을 적극적으로 활용하여 범이슬람권 주민뿐만 아니라 전 세계에 산재한 잠재적 지지자를 대상으로 슬로건과 이미지로 상징화된 테러의 메시지를 널리 전파하고 있다. 피고인의 판시행위는 위와 같은 글로벌 지지자의 포섭을 위하여 소셜

미디어와 보안메신저를 사용하는 IS의 선동수단을 충실히 채택하고 있다.

(라) 게시의 의도와 동기: 피고인의 페이스북 아이디가 <IS 지지자>를 뜻하는 'Ansar Al-Khalafa'였다는 나사르의 진술 역시 피고인이 사이버 세계에서 드러내는 정체성과 함께 그가 해당 계정을 개설한 의도를 명백히 한다. 아울러 피고인의 계정은 테러 게시물의 적발로 인해 페이스북 운영정책 위반으로 2015년 7월경 차단되기도 하였다. 피고인은 순수하게 독자적인 구상이나 자신의 영감을 바탕으로 테러리즘을 선동하는 페이스북을 운영한 것이 아니다. 피고인의 스마트폰에서 다음과 같은 IS지령이 발견된 사실(2015년 7월 19일 저장)은 그가 수행한 가입 선동의 동기를 구체화하면서 그 연원을 밝히고 있다.

IS 추종자를 위한 10계명

(중략)

(6) IS에 대한 믿음을 다른 사람에게 보여 주어서 영향을 미치는 것이 중요하다.
(7) IS 발전을 위해 컴퓨터, 디자인 등을 배우는 것이 좋다.
(9) 지하드는 전투만 하는 것이 아니라, 여러 가지 방법으로 할 수 있다.
(10) 트위터와 같은 앱은 무자히딘의 승리를 위한 목적으로 사용될 수 있음을 잊지 말라.

(마) 피선동자가 가입으로 나아갈 실질적 위험성: 가입 선동은 가입이라는 실행행위 자체는 물론 그 준비와도 엄격히 구별된다. 가입 선동은 가입 권유의 개념과 달리, 반드시 상대방과 의사교환을 요하지 않을 뿐만 아니라 상대방이 실제로 가입하였다

는 결과의 실현에도 구애받지 않으므로 자칫 선동행위의 무정형성에 기인하여 적용범위가 부당하게 확장될 염려가 있다. 죄형법정주의 및 책임주의에 부합하도록 성립범위의 제한과 처벌의 한계를 위하여 가담 선동행위에 있어 객관적인 위험성의 기준을 정립할 필요가 있다. 그런데 피고인의 현지 행적과 반군 장비보유는 앞서 본 IS대원과의 온라인 연계활동과 더불어 실제 IS세력이 발흥하는 본거지에서 IS 내지 그 방계세력과 일정한 오프라인 교류가 이루어졌을 개연성을 시사한다. 피고인의 페이스북 활동은 전세계 각양각색의 이용자 각자가 지닌 민족적·종교적·문화적 정체성에 따라 감정적으로 다른 의미로 전달될 수 있다고 본다. 피고인의 영상과 슬로건은 공통적으로 다음과 같이 특정한 국가나 지역을 초월하여 신의 섭리와 무슬림의 형제애로부터 IS의 존립과 활동의 정당성을 설파하면서, 특히 내전과 곤궁에 시달리거나 세계 각지에 뿔뿔이 흩어져 있는 시리아 수니파 사람들을 상대로 그들이 의지하고 공유할 동질성과 연대감을 자극하거나 순교의 합리화를 은연중에 내비치고 있다는 점에 주목할 필요가 있다.

"우리는 말이 아닌 행동으로 가자 지구로 가고 있다. 많은 말들, 흘리는 눈물은 필요 없다. 우리가 유대인과 싸운다면 신이 우리가 무엇을 할 것인지 보실 것이다. IS대원들과 인내하고 있는 우리 가자 지구에 있는 형제들에게 전하는 편지"
"신이시여, 우리는 알레포, 아프가니스탄, 체첸 그리고 이슬람이 공격받는 지구 여러 곳에서 싸우고 있는 무자히딘들이 있습니다. 그들이 이기게 해주고 도와주소서. 안내도 해주고, 같은 마음으로 해주고, 적을 흩어지게 하고, 적이 망하는 날을 보여주소서. 우리 서로에 대한 증오를 없애주고, 알레포와 다른 지역들을 다시 되찾게 하고, 이슬람과 무슬림들을 보호해 주소서."

> "나는 싸워서 죽고, 또 싸워서 죽고 싶다. 우리는 공격한다. 또 공격한다. 우리의 힘을 그들에게 보여줄 것이다. 우리는 죽음을 두려워하지 않는 남자들이다. 우리는 싸우는 시간을 잘 맞추고, 또 철수하고, 또 돌아온다. 우리는 한번 공격하고, 또 돌아와서 또 공격하고, 해방시킬 것이다. 우리가 시리아에 온 것은 민주주의나 민족주의 때문이 아니라 신의 종교를 보호하기 위해서 왔다."

또한 국내에서 피고인의 판시행동을 감지한 아랍권 체류자들의 반응이 심각한 경계와 우려의 수위에 이르는 점도 이러한 사정을 뒷받침한다. 그 밖에 IS가 유혹의 대상으로 삼는 주요 피선동자의 그룹 성향, 국적이나 지역을 초월하거나 본거지의 합류나 지령에 구애받지 않는 가입 확산 현상을 종합하면, 객관적으로 보아 IS의 투쟁 동참을 소셜미디어로 자극하거나 부추기는 피고인의 선동에 영향을 받는 제3자가 테러단체의 가입으로 나아갈 실질적인 위험성도 인정된다.

(2) 테러단체인 IS 가입 권유에 대한 판단

제1심 재판부는 피고인의 이라크인에 대한 테러단체 가입 권유 부분에 대해서는 무죄를 선고했는바, 근거는 다음과 같다.

(가) **IS대원 제의나 포섭대상에의 적합성**: 갑(甲)은 쿠르드족 출신의 이라크 국적인이다. 쿠르드족은 시리아 북부와 이라크 접경에서 IS로부터 탄압당한 소수민족에 속한다. 갑(甲)은 시리아에 거주할 때 IS의 모태가 되는 반군들에게 납치당한 적이 있었다고 진술한다. 나아가 갑(甲)은 쿠르드족 지역에 침공한 IS군대에 의하여 동료의 아내가 포로로 붙잡혀 처형당하였다고 수사기관에서 진술한 바 있다. 따라서 갑(甲)은 IS대원 제의나 포섭대상에 적합한 유형이 아닐 수 있다. 사정이 이와 같다면, 역시 난민신청자인 갑(甲)이 구술하는 참극에 관한 진실성은 별론으로, 그가 피고인의 설득만으로 IS에게 손쉽게 호감이나

동경을 품거나 그들의 노선에 동조할 만한 정황을 발견하기 어렵다.

(나) 피고인의 신분노출: 피고인이 갑(甲)에게 IS 가입을 권유하면서 초면에 자신의 신분을 IS대원으로 밝혔다는 부분 즉, 피고인이 2012년경부터 장기간 교류한 C 등 밀접한 지인들에게도 꺼내지 않은 자신의 정체를 초면의 갑(甲)에게 자랑스럽게 밝힌다는 것도 어색하다.

(다) 목격자 유무: 권유의 밀행적 의도를 짐작할 사정이 엿보이지 않음에도 불구하고, 공소사실을 목격하였다는 제3자가 존재하지 않는다. 피고인이 갑(甲)에게 가입을 권유하는 행동을 옆에서 보았다는 사람은 아무도 없다.

(라) 다툼의 원인: 피고인과 갑(甲)이 빚은 불화는 공소사실과 같이 반드시 IS 가입 권유의 거절이 아니라, 다른 사람들과 마찬가지로 피고인의 추종에 대한 불쾌함이나 IS에 대한 지지와 혐오의 대립에서 비롯되었을 가능성을 완전히 배제하기 어렵다. 즉, 피고인과 갑(甲)은 가입 권유가 아닌 다른 원인으로 다투었을 가능성이 있다.

(마) 가입방법에 대한 설명: 피고인으로부터 권유받았다는 가입방법에 대한 설명이 모호하다. … 피고인이 선제적으로 시리아 전선 어딘가에서 언제 어떻게 IS에 가입하게 되었다는 경위에 대하여는 아무런 언급이 없거나, 본인이 대원에 걸맞는 대우를 어떻게 받고 있다는 설명이 빠져 있다는 점 역시 진술의 흐름을 부자연스럽게 만들거나 전체에 신빙성을 부여할 맥락을 희석시키고 있다. 이러한 사정은 피고인에게 과연 갑(甲)으로 하여금 시리아 내전에 참여하는 IS대원으로 탈바꿈하도록 진지하게 권유할 의사가 있었는지 의심케 하는 대목이다. 또한 피고인이 갑(甲)에게 IS대원과 직접 교신할 수 있는 텔레그

램 채널은 물론 자신의 페이스북 계정도 알려주지 않았다는 사실은 어쩌면 처음부터 그에게 가입 권유의 시도 자체가 일어나지 않았을 개연성을 시사하는 대목이다. 사정이 이와 같다면, 석연치 않거나 의문스러운 갑(甲)의 진술만으로는 테러단체 가입 권유의 공소사실이 합리적인 의심을 불식시킬 정도로 증명되었다고 보기 어렵다.

4. 2심 법원의 판단[32)]

(1) 테러단체인 IS 가입 선동에 대한 판단

(가) 2심 법원이 제시한 이 사건 법률조항의 적용법리와 해석기준

1) 테러방지법 제17조의 구성과 체계: 테러방지법 제17조 제1항·제2항·제3항의 체계에 비추어 볼 때, 제1항은 테러단체를 구성하거나 직접 가입하는 행위를, 제2항은 테러단체에 직접 가입하지 않더라도 자금조달 등의 방법을 통해 테러단체를 재정적·물질적으로 유지·확장·증대시키는 행위를, 제3항은 테러단체에 직접 가입하지 않더라도 테러단체 가입을 지원·권유·선동함으로써 테러단체를 인적으로 유지·확장·증대시키는 행위를 각 처벌하는 것으로 이해되고, 그러한 점에서 위 규정들은 모두 '테러' 자체가 아니라 '테러단체'의 유지·확장·증대 활동에 제재의 초점을 둔 처벌규정임을 알 수 있다. 이 사건 법률조항의 해석에 있어서는 테러방지법 제17조가 전체적으로 테러단체의 구성·가입 또는 외부에서의 재정적·인적 지원을 통한 테러단체의 유지·확장·증대 활동에 제재의 초점을 두고 있다는 점과 이 사건 법률조항이 제17조 제1항·제2항과 함께 그 세부적인 하부유형 중 하나를 이룬다

32) 인천지방법원 제2형사부 2019. 7. 12. 선고 2018노4357 판결을 중심으로 수정하였다.

는 점이 고려되어야 할 것이다.

2) 테러방지법의 다른 규정 등과의 관계: 테러방지법 제17조 제6항은 "「형법」 등 국내법에 죄로 규정된 행위가 제2조의 테러에 해당하는 경우 해당 법률에서 정한 형에 따라 처벌한다."고 규정하고 있고, '테러단체의 활동을 찬양·고무·선전 또는 이에 동조하는 행위'(「국가보안법」 제7조 제1항이 반국가단체에 관하여 유사한 규정을 두고 있다)나 '테러를 선동·선전하는 행위' 등에 대한 직접적인 처벌규정을 두고 있지 않다. 그런데 테러방지법 제12조 제1항은 "관계기관의 장은 테러를 선동·선전하는 글 또는 그림, 상징적 표현물, 테러에 이용될 수 있는 폭발물 등 위험물 제조법 등이 인터넷이나 방송·신문·게시판 등을 통해 유포될 경우 해당 기관의 장에게 긴급 삭제 또는 중단, 감독 등의 협조를 요청할 수 있다."고 규정을 두고 있다. 즉, 테러방지법은 '타인에게 테러단체 가입을 권유 또는 선동하는 행위'와 구별되는 '테러를 선동·선전하는 글 또는 그림, 상징적 표현물을 인터넷 등을 통해 유포하는 행위'라는 개념을 사용하면서, 이에 대하여는 직접적인 형사처벌규정을 두지 아니하고 관계기관의 장이 해당 기관의 장에게 그 글 또는 그림, 상징적 표현물 등의 긴급 삭제·중단·감독 등의 협조를 요청할 수 있도록 함으로써, 그 유통의 장에서 통제하는 방식을 채택하고 있는 것이다. 법치국가 원리의 근간을 이루고 있는 죄형법정주의 원칙에 이러한 테러방지법의 편제 및 규율방식을 종합해 보면, 입법자는 '테러를 선동·선전하는 글 또는 그림, 상징적 표현물을 인터넷 등을 통해 유포하는 행위'에 대해서는 헌법 제21조에서 보호하고 있는 표현의 자유를 침해할 소지가 적은, 보다 간접적인 규율방식을 택하기로 결단한 것으로 봄이 상당하다. 마찬가지로, '테러단체나 그 구성원 또는 그 지령을 받은 자의 활동을 찬양·고무·선전 또는 이에 동조하는 행위'에 대해서도 이를 테러방지법으로써 처벌하지 않겠다는 입법자의 결단이 있었다고 봄이 타당하다. 따라서 이 사건 법률조항의 해석에 있어서는 처벌되는 '테러

단체 가입의 선동행위'와 테러방지법으로 처벌되지 아니하는 '테러를 선전·선동하는 글 또는 그림, 상징적 표현물을 인터넷 등에 유포하는 행위', '테러단체나 그 구성원 또는 그 지령을 받은 자의 활동을 찬양·고무·선전 또는 이에 동조하는 행위'를 구별하는 것이 중요한 과제가 된다고 할 것이다.

3) 테러단체 '가입'의 의미: "범죄단체는 다양한 형태로 성립·존속할 수 있는 것으로서 정형을 요하는 것이 아닌 이상, 그 구성·가입이 반드시 단체의 명칭이나 강령이 명확하게 존재하고 단체 결성식이나 가입식과 같은 특별한 절차가 있어야만 성립되는 것은 아니다(대법원 2005. 9. 9. 선고 2005도3857 판결 참조)."라고 판시한 바 있는데, 테러단체의 가입에 관하여도 위와 같은 법리는 적용된다고 봄이 타당하다. 즉, 테러단체의 가입에 어떤 정형이나 특별한 절차가 있어야만 한다고 볼 것은 아니므로, 테러단체의 본단이 위치한 국가 또는 지역으로 이동하여 합류하는 것뿐만 아니라, 테러단체에 직접 합류하지 않더라도 테러단체에 포섭되어 테러단체로부터 구체적·개별적인 지시를 받아 그에 따라 테러단체를 재정적으로 지원하거나 신규가입자를 모집하는 활동 등에 종사하는 사람 또는 종사할 준비가 되어 있는 사람도 사안에 따라서는 테러단체에 가입했다고 볼 수 있다. 다만, 구체적 사안에서 테러단체 가입 여부를 판단함에 있어서는 가입희망자 내지 후보자에 대한 접근방식, 접근에 사용하는 기술적 수단 및 매체 등 문제되는 테러단체의 신규 인원 포섭전략과 가입 전후의 전형적 모습 등을 종합적으로 고려하여야 할 것이다.

4) 테러단체 가입 '선동'의 의미: 대법원 2015. 1. 22. 선고 2014도10978 전원합의체 판결에서 행한 내란선동의 해석은 테러단체 가입 선동 부분의 해석에 있어서도 중요한 참조기준인바, "내란선동죄의 구성요건을 해석함에 있어서는 국민의 기본권인 표현의 자유가 위축되거나 그 본질이 침해되지 아니하도록 죄형법정주의의 기본정신에 따라 엄격

하게 해석하여야 할 것이다. … 언어적 표현행위는 매우 추상적이고 다의적일 수 있으므로 그 표현행위가 위와 같은 내란선동에 해당하는지를 판단함에 있어서는 선동행위 당시의 객관적 상황, 발언 등의 장소와 기회, 표현방식과 전체적인 맥락 등을 종합하여 신중하게 판단하여야 할 것이다. … 내란선동에 있어 시기와 장소, 대상과 방식, 역할분담 등 내란 실행행위의 주요 내용이 선동단계에서 구체적으로 제시되어야 하는 것은 아니고, 또 선동에 따라 피선동자가 내란의 실행행위로 나아갈 개연성이 있다고 인정되어야만 내란선동의 위험성이 있는 것으로 볼 수도 없다."고 판시하였다. 다만, 테러단체 가입을 선동하는 행위에 해당하는지 여부를 판단함에 있어서는 다음과 같은 사항들이 추가적으로 고려될 필요가 있다. …「형법」 제90조 제2항이 규정하는 내란선동죄는「형법」 제87조의 내란죄를 선동하는 것인데, 여기서 선동의 대상이 되는 내란죄는 폭동 즉, 한 지방의 평온을 해할 정도의 위력을 동반하는 폭행 또는 협박을 구성요건으로 한다. 반면, 이 사건 법률조항에서 선동의 대상이 되는 테러단체 가입은 테러방지법 제17조 제1항에 의하여 명시적으로 금지·처벌되는 행위임은 분명하나, 그 자체로 폭력이나 위력을 구성요건으로 하지 않는 테러행위의 착수 이전의 예비·음모단계에 해당한다는 점에서, 내란선동죄와 뚜렷하게 구별되는 측면이 있다. 그러므로 해당 선동행위가 대상으로 삼는 상대방, 선동행위의 구체적인 내용, 그 행위가 이루어진 맥락과 상황, 피선동자가 인식하는 선동자의 성격이나 지위 등에 비추어 객관적으로 보아 이를 피선동자에게 테러단체에 대한 지지나 공감을 불러일으키는 것을 넘어, 테러단체에 현실적으로 가입하겠다는 결의를 유발하거나 증대시킬 만한 진지한 언동으로 평가할 수 없다면 쉽사리 테러단체 가입의 선동에 해당한다고 보아서는 안 될 것이다.

5) 테러단체 가입 선동 판단기준: 테러방지법 제17조의 규정체계 및 제12조 제1항 등 다른 규정과의 관계, 테러단체 가입 및 그 선동의

의미를 확정함에 있어서 준수하고 고려하여야 할 사항을 종합해 볼 때, 이 사건 법률조항이 말하는 '테러단체 가입의 선동'이 있었는지 여부는 다음과 같은 구체적 기준에 의하여 판단함이 타당하다고 할 것이다.

가) 이 사건 법률조항이 처벌하는 선동의 대상은 '테러행위'가 아니라 '테러단체의 가입'이므로, 테러단체 가입을 선동하는 표현은 테러단체 가입에 관한 내용을 직접적으로 포함하여 명시하거나, 그러한 직접적인 명시가 없더라도 표현행위의 상대방이라면 누구나 그 표현행위가 행하여지는 문맥이나 정황 등에 의하여 그것이 테러단체 가입에 관한 내용임을 알 수 있어야 한다.

나) 테러단체 가입의 선동행위는 '테러를 선동·선전하는 글, 그림, 상징적 표현물을 유포하는 행위' 및 '테러단체의 활동을 찬양·고무·선전하는 행위'와 구별되므로, 그 표현행위에 테러를 선동·선전하는 내용 또는 테러단체의 활동을 찬양·고무·선전하는 내용이 포함되어 있어 그 상대방으로 하여금 감정적 자극을 받아 테러단체의 가입을 결의하거나 이미 존재하는 결의를 강화하는 결과에 이르게 하더라도, 그 선동행위가 테러단체 가입을 그 내용으로 하거나 그 표현행위가 행하여지는 정황 등에 의하여 테러단체 가입에 관한 내용임을 쉽게 추단할 수 있는 정도에 이르지 않는다면 이 사건 법률조항의 처벌대상으로 삼을 수 없다고 보아야 한다.

다) 선동의 대상이 되는 테러단체의 가입에서 '가입'은 특별한 정형이나 절차를 요구하는 것은 아니지만, 테러단체 가입 여부를 판별할 수 있으며 테러단체의 구성원이 되었음을 알 수 있을 만한 상당한 표지가 있어야 한다. 따라서 가령 테러단체와의 구체적이고 개별적인 의사 연락 없이 테러를 홍보하고 선

전·선동하는 글, 그림, 사진 등에 감화된 사람이 자생적으로 테러에 나아갔다고 하더라도, 그러한 자생적 테러범(소위 '외로운 늑대')은 테러단체에 가입된 구성원으로서 테러행위를 하였다고 평가할 수 없다.

라) 테러단체 가입의 '선동'은 일차적으로 테러단체 가입이 이루어지는 것을 목표로 하여 불특정 다수의 피선동자들에게 테러단체 가입행위를 결의, 실행하도록 충동하고 격려하는 행위를 뜻한다고 할 것이지만, 테러단체가 내세우는 특정한 정치적·종교적 이념이나 추상적 원리를 옹호하거나 교시하는 것만으로는 테러단체 가입의 선동이 될 수는 없고, 어떤 표현행위가 테러단체 가입의 선동에 해당하는지를 판단함에 있어서는 선동행위의 내용, 선동행위가 이루어진 당시의 객관적 상황, 선동행위가 택한 수단, 방법 등을 종합하여 신중하게 판단하여야 한다.

마) 따라서 테러단체 가입을 선동하는 표현행위에 해당하는지를 판단함에 있어서는 테러단체 가입을 현실화할 수 있는 최소한의 방법이나 수단, 절차 등이 그 표현행위에 개략적으로라도 드러나 있거나, 표현행위가 취한 매체, 표현행위가 행하여진 맥락과 정황 등에 비추어 피선동자에 의하여 쉽게 추단될 수 있는지, 피선동자가 선동자의 성격, 위치 또는 지위 등에 비추어 선동하는 테러단체 가입이 현실화될 수 있다고 인식할 만한지 등을 종합하여 그 표현행위가 객관적으로 보아 피선동자로 하여금 실제로 가입을 선동한다는 진지한 인상을 줄 정도가 되는지 살펴보아야 한다.

바) 테러단체 가입의 선동은 불특정 다수를 대상으로 하고 공개된 익명의 온라인 인터넷 공간에 적합할 수 있다는 점에서 테러단체 가입의 권유와 그 표현행위의 태양이 구별될 수 있다. 그

러나 테러단체 가입의 선동과 권유가 이 사건 법률조항에서 함께 규정되고 동일한 법정형으로 처벌되고 있다는 사정은 선동과 권유가 대상으로 하는 '테러단체 가입'이 상당한 정도의 구체성을 가지고 통일적으로 해석되어야 함을 시사하므로, 테러단체 가입 선동 개념을 해석·적용함에 있어 '테러단체 가입'을 테러단체 권유가 문제될 때의 '테러단체 가입'보다 부당하게 확장하여 새기지 않도록 하여야 한다.

사) 전세계 각국에서 대테러활동의 필요성이 대두되고 이에 따라 테러 관련 입법이 다수 이루어졌으나, 그 형태는 매우 다양한 것으로 보인다. 선례가 없는 이 사건에서 외국의 입법례나 해석론을 참고하는 것은 필요하나, 가령 우리와 달리 '테러의 선전·선동행위'를 처벌하는 규정을 두고 있거나 '테러조직에 실질적 조력을 제공하는 행위'를 처벌하는 규정을 두고 있는 법제의 논의를 이 사건 법률조항의 해석에 도입하는 것에는 신중을 기하여야 할 것이다.

(나) 2심 법원의 '테러단체 가입의 선동 여부'에 대한 판단

이를 기초로 테러단체 가입 선동으로 인한 테러방지법위반죄의 성립 여부를 살펴보면,

1) 피고인이 IS의 적극적 지지자 내지 추종자로서 IS의 신규 조직원을 모집하는 역할을 하기로 마음먹은 다음, 페이스북이라는 소셜미디어를 통하여 불특정 다수의 아랍어 사용자들을 상대로 테러단체인 IS에 가입할 것을 선동하는 행위를 한 것으로 볼 여지가 있을 수도 있다.

2) 그러나 형사재판에서 범죄사실의 인정은 법관으로 하여금 합리적인 의심을 할 여지가 없을 정도의 확신을 가지게 하는 증명력을 가진 엄격한 증거에 의하여야 하므로, 검사의 입증이 위와 같은 확신을 가지게 하는 정도에 충분히 이르지 못한 경우에는 비록 피고인의 주장

이나 변명이 모순되거나 석연치 않은 면이 있는 등 유죄의 의심이 간다고 하더라도 피고인의 이익으로 판단하여야 하는바,

3) 위 법리 및 앞서 본 이 사건 법률조항의 해석론과 구체적인 판단기준에 비추어 앞서 든 증거들로부터 추인되는 다음과 같은 사정들을 면밀히 살펴보면, 피고인이 테러단체의 활동을 찬양·고무하거나 지지를 호소하는 것을 넘어 테러단체 가입을 선동하였다는 점이 법관으로 하여금 합리적 의심을 할 여지가 없을 정도로 충분히 증명되었다고 보기는 어렵다.

요컨대, 2심 법원은 피고인의 행위가 테러단체 가입을 선동하는 행위라고 인정되기 위해서는 배제되어야 할 합리적인 의심이 남아 있다고 판단하여 1심 법원이 유죄로 판결한 '테러단체 가입의 선동' 부분을 파기하였다.

(2) 테러단체인 IS 가입 권유에 대한 판단

(가) 원심의 무죄 판결 이유

1) 갑(甲)은 출신이나 개인적 경험에 비추어 IS에 손쉽게 호감이나 동경을 품거나 그들의 노선에 동조할 만한 사람으로 보기 어려운 점.

2) 피고인이 장기간 교류한 C 등 다른 시리아인들에게는 자신이 IS 대원이라고 말하거나 IS 가입을 권유한 바가 없고, C가 피고인에게 "너는 IS대원이다."라고 하였을 때는 "존경하게 말하라."며 강한 어조로 맞대응하였음에도, 유독 갑(甲)에게만은 초면에 자신이 IS대원이라고 밝혔을 뿐만 아니라 IS 가입을 권유하였다는 것은 선뜻 믿기 어려운 점.

3) 피고인이 갑(甲)에게 IS 가입을 권유하는 행동을 옆에서 목격하였다는 사람이 전혀 없는 점.

4) 피고인과 갑(甲)이 겪은 불화는 공소사실과 같이 갑(甲)이 IS 가입 권유를 거절하였기 때문이 아니라, 피고인의 IS에 대한 동조 내지 옹호 성향과 갑(甲)의 반대 성향이 충돌, 대립하였기 때문일 가능성이

있는 점.

5) 피고인이 알려주었다는 IS 가입방법에 대한 설명이 전혀 구체적이지 못하고 IS와의 온라인 교신 통로 등을 알려주지도 아니하는 등 권유의 진지성을 의심할 사정이 있는 점 등의 사정들에 비추어 보면, 피고인이 2016년 3월 초순경부터 2016년 4월 25일까지 갑(甲)에게 수회에 걸쳐 지속적으로 IS 가입을 권유하였다는 점이 합리적인 의심을 불식시킬 정도로 증명되었다고 할 수 없음을 이유로 무죄로 판결하였다.

(나) 2심의 판결

2심은, 원심이 판시한 유죄 부분인 피고인의 테러단체인 IS 가입 선동에 대해서 무죄로 판결하였으며, 원심이 판시한 무죄 부분인 IS 가입 권유에 대해서 1심과 같은 이유로 무죄로 판결하였다.

5. 평가

테러와 관련해서 테러방지법은 제17조 제1항 내지 제5항의 범죄만을 처벌하고, 동 법 제17조 제6항은 「형법」 등 국내법에 죄로 규정된 행위가 테러방지법 제2조의 테러에 해당하는 경우 해당 법률에서 정한 형에 따라 처벌하도록 규정하고 있다. 따라서 해당 판결은 테러위험에 대해 직접 언급한 판례가 아닌 점에서 다소 아쉬운 부분이 있다. 하지만 동 법 제17조의 규정이 궁극적으로는 테러를 사전에 예방하고 대응하기 위한 목적임은 부인할 수 없으므로, 이 중 동 법 제17조 제3항과 관련한 공소사실인 '타인에게 테러단체 가입 권유 및 선동'행위에 대한 판결의 법리와 해석기준을 분석·검토해봄으로써, 간접적으로나마 테러위험을 파악할 수 있는 것에 의의를 가진다.

이 사건에서 법원은, 첫째 테러방지법 제17조 제1항은 테러단체를 구성하거나 직접 가입하는 행위를, 제2항은 테러단체에 직접 가입하지 않더라도 자금조달 등의 방법을 통해 테러단체를 재정적·물질적으로 유지·확장·증대시키는 행위를, 제3항은 테러단체에 직접 가입하지 않더라도 테러단체 가입을 지원·권유·선동함으로써 테러단체를 인적으로 유지·확장·증대시키는 행위를 각 처벌하는 것으로서, 위 규정들은 모두 '테러' 자체가 아니라 '테러단체'의 유지·확장·증대 활동에 제재의 초점을 둔 처벌규정으로 해석하였다. 둘째 테러방지법은 '타인에게 테러단체 가입을 권유 또는 선동하는 행위'와 '테러를 선동·선전하는 글 또는 그림, 상징적 표현물을 인터넷 등을 통해 유포하는 행위'를 서로 구별하면서, 이 중 '테러를 선동·선전하는 글 또는 그림, 상징적 표현물을 인터넷 등을 통해 유포하는 행위'에 대하여는 직접적인 형사처벌규정을 두지 아니하고 관계기관의 장이 해당 기관의 장에게 그 글 또는 그림, 상징적 표현물 등의 긴급 삭제·중단·감독 등의 협조를 요청할 수 있도록 함으로써, 그 유통의 장에서 통제하는 방식을 채택하고 있다고 보았다.[33] 또한 '테러단체나 그 구성원 또는 그 지령을 받은 자

---

33) 테러방지법 제12조(테러선동·선전물 긴급 삭제 등 요청) ① 관계기관의 장은 테러를 선동·선전하는 글 또는 그림, 상징적 표현물, 테러에 이용될 수 있는 폭발물 등 위험물 제조법 등이 인터넷이나 방송·신문, 게시판 등을 통해 유포될 경우 해당 기관의 장에게 긴급 삭제 또는 중단, 감독 등의 협조를 요청할 수 있다.
② 제1항의 협조를 요청받은 해당 기관의 장은 필요한 조치를 취하고 그 결과를 관계기관의 장에게 통보하여야 한다.
테러방지법 제17조(테러단체 구성죄 등) ① 테러단체를 구성하거나 구성원으로 가입한 사람은 다음 각 호의 구분에 따라 처벌한다.
1. 수괴(首魁)는 사형·무기 또는 10년 이상의 징역
2. 테러를 기획 또는 지휘하는 등 중요한 역할을 맡은 사람은 무기 또는 7년 이상의 징역
3. 타국의 외국인테러전투원으로 가입한 사람은 5년 이상의 징역
4. 그 밖의 사람은 3년 이상의 징역
② 테러자금임을 알면서도 자금을 조달·알선·보관하거나 그 취득 및 발생원인에 관한 사실을 가장하는 등 테러단체를 지원한 사람은 10년 이하의 징역 또는 1억원 이하의 벌금에 처한다.
③ 테러단체 가입을 지원하거나 타인에게 가입을 권유 또는 선동한 사람은 5년 이

의 활동을 찬양·고무·선전 또는 이에 동조하는 행위'에 대해서도 이를 테러방지법으로 처벌하지 않겠다는 입법자의 결단이 있다고 보았다. 따라서 법원은 처벌되는 '테러단체 가입의 권유 또는 선동행위'와 테러방지법으로 처벌되지 아니하는 '테러를 선전·선동하는 글 또는 그림, 상징적 표현물을 인터넷 등에 유포하는 행위', '테러단체나 그 구성원 또는 그 지령을 받은 자의 활동을 찬양·고무·선전 또는 이에 동조하는 행위'를 구별하는 입법자의 의도를 충분히 고려하여 이를 엄격하게 해석하였음에 주목할 필요가 있다. 셋째 테러단체 가입의 선동은 불특정 다수를 대상으로 하고 공개된 익명의 온라인 인터넷 공간에 적합할 수 있다는 점에서 테러단체 가입의 권유와 그 표현행위의 태양이 구별될 수 있으나, 테러단체 가입의 선동과 권유가 이 사건 법률조항(동 법 제17조 제3항)에서 함께 규정되고 동일한 법정형으로 처벌되고 있다는 사정은 선동과 권유가 대상으로 하는 '테러단체 가입'이 상당한 정도의 구체성을 가지고 통일적으로 해석되어야 함을 시사한다. 따라서 테러단체 가입 선동의 개념을 해석·적용함에 있어 '테러단체 가입'을 테러단체 권유가 문제될 때의 '테러단체 가입'보다 부당하게 확장되지 않도록 해야 한다고 강조하였음에 주의할 필요가 있다.

요컨대, 테러에 대한 테러방지법의 입법목적과 형사법적 접근 태도, 그리고 이에 따른 판례를 고려한다면, 테러위험을 판단한 이후 테러를 사전에 예방하고 대응하는데 필요한 -즉, 경찰행정법적 조치를 위한- 절차법적 접근은 앞으로도 많은 과제를 남겨두고 있다.

하의 징역에 처한다.

④ 제1항 및 제2항의 미수범은 처벌한다.

⑤ 제1항 및 제2항에서 정한 죄를 저지를 목적으로 예비 또는 음모한 사람은 3년 이하의 징역에 처한다.

제3절 | 테러방지법상 테러방지작용의 유형과 근거

Ⅰ. 테러대응절차

1. 테러경보의 발령

대테러센터장은 테러위험 징후를 포착한 경우 테러경보 발령의 필요성, 발령 단계, 발령 범위 및 기간 등에 관하여 테러대책실무위원회의 심의를 거쳐 테러경보를 발령한다. 다만, 긴급한 경우 또는 테러방지법 시행령 제22조 제2항에 따른 주의 이하의 테러경보 발령 시에는 테러대책실무위원회의 심의 절차를 생략할 수 있다(시행령 제22조 제1항).

테러경보는 테러위협의 정도에 따라 관심·주의·경계·심각의 4단계로 구분한다(시행령 제22조 제2항).

대테러센터장은 테러경보를 발령하였을 때에는 즉시 국가테러대책위원회 위원장에게 보고하고, 관계기관에 전파하여야 한다(시행령 제22조 제3항).

시행령 제1항부터 제3항까지 규정한 사항 외에 테러경보 발령 및 테러경보에 따른 관계기관의 조치사항에 관하여는 국가테러대책위원회 의결을 거쳐 국가테러대책위원회 위원장이 정한다(시행령 제22조 제4항). 테러경보 단계 및 발령기준은 다음과 같다.

표 13 테러경보단계에 따른 발령기준 및 조치사항[34]

등급	발령기준	조치사항
관심	◦ 테러발생 가능성이 낮은 상태 – 우리나라 대상 테러첩보 입수 – 국제 테러 빈발	◦ 테러징후 감시활동 강화 – 관계기관 비상연락체계 유지 – 테러대상시설 등 대테러 점검 – 테러위험인물 감시 강화 – 공항·항만 보안 검색률 10% 상향
주의	◦ 테러로 발전할 수 있는 상태 – 우리나라 대상 테러첩보 구체화 – 국제테러조직·연계자 잠입기도	◦ 관계기관 협조체계 가동 – 관계기관별 자체 대비태세 점검 – 지역 등 테러대책협의회 개최 – 공항·항만 보안 검색률 15% 상향 – 국가중요행사 안전점검
경계	◦ 테러발생 가능성이 높은 상태 – 테러조직이 우리나라 직접 지목·위협 – 대규모 테러이용수단 적발	◦ 대테러 실전대응 준비 – 관계기관별 대테러상황실 가동 – 테러이용수단의 유통 통제 – 테러사건대책본부 등 가동 준비 – 공항·항만 보안 검색률 20% 상향
심각	◦ 테러사건 발생이 확실시되는 상태 – 우리나라 대상 명백한 테러첩보 입수 – 국내에서 테러기도 및 사건 발생	◦ 테러상황에 총력 대응 – 테러사건대책본부 등 설치 – 테러대응 인력·장비 현장 배치 – 테러대상시설 잠정 폐쇄 – 테러이용수단 유통 일시중지

2. 상황전파 및 초동조치

관계기관의 장은 테러사건이 발생하거나 테러 위협 등 그 징후를 인지한 경우에는 관련 상황 및 조치사항을 관련기관의 장과 대테러센터장에게 즉시 통보하여야 한다(시행령 제23조 제1항).

관계기관의 장은 테러사건이 발생한 경우 사건의 확산방지를 위하여 신속히 ① 사건 현장의 통제·보존 및 경비 강화, ② 긴급대피 및 구

34) 대테러센터, 테러대비 행동요령 가이드북, 2017, 15면; 대테러센터 홈페이지(http://www.nctc.go.kr/nctc/information/alertStep.do) 참조.

조·구급, ③ 관계기관에 대한 지원 요청, ④ 그 밖에 사건 확산방지를 위하여 필요한 사항 등 초동조치를 하여야 한다(시행령 제23조 제2항).

국내 일반테러사건의 경우에는 테러사건대책본부가 설치되기 전까지 테러사건 발생지역 관할 경찰관서의 장이 시행령 제23조 제2항에 따른 초동조치를 지휘·통제한다(시행령 제23조 제3항).

경찰의 「테러대응매뉴얼」상 경찰 초동조치팀의 주요 임무는 사건현장의 통제·보존 및 경비강화, 긴급대피 및 구조·구급, 관계기관에 대한 지원요청, 그 밖에 사건 확산방지를 위하여 필요한 사항으로 명시되어 있다. 긴급종합상황반은 상황실장, 접수반, 전파반, 통신반, 홍보반, 종합반, 상황확인반으로 구성되며 경찰서 회의실 또는 상황실에 설치하도록 규정하고 있다. 긴급현장상황반은 테러사건 현장에 설치하고 경비과장을 반장으로 하여 상황파악반, 전파반, 통신반, 홍보반으로 구성되어 있다.[35]

테러의 사전예방 및 대응 시 초동조치가 매우 중요하다는 것을 감안한다면 이를 위한 경찰의 기능·역할과 조직이 확대정비되어야 할 것이다.

3. 테러사건 대응

테러사건대책본부의 장은 테러사건에 대한 대응을 위하여 필요한 경우 현장지휘본부를 설치하여 상황전파 및 대응체계를 유지하고 조치사항을 체계적으로 시행한다(시행령 제24조 제1항).

테러사건대책본부의 장은 테러사건에 신속히 대응하기 위하여 필요한 경우에 관계기관의 장에게 인력·장비 등의 지원을 요청할 수 있

35) 고미정·조상현, “테러방지법 제정에 따른 테러위기관리체계 개선방안: 경찰의 대테러 역할 강화를 중심으로”, 한국치안행정논집 제15권 제4호(통권 제48호), 한국치안행정학회, 2019, 66면.

다. 이 경우 요청을 받은 관계기관의 장은 특별한 사유가 없으면 요청에 따라야 한다(시행령 제24조 제2항).

외교부장관은 해외에서 테러가 발생하여 정부 차원의 현장대응이 필요한 경우에는 관계기관 합동으로 정부 현지대책반을 구성하여 파견할 수 있다(시행령 제24조 제3항).

지방자치단체의 장은 테러사건 대응활동을 지원하기 위한 물자 및 편의 제공과 지역주민의 긴급대피 방안 등을 마련하여야 한다(시행령 제24조 제4항).

Ⅱ. 테러방지작용의 유형과 근거

1. 의의

테러방지법은 제1조에서 "테러의 예방 및 대응활동 등에 관하여 필요한 사항과 테러로 인한 피해보전 등을 규정함으로써, 테러로부터 국민의 생명과 재산을 보호하고 국가 및 공공의 안전을 확보하는 것을 목적으로 한다."고 규정하고 있다.

이와 같이 테러방지작용이 공공의 안녕 또는 공공의 질서를 유지하고 국민의 생명·신체·재산을 보호하기 위한 것임에도 불구하고, 동법에 의한 관계기관의 여러 조치들은 국민의 기본권 침해를 수반할 수도 있다. 따라서 테러방지작용의 유형을 분석·평가하여 직무수행자에게는 적법한 수권근거를 제시하고, 테러위험방지를 위한 직무조치의 대상자인 국민에게는 기본권 침해에 대한 방어와 구제의 가능성을 열어 주어야 한다. 이러한 의미에서 테러방지작용의 유형분석 및 이에 따른 수권근거를 검토하는 것은 매우 중요한 작업이라 할 것이다.

테러방지작용 내지 대테러활동은 대체로 정보활동과 비정보활동으로 구분할 수 있다. 우선 현행 테러방지법에서 허용하고 있는 정보활동은 크게 동 법 제2조 제6호에서 규정하고 있는 대테러활동으로서 테러 관련 정보의 수집, 동 법 제2조 제8호의 대테러활동에 필요한 정보나 자료를 수집하는 활동인 대테러조사, 그리고 동 법 제9조의 테러위험 인물에 대한 정보수집으로 구분할 수 있다.

테러위험인물에 대한 정보활동은 동 법 제9조에 근거하고 있으나, 테러위험인물에 대한 정보수집[36] 이외에 대테러활동 차원에서 이루어지는 관계기관의 정보활동[37]에 대해서는 수권규정이 명확하지 못한 측면이 있다. 한편 동 법 제9조에 규정된 정보활동은 대부분 테러사전대비활동이 될 것이나, 경우에 따라서는 테러에 대한 구체적 위험방지를 위한 정보활동도 존재할 수 있다.

테러에 대한 위험방지조치로서 비정보활동도 테러의 구체적 위험을 전제로 하는 테러방지와 구체적 위험의 전단계(Vorfeld)에서의 조치인 테러사전대비로 구분할 수 있다. 테러방지법에 규정된 대테러활동과 대테러조사의 유형에는 정보적 활동뿐만 아니라 비정보적 활동도 포함되어 있다.

이와 더불어 앞에서 살펴본 테러방지작용은 법률행위, 사실행위, 권력적 행위, 비권력적 행위, 침익적 행위 등의 유형으로 행해질 수 있음은 당연하다.

2. 테러방지작용의 내용

테러방지법에 의하면, 대테러활동의 주관기관은 국가정보원이고 인적 적용 대상별로 광범위한 대테러조치가 규정되어 있다.

첫째 테러행위자에 대해서는 처벌규정만을 규정하고 있을 뿐, 대

36) 테러방지법 제9조 제1항·제2항·제3항·제4항.
37) 테러방지법 제2조 제6호·제7호.

테러를 위한 별도의 조치를 두고 있지 않다.[38)]

둘째 테러대상시설 및 테러이용수단의 소유자 및 관리자에 대한 테러취약요인 사전제거 의무 등을 명시하고 있다.[39)]

셋째 테러위험인물에 대해서는 국가정보원장이 ① 출입국·금융거래 및 통신이용 등 관련정보수집,[40)] ② 금융거래에 대한 지급정지의 요청,[41)] ③ 개인정보처리자·개인위치정보사업자·사물위치정보사업자에 대한 개인정보와 위치정보 요청,[42)] ④ 정보수집을 위한 대테러조사 및 테러위험인물에 대한 추적[43)] 등 광범위한 대테러활동을 할 수 있도록 규정하고 있다. 이 경우 테러위험인물에 대한 대테러활동은 「출입국관리법」, 「관세법」, 「특정 금융거래정보의 보고 및 이용 등에 관한 법률」, 「통신비밀보호법」, 「개인정보 보호법」, 「위치정보의 보호 및 이용 등에 관한 법률」 등 관련 법률의 수권 및 절차규정에 의하도록 규정되어 있다.

넷째 관계기관의 장은 테러선동·선전물 긴급삭제 등을 요청할 수 있다.[44)]

다섯째 관계기관의 장은 외국인테러전투원에 대해서 ① 일시 출국금지 및 출국금지 연장의 요청,[45)] ② 여권의 효력정지 및 재발급 거부 요청 등의 조치[46)]가 가능하다. 동 법 제2조 제4호는, 외국인테러전투원을 테러를 실행·계획·준비하거나 테러에 참가할 목적으로 국적국이 아닌 국가의 테러단체에 가입하거나 가입하기 위하여 이동 또는 이동을 시도하는 내국인·외국인으로 정의하고 있는바, 대상자가 여기에 해

38) 테러방지법 제17조 제6항.
39) 테러방지법 제11조.
40) 테러방지법 제9조 제1항.
41) 테러방지법 제9조 제2항.
42) 테러방지법 제9조 제3항.
43) 테러방지법 제9조 제4항.
44) 테러방지법 제12조.
45) 테러방지법 제13조 제1항·제2항.
46) 테러방지법 제13조 제3항.

당한다면 대테러활동을 수행하는 국가기관, 지방자치단체, 그 밖에 대통령령으로 정하는 기관을 포함하는 관계기관은 이러한 조치를 취할 수 있다. 다만, 이를 위해서는 외국인테러전투원의 대상 및 범위를 명확히 규정하고, 세부적 절차를 규율할 필요성이 있다.

3. 테러방지법 제9조

(1) 개념 및 유형

테러방지법에 규정된 정보활동[47]은 제2조와 제9조를 중심으로 구성되어 있다. 동 법 제2조는 1호 테러, 2호 테러단체, 3호 테러위험인물, 4호 외국인테러전투원, 5호 테러자금, 6호 대테러활동, 7호 관계기관, 8호 대테러조사 등 정의규정을 두고 있는데, 이 중 제6호 대테러활동과 제8호 대테러조사가 정보활동과 관련된 규정이라 볼 수 있다.

동 법 제2조 제6호에서는 '대테러활동'을 제1호의 테러 관련 정보의 수집, 테러위험인물의 관리, 테러에 이용될 수 있는 위험물질 등 테러수단의 안전관리, 인원·시설·장비의 보호, 국제행사의 안전확보, 테러위협에의 대응 및 무력진압 등 테러 예방과 대응에 관한 제반 활동으로 정의하고 있는바, 대테러활동의 일환으로 테러 관련 정보의 수집, 테러위험인물의 관리 등의 정보활동을 규정하고 있다.

동 법 제2조 제8호에서는 '대테러조사'를 대테러활동에 필요한 정보나 자료를 수집하기 위하여 현장조사·문서열람·시료채취 등을 하거나 조사대상자에게 자료제출 및 진술을 요구하는 활동으로 정의하고 있는데, 결국 대테러조사도 대테러활동에 필요한 정보 및 자료수집활

47) 현행 테러방지법에는 정보활동과 관련하여 '테러 관련 정보의 수집', '대테러조사', '테러위험인물에 대한 정보의 수집'이라는 용어가 사용되고 있다. 여기서 사용하는 정보활동은 대체로 정보의 수집·제공·처리 등을 포괄하는 넓은 의미로 사용하고 있음을 밝혀 둔다.

동으로 볼 수 있다. 다만, 대테러활동의 일부인 '제1호의 테러 관련 정보의 수집'과 제1호의 테러 관련 정보의 수집에 필요한 '정보나 자료를 수집하는 활동'인 대테러조사의 차이점이 무엇인가에 대해서는 명확하지 않다.

한편 동 법 제9조는 테러위험인물에 대하여 국가정보원장이 제1항·제2항·제3항에 규정된 개별 법률에 근거한 정보침해 수권을 규정하고, 제4항에서는 대테러활동을 위한 대테러조사 및 테러위험인물에 대한 추적 등 정보활동을 허용하는 규정을 두고 있다.

이처럼 동 법 제9조 제1항·제2항·제3항을 통해 세부적으로 규정하고 있는 이유는 동 조치가 테러위험인물에 대한 중대한 정보적 기본권을 침해하는 경우에 해당하기 때문이다.

(2) 수권근거

테러방지법 제9조에 따르면, 국가정보원장은 테러위험인물에 대하여 출입국·금융거래 및 통신이용 등 관련 정보를 수집할 수 있다. 이 경우 출입국·금융거래 및 통신이용 등 관련 정보의 수집에 있어서는 「출입국관리법」, 「관세법」, 「특정 금융거래정보의 보고 및 이용 등에 관한 법률」, 「통신비밀보호법」의 절차에 따른다(법 제9조 제1항).

국가정보원장은 동 법 제9조 제1항에 따른 정보수집 및 분석의 결과 테러에 이용되었거나 이용될 가능성이 있는 금융거래에 대하여 지급정지 등의 조치를 취하도록 금융위원회 위원장에게 요청할 수 있다(법 제9조 제2항).

국가정보원장은 테러위험인물에 대한 개인정보(「개인정보 보호법」상 민감정보를 포함한다)와 위치정보를 「개인정보 보호법」 제2조의 개인정보처리자[48]와 「위치정보의 보호 및 이용 등에 관한 법률」 제5조 제7항

48) 「개인정보보호법」 제2조 제2호: "개인정보처리자"란 업무를 목적으로 개인정보파일을 운용하기 위하여 스스로 또는 다른 사람을 통하여 개인정보를 처리하는 공공기

에 따른 개인위치정보사업자[49] 및 동 법 제5조의2 제3항에 따른 사물위치정보사업자[50]에게 요구할 수 있다(법 제9조 제3항).

국가정보원장은 대테러활동에 필요한 정보나 자료를 수집하기 위하여 대테러조사 및 테러위험인물에 대한 추적을 할 수 있다. 이 경우 사전 또는 사후에 국가테러대책위원회 위원장에게 보고하여야 한다(법 제9조 제4항).

동 법 제9조는 권한규범의 형식으로 관계기관[51] 중 테러위험인물에 대한 정보수집 등 정보활동을 할 수 있는 기관으로 국가정보원장을 특별히 규정하고 있다. 그리고 동 법 제9조 제1항·제2항·제3항은 국가정보원장이 테러위험인물에 대해서 각 항에서 규정하고 있는 개별법률에 근거한 정보수집 등 정보활동을 허용하는 규정을 두고 있다. 또한 동 법 제9조 제4항에 따라 국정원장은 －테러위험인물이 아닐지라

관, 법인, 단체 및 개인 등을 말한다.

49) 「위치정보의 보호 및 이용 등에 관한 법률」 제5조 제7항: 제1항에 따라 위치정보사업의 허가를 받은 자(이하 "개인위치정보사업자"라 한다)가 허가를 받은 사항 중 위치정보시스템을 변경(변경으로 인하여 개인위치정보 보호를 위한 기술적 수준이 허가받은 때보다 저하되는 경우로 한정한다)하려는 경우에는 대통령령으로 정하는 바에 따라 방송통신위원회의 변경허가를 받아야 하고, 상호 또는 주된 사무소의 소재지를 변경하려는 경우에는 방송통신위원회에 변경신고를 하여야 한다.

50) 「위치정보의 보호 및 이용 등에 관한 법률」 제5조의2 제3항: 제1항에 따라 위치정보사업의 신고를 한 자(이하 "사물위치정보사업자"라 한다)는 신고한 사항 중 다음 각 호의 어느 하나에 해당하는 사항을 변경하려는 경우 대통령령으로 정하는 바에 따라 방송통신위원회에 변경신고를 하여야 한다.
1. 상호
2. 주된 사무소의 소재지
3. 위치정보시스템(변경으로 인하여 위치정보 보호를 위한 기술적 수준이 신고한 때보다 저하되는 경우로 한정한다)

51) 테러방지법 제2조 제7호에 의하면, '관계기관'이란 대테러활동을 수행하는 국가기관, 지방자치단체, 그 밖에 대통령령으로 정하는 기관을 말한다. 여기서 대통령령으로 정하는 기관은 동 법 시행령 제2조에 위임하고 있는바, 이에 의하면,
1. 「공공기관의 운영에 관한 법률」 제4조에 따른 공공기관
2. 「지방공기업법」 제2조 제1항 제1호부터 제4호까지의 사업을 수행하는 지방직영기업, 지방공사 및 지방공단을 의미한다.

도- 대테러활동에 필요한 정보나 자료를 수집하기 위하여 '대테러조사'를 할 수 있고, '테러위험인물에 대한 추적'을 할 수 있음을 규정하고 있다.[52] 즉, 동 법 제9조는 제1항·2항·3항에 근거한 테러위험인물에 대한 정보활동과 제4항의 대테러조사 및 테러위험인물에 대한 추적을 할 수 있는 경우로 구분하고 있음을 알 수 있다. 동 법 제9조 제1항·2항·3항은 테러위험인물의 대상이 명확히 확정된 경우에 형사절차에 준하는 엄격한 법적 요건을 요구하고 있다. 반면에, 동 법 제9조 제4항은 일반적인 대테러활동에 필요한 대테러조사를 할 수 있음과 테러위험인물에 대한 추적을 할 수 있음을 비교적 완화된 요건으로 규정하고 있는 것이다.

그런데 테러방지법상 국민의 기본권 내지 인권침해의 우려가 큰 부분은 대테러조사와 테러위험인물에 대한 추적의 허용을 국정원장에게 수권하고 있는 동 법 제9조 제4항이다. 동 규정은 대테러조사와 테러위험인물의 추적을 국가정보원장에게 허용한다는 내용만 있을 뿐, 구체적인 절차가 누락되어 있다는 문제점이 있다.[53] 규율밀도를 높임으로써 보완할 필요가 있다.

4. 대테러활동

(1) 개념 및 유형

대테러활동이란 테러방지법 제2조 제1호의 테러 관련 정보의 수

52) 이 경우 사전 또는 사후에 국가테러대책위원회의 위원장에게 보고하여야 한다고 하여 사전 또는 사후 통제대책으로 규정하고 있긴 하지만, 얼마나 실효성이 있는지는 의문이다.

53) 이러한 입법태도는 국가정보원이 테러위험인물에 대한 정보수집 과정에서 겪을 수 있는 실무적 어려움을 극복하기 위해 대테러조사와 추적이라는 우회적 수단을 둔 것은 아닌지 의심스러운 부분이라고 지적하고 있다. 백수웅, "국민안전과 인권보호를 위한 테러방지법 개선방안 연구", 동아법학 제83호, 동아대법학연구소, 2019, 113면.

집, 테러위험인물의 관리, 테러에 이용될 수 있는 위험물질 등 테러수단의 안전관리, 인원·시설·장비의 보호, 국제행사의 안전확보, 테러위협에의 대응 및 무력진압 등 테러예방과 대응에 관한 제반활동을 말한다(법 제2조 제6호). 따라서 동 법 제2조 제6호에 명시된 모든 활동이 대테러활동의 유형에 해당된다.

대테러활동의 유형은 크게 정보활동과 비정보활동으로 구분할 수 있다. 테러의 예방 및 대응을 위한 정보활동은 대부분 테러사전대비활동에 해당될 것이다. 한편 비정보활동도 테러방지활동과 테러사전대비활동으로 나눌 수 있다.

동 법 제2조 제6호에 의할 때, 테러 관련 정보의 수집, 테러위험인물의 관리 등을 수단으로 하는 활동은 정보활동에 해당될 수 있으며, 그 외 테러에 이용될 수 있는 위험물질 등 테러수단의 안전관리, 인원·시설·장비의 보호, 국제행사의 안전확보, 테러위협에의 대응 및 무력진압 등의 활동은 비정보활동으로 볼 수 있다.

(2) 수권근거

테러방지법 제2조 제6호의 대테러활동에 대한 정의규정만으로는 테러방지기관이 기본권에 대한 중대한 침해작용인 정보활동을 할 수는 없다고 볼 것이다. 왜냐하면, 대테러활동은 중대한 기본권 침해를 수반하므로 별도의 개별적 수권규정을 필요로 하기 때문이다. 따라서 테러방지를 목적으로 개인에 대한 정보침해조치를 하기 위해서는 동 법 제9조 및 기타 정보침해를 허용하고 있는 개별법 규정에 따라야 할 것이다.

그런데 동 법 제9조 제4항은, "국가정보원장은 대테러활동에 필요한 정보나 자료를 수집하기 위하여 대테러조사 및 테러위험인물에 대한 추적을 할 수 있다. 이 경우 사전 또는 사후에 국가테러대책위원회 위원장에게 보고하여야 한다."고만 규정하고 있다. 즉, 동 규정은 대테러활동에 필요한 정보나 자료를 수집하기 위하여 대테러조사 및 테러위험인물의 추적을 할 수 있다고만 규정하고 있을 뿐, 대테러활동·대테러조사·테러위험인물의 추적의 법적 성격이 무엇인지 밝히고 있지 않다. 더 나아가 그에 따른 절차는 입법공백의 상태로 남아 있는 것이다. 만약 이와 같은 동 법 제9조 제4항의 조치가 동 법 제9조 제1항·제2항·제3항에서 규정하고 있는 행위에 포섭되지 않는다면 중대한 기본권 침해가 발생할 수 있다. 즉, 대테러조사와 테러위험인물의 추적행위에 대한 법률적 절차규정이 없음에도 불구하고 강제적 수단이 동원될 수 있다는 문제점이 발생하는 것이다. 따라서 대테러활동, 대테러조사, 테러위험인물의 추적에 대한 법적 규명이 필요하고 아울러 명확한 절차법적 수권근거가 마련되어야 한다. 이는 대테러활동 중 발생하는 심각한 인권침해를 방지하기 위해 시급히 개정이 필요한 부분이다.

한편 대테러활동 중 비정보활동도 개별적 조치의 법적 성격에 따라 실정법이 규율하고 있는 경우에는 그에 따르면 될 것이나, 그렇지 않은 경우에는 경찰법 이론에 따라서 수권규범을 적용하면 될 것이다.

5. 대테러조사

(1) 대테러조사에 대한 이론적 접근

(가) 대테러조사의 개념

대테러조사는 법적 근거의 불충분, 현실공간뿐만 아니라 사이버공간에서의 개인정보침해의 문제, 행정조사의 형식을 취하고 있지만 사실상 형사절차와의 구별이 쉽지 않다는 점 등 여러 문제점을 가지고 있다. 따라서 대테러조사에 대한 이론적 접근을 통해 의의·유형·법적 성격 및 근거를 고찰하고 법적 쟁점 및 기본권 침해성을 검토하는 것은 테러방지작용 이해의 선결조건이다.

테러의 공격[54]으로부터 국가와 국민을 보호하기 위해서는 테러에 대한 사전 정보가 우선되어야 한다. 테러방지법상 규정되어 있는 대테러조사는 국가가 위험방지를 목적으로 행하는 예방적 경찰작용이면서 행정조사의 의미를 가진다. 따라서 대테러활동을 위한 대테러조사도 그에 적합한 공법적 원칙이 적용되어야 한다.[55]. 그런데 대테러조사는 그 개념·수단의 불명확성·다양성으로 인해 국민의 기본권을 침해할 수 있다. 대테러조사의 개념·유형·수단을 명확하게 확정하여 실정법적 심사를 거치도록 해야 하는 것이 중요한 이유가 여기 있다.

대테러조사의 개념 정립을 위해서 다음과 같이 구분해서 검토할 수 있다. 즉, ① 대테러조사는 후속되는 행정작용을 위해 사전자료를 수집하는 간접적인 행정목적을 위한 활동인가 아니면 대테러조사 그 자체가 직접 행정목적을 위한 활동인가? 이 구분에 의하면 전자의 거부시 벌칙에 의한 제재라고 하는 간접강제가 인정되는 데 그침에 반해, 후자의 거부시에는 사인의 신체·재산에 대한 실력행사가 인정된다는 점에서 차이가 있다. ② 대테러조사를 테러방지라고 하는 행정의 실효성 확보수단이 아닌 행정의 흐름으로 파악하고 정보와 절차를 묶어서 개념화하는 방법이다. 즉, 테러방지라고 하는 행정목적을 달성하기 위하여 필요한 정보나 자료를 수집하는 활동으로 이해하는 경우이다. ③ 대테러조사를 종전의 즉시강제와는 차별적 논의를 통해 그 자체로 행정작용형식의 하나이며, 행정처분을 하기에 앞서 정보를 수집하는 절차로서 행정절차의 특수한 부분으로 이해하는 경우이다.[56]

한 가지 덧붙일 것은, 대테러활동은 테러예방과 대응에 관한 제반

54) 국내외 테러 현황 및 동향에 대해서는, 경찰청, 「경찰의 대테러 관련 법·조직·임무 재정비 방향 연구」, 최종보고서, 2016, 9-66면 참조.

55) 박재윤, "사이버 공격에 대한 공법적 대응의 기초", 법학논총 제34집 제3호, 한양대 법학연구소, 2017, 96면.

56) 서울지방변호사회(김용섭·이경구·이광수), 「행정조사의 사법적 통제방안 연구」(서울지방변호사회 연구총서), 박영사, 2016, 8-9면 참조하여 재구성하였다.

활동을 의미하고 그 중 '테러 관련 정보의 수집'은 그 일부에 해당하는 바, 이 '테러 관련 정보의 수집'과 대테러조사의 개념인 '대테러활동에 필요한 정보나 자료를 수집하는 활동'과의 개념상 구별이 모호하다. 즉, 개념상 대테러활동의 대상으로서 '테러 관련 정보의 수집'은 순수한 행정작용임에 반해, 대테러조사는 해당 행정작용 –여기서는 테러 관련 정보의 수집– 을 위한 예비적·보조적 성격 –여기서는 대테러활동에 필요한 정보나 자료를 수집하는 활동– 을 가짐에도 불구하고, 실무상 구별이 곤란하다. 더 나아가 대테러조사는 궁극적 행정작용을 위한 준비행위 내지 정보획득의 수단을 넘어서서 수사와 혼재되어 사용되거나 대테러조사의 결과가 이후 이어지는 형사절차에서 증거자료로 사용되는 경우도 빈번하다. 이러한 경우 대테러조사가 법률유보의 원칙이나 영장주의를 우회하는 통로가 될 수 있다. 이처럼 행정조사의 일종인 대테러조사는 그 개념도 불명확하고 수단·방법이 다양하게 사용될 가능성이 높다.

(나) 행정조사와의 비교

테러방지법은 대테러조사의 개념을 「행정조사기본법」상 행정조사와 유사한 방법으로 정의하고 있다. 「행정조사기본법」 제2조 제1호에 의하면, "행정조사란 행정기관이 정책을 결정하거나 직무를 수행하는데 필요한 정보나 자료를 수집하기 위하여 현장조사·문서열람·시료채취 등을 하거나 조사대상자에게 보고요구·자료제출요구 및 출석·진술요구를 행하는 활동을 말한다."라고 규정하고 있다. 단지, 대테러조사에는 행정조사에 있는 보고요구와 출석요구가 제외되어 있는 점이 다르다.

행정조사란 행정기관이 필요한 정보·자료 등을 수집하는 일체의 행정활동을 의미한다.[57] 행정조사는 광의설에 의할 때, '행정기관이 사

57) 김남진·김연태, 행정법Ⅰ, 2020, 487면.

인으로부터 행정상 필요한 자료나 정보를 수집하기 위하여 행하는 일체의 행정작용'으로 정의된다. 반면, 협의설에 의하면, '행정기관이 궁극적으로 행정작용을 적정하게 실행함에 있어서 필요로 하는 자료·정보 등을 수집하기 위하여 행하는 권력적 조사활동'이라고 정의한다.[58] 이처럼 행정조사의 개념 요소와 관련해서 행정조사를 권력적 행정조사에 한정하는 견해와 행정조사의 개념에 권력적 조사와 비권력적 조사를 모두 포함하는 견해의 대립이 있는바, 후자의 견해가 타당하다고 본다.[59] 「행정조사기본법」 제5조 단서, 제17조 제1항 제3호, 제20조의 규정을 보면,[60] 역시 이와 같은 입장을 취하고 있다고 보여진다. 이와 같이 행정조사의 개념에 대해서는 독자성 부정설, 권력적 조사설, 비권력적 조사 포함설 등이 주장되었으나, 지금은 대체로 넓게 이해하는 광의설이 일반적이다.

행정조사는 현행 법령상 점검, 안전관리, 감독, 질문조사, 검사 등의 의미로 사용되며,[61] 행정조사는 대체로 권력적·비권력적 행정조사,

58) 오준근, "행정조사제도의 법리적 논의·입법동향의 평가와 개선방향에 관한 연구", 토지공법연구 제45집, 한국토지공법학회, 2009, 364면.

59) 서정범·박상희, 앞의 책, 396면.

60) 「행정조사기본법」 제5조(행정조사의 근거) 행정기관은 법령 등에서 행정조사를 규정하고 있는 경우에 한하여 행정조사를 실시할 수 있다. 다만, 조사대상자의 자발적인 협조를 얻어 실시하는 행정조사의 경우에는 그러하지 아니하다.
「행정조사기본법」 제17조(조사의 사전통지) ① 행정조사를 실시하고자 하는 행정기관의 장은 제9조에 따른 출석요구서, 제10조에 따른 보고요구서·자료제출요구서 및 제11조에 따른 현장출입조사서(이하 "출석요구서등"이라 한다)를 조사개시 7일 전까지 조사대상자에게 서면으로 통지하여야 한다. 다만, 다음 각 호의 어느 하나에 해당하는 경우에는 행정조사의 개시와 동시에 출석요구서 등을 조사대상자에게 제시하거나 행정조사의 목적 등을 조사대상자에게 구두로 통지할 수 있다.
3. 제5조 단서에 따라 조사대상자의 자발적인 협조를 얻어 실시하는 행정조사의 경우
「행정조사기본법」 제20조(자발적인 협조에 따라 실시하는 행정조사) ① 행정기관의 장이 제5조 단서에 따라 조사대상자의 자발적인 협조를 얻어 행정조사를 실시하고자 하는 경우 조사대상자는 문서·전화·구두 등의 방법으로 당해 행정조사를 거부할 수 있다.

61) 김영조, "행정조사기본법의 문제점과 개선방안", 공법학연구 제8권 제2호, 한국비교공법학회, 2007, 89면 각주 1.

대인적·대물적·대가택 행정조사, 개별적·일반적(집단적) 행정조사, 구두·서면 행정조사 등으로 구분할 수 있다.

이는 대테러조사에 있어서도 마찬가지이다. 대테러조사는 행정기관인 국가정보원장이 대테러활동에 필요한 정보나 자료를 수집하기 위한 일체의 행정작용 내지 행정활동을 의미하며, 세부적 수단으로서는 현장조사·문서열람·시료채취, 자료제출 및 진술요구 등이 해당된다. 임의조사와 강제조사, 행정행위와 정보나 자료를 수집하는 준비단계인 사실행위 모두를 포괄하는 개념으로 파악할 수 있으며, 테러방지법의 해석상 대테러조사를 하는 수단도 행정조사와 같이 다양하다고 할 수 있다. 즉, 대테러조사는 단순정보수집행정조사, 경찰상 행정조사, 사실확인을 위한 조사, 법위반 확인을 위한 조사, 단속 등 다양한 개념으로 사용될 수 있다. 다만, 일반적인 행정조사에 비해 대테러조사는 테러방지라고 하는 위험방지적 예방활동과 정보활동을 통한 테러범죄 혐의의 단서 포착으로서의 개념이 더 강하다고 볼 수 있다.

(다) 유형

테러방지법상 규정된 대테러조사의 유형은 현장조사, 문서열람, 시료채취, 조사대상자에게 자료제출 및 진술요구로 구분할 수 있다.[62]

1) 먼저 현장조사의 개념인데, 이를 이해하기 위해 이와 유사한 입법을 검토할 필요가 있다. 「독점규제 및 공정거래에 관한 법률」 제50조 제2항에 의하면, 공정거래위원회는 이 법의 시행을 위하여 필요하다고 인정할 때에는 그 소속공무원으로 하여금 사업자 또는 사업자단체의 사무소 또는 사업장에 출입하여 업무 및 경영상황, 장부·서류, 전산자료·음성녹음자료·화상자료 그 밖에 대통령령이 정하는 자료나 물건을 조사하게 할 수 있다.[63] 그리고 「식품위생법」 제22조에 의하면,

62) 이하의 내용은 박웅신, "테러방지법상 조사권의 문제점과 개선방안에 관한 연구", 성균관법학 제29권 제2호, 성균관대학교 법학연구원, 2017, 184－185면 참조하여 재구성하였다.

식품의약품안전처장, 시·도지사 또는 시장·군수·구청장은 식품 등의 위해방지·위생관리와 영업질서의 유지를 위하여 필요하면, ① 영업자나 그 밖의 관계인에게 필요한 서류나 그 밖의 자료제출을 요구하거나, ② 관계 공무원으로 하여금, ⅰ) 영업소(사무소, 창고, 제조소, 저장소, 판매소, 그 밖에 이와 유사한 장소를 포함한다)에 출입하여 판매를 목적으로 하거나 영업에 사용하는 식품 등 또는 영업시설 등에 대하여 하는 검사, ⅱ) 가목에 따른 검사에 필요한 최소량의 식품 등의 무상 수거, ⅲ) 영업에 관계되는 장부 또는 서류의 열람 등 출입·검사·수거 등의 조치를 할 수 있다고 규정하고 있는데, 현장조사는 이 가운데 출입·검사에 해당한다.[64] 이를 종합하면, 현장조사란 대테러활동에 필요한 정보나 자료를 수집하기 위하여 국가정보원 소속 공무원이 사업자 또는 사업자단체의 영업소 또는 사업장에 출입하여 업무상황, 장부·서류, 전산자료·음성녹음자료·화상자료 등 자료나 물건을 조사하거나 검사하는 등의 행위를 의미한다. 「행정조사기본법」 제11조 제3항에 의하면 현장조사를 하는 조사원은 그 권한을 나타내는 증표를 지니고 이를 조사대상자에게 내보여야 한다고 규정하고 있다.

2) 문서열람이란 대테러활동에 필요한 정보나 자료를 수집하기 위하여 국가정보원 소속 공무원이 테러와 관련성이 의심되는 사업자 또는 사업자단체의 업무상황, 장부·서류, 전산자료·음성녹음자료·화상자료 등 자료나 장부 등을 열람하는 행위를 의미한다고 볼 수 있다.

---

63) 「독점규제 및 공정거래에 관한 법률」상 '조사'의 구체적 내용에 대해서는 강수진, "공정거래위원회의 조사권의 행사와 형사절차상 원칙과의 관계", 형사법의 신동향 통권 제37호, 대검찰청, 2012, 16면 이하 참조.

64) 이외에도 「공중위생관리법」 제9조(보고 및 출입·검사) ① 특별시장·광역시장·도지사(이하 "시·도지사"라 한다) 또는 시장·군수·구청장은 공중위생관리상 필요하다고 인정하는 때에는 공중위생영업자에 대하여 필요한 보고를 하게 하거나 소속공무원으로 하여금 영업소·사무소 등에 출입하여 공중위생영업자의 위생관리의무이행 등에 대하여 검사하게 하거나 필요에 따라 공중위생영업장부나 서류를 열람하게 할 수 있다고 규정하고 있는바, 여러 개별 법률에 유사하게 규정되어 있음을 알 수 있다.

3) 시료채취란 대테러활동에 필요한 정보나 자료를 수집하기 위하여 국가정보원 소속 공무원이 조사 또는 검사에 필요한 특정 물질의 시료를 채취하거나 수거하는 행위를 의미한다. 「행정조사기본법」 제12조는 조사원이 시료채취를 하는 경우 비례원칙을 준수하고 이로 인한 손실보상에 대하여 명문의 규정을 두고 있다.

4) 조사대상자에게의 자료제출 및 진술요구이다. 이는 대테러활동에 필요한 정보나 자료를 수집하기 위한 활동의 일환으로, 테러와의 관련성이 의심되는 조사대상자에게 장부·서류, 전산자료·음성녹음자료·화상자료 등 자료나 장부 등의 제출을 요구하거나 진술할 수 있도록 요구하는 행위를 의미한다. 「행정조사기본법」 제9조·제10조는 이에 관한 세부규정을 두어 절차적 통제를 기하고 있다.

일반적으로 행정조사는 목적에 따라 단순정보수집행정조사, 급부행정조사, 경찰행정조사로 구별하기도 하고,[65] 행정기관이 기업의 전반적 업무상황 등을 파악하기 위해 실시하는 관리감독 차원의 조사, 사업자의 법 또는 규제위반사실을 확인하기 위한 조사, 행정처분의 전 단계로서 사실확인을 위한 조사, 실태확인을 위한 조사 등으로 분류하기도 한다. 행정조사의 수단은 법률에 따라 다양하지만 대표적으로 자료의 조사, 실지조사, 출입검사, 질문, 측량·측정, 감시, 감사, 의견서 수집, 앙케트 조사, 통계·보고의 요구, 출두의 요구 등이다.[66]

이와 마찬가지로 대테러조사도 대체로 단순정보수집 행정조사, 경찰상 행정조사, 사실확인을 위한 조사, 법위반 확인을 위한 조사, 단속 등의 형태로 행해질 것이다.[67] 따라서 대테러조사의 개념·유형·수단

65) 오명신, "경찰행정조사와 수사의 구별, －고발을 예정한 행정조사와 범죄수사와의 관계－", 경찰학연구 제14권 제1호(통권 제37호), 경찰대학, 2014, 169면.

66) 신종익·임상준, 「행정조사의 실태와 개선방안 －규제개혁 차원의 접근을 중심으로－」, 한국경제연구원 연구보고서, 한국경제연구원, 2004, 30－31면.

67) 행정조사, 행정단속, 수사 등의 구분에 대해서는 김용주, "행정조사와 특별사법경찰관리의 수사의 경계획정 －특별사법경찰관리의 직무를 중심으로－", 경찰학연구 제14권 제4호(통권 제40호), 2014, 89면 이하 참조.

등을 명확하게 파악하여 그에 적합한 절차적 요건을 반영하여야 한다.

(2) 대테러조사의 법적 성격 및 근거

행정에 있어서의 조사활동 즉, 정보나 자료의 수집활동은 이미 오래전부터 행해져 왔다. 행정조사는 상대방의 신청서의 심사와 같은 수동적 형식으로 행해지는가 하면, 관계공무원에 의한 현장검증·질문·검사 등과 같은 적극적인 활동을 통해 행해지는 경우도 많이 있다. 행정조사는 실무상 중요한 의의를 가짐에도 불구하고 그것이 법적 행위가 아니고 그 준비단계인 사실행위라는 점, 그리고 행정조사의 방법·대상 등이 다양함으로 인해 통일적인 법적 도구개념으로 구성하기 어려운 점이 있다. 하지만 최근에는 정보화 사회의 진전에 따른 개인 또는 사생활의 보호라는 관점에서 문제가 되고 있다.[68] 행정기관의 행정조사는 그만큼 개인의 정보를 침해할 소지가 크다는 의미가 된다. 이런 이유로 종래 행정조사에 대해서 많은 논의가 있었지만,[69] 현재

68) 김남진·김연태, 행정법 I, 2020, 486면.

69) 행정조사와 관련한 문헌으로는, 신보성, "행정조사와 개인정보의 보호 −특히 경찰에 의한 정보수집과 관련하여−", 중앙법학 창간호, 중앙법학회, 1999; 오준근, "행정조사의 공법이론적 재검토", 공법연구 제31집 제3호, 한국공법학회, 2003; 김영조, "미국 행정법상 행정조사의 법리에 관한 고찰", 토지공법연구 제21집, 한국토지공법학회, 2004; 김영조, "행정조사기본법의 문제점과 개선방안", 공법학연구 제8권 제3호, 한국비교공법학회, 2007; 오준근, "행정조사제도의 법리적 논의·입법동향의 평가와 개선방향에 관한 연구", 토지공법연구 제45집, 한국토지공법학회, 2009; 김재광, "행정조사기본법 입법과정에 관한 고찰", 법학논총 제33권 제2호, 단국대학교 법학연구소, 2009 등이 있고, 실질적 수사에 해당하는 행정조사에 대한 법적 통제와 관련한 문헌으로는 김남욱, "경찰상의 조사에 관한 법적 문제", 한국토지공법학회, 토지공법연구 제33집, 2006; 기노성, "행정기관의 압수 수색에 대한 헌법적 통제 −영장주의 및 위법수집증거배제원칙 적용 여부−", 형사법의 신동향 제22호, 대검찰청, 2009; 박혜림, "수사단계의 적법절차원리에 대한 고찰", 법학논총 제20권 제2호, 조선대학교 법학연구소, 2013; 백창현, "경찰상 즉시강제로서의 출입에 관한 연구", 한국경찰연구학회, 한국경찰연구 제13권 제2호, 2014; 오명신, "경찰행정조사와 수사의 구별", 경찰학연구 제14권 제1호, 경찰대학, 2014; 김용주, "행정조사와 특별사법경찰관리의 수사의 경계획정 −특별사법경찰관리의 직무를 중심으로−", 경찰학연구 제14권 제4호, 경찰대학, 2014; 송진경, "압수, 수색으로서 실질적 의미를 가지는

에도 행정조사의 기본권 침해의 우려에 대해서는 법률유보, 개인정보 침해, 영장주의, 진술거부권 등과 관련하여 여전히 많은 논의가 진행 중에 있다.

이러한 논의는 대테러조사에 있어서도 그대로 적용될 수 있다. 대테러조사의 방법은 테러방지법이 현장조사·문서열람·시료채취, 조사대상자에 대한 자료제출 및 진술요구의 5가지를 규정하고 있는데,[70] 이를 고려할 때 대테러조사도 사실행위와 법률행위로 구분할 수 있다. 대테러조사의 방법 중 현장조사·문서열람·시료채취 등은 사실행위로서의 성격을 가지지만, 조사대상자에 대한 자료제출 및 진술요구는 행정행위로서 법률행위의 성격을 가진다. 만약 대테러조사가 테러의 방지를 위한 행정경찰목적으로 이루어진다면 그것은 경찰상의 특정한 법적 효과의 발생을 목적으로 하는 것이 아니라, 직접적으로 그 사실상의 효과만을 야기하는 사실행위가 대부분일 것이다. 하지만 대테러조사를 위한 수단·방법의 다양성을 고려하고 대테러조사의 개념을 정보를 수집하는 일체의 행정활동이라고 본다면, 굳이 사실행위로 한정할 필요는 없다고 하겠다.

요컨대, 대테러조사는 "대테러활동에 필요한 정보나 자료를 수집하기 위하여 현장조사·문서열람·시료채취 등을 하거나 조사대상자에게 자료제출 및 진술을 요구하는 활동을 말한다."라고 정의하고 있는 것에서 알 수 있듯이, 법적 성격은 대테러활동에 필요한 정보·자료 등

행정조사에 있어서 영장주의의 준수필요성에 대한 소고", 법과정책 제20권 제3호, 제주대학교 법과정책연구소, 2014; 정한중, "행정조사와 진술거부권의 고지", 외법논집 제38권 제2호, 한국외국어대학교 외국학종합연구센터 법학연구소, 2014; 백상진, "수사절차와 관련된 행정조사의 통제방안에 관한 연구", 한국경찰학회보 제18권 제1호, 한국경찰학회, 2016; 박균성, "권한남용금지의 원칙과 그 한계, －대법원 2016. 12. 15. 선고 2016두47659 판결－", 법조 제66권 제3호, 법조협회, 2017; 박현준, "경찰행정조사에서의 인권보장", 법학연구 제17권 제1호(통권 제65호), 한국법학회, 2017 등이 있다.

70) 테러방지법 제2조 제8호 참조.

을 수집하기 위한 일체의 권력적·비권력적 성격을 포함하는 행위이며,[71] 그 근거로서는 테러방지법·「국가정보원법」·「개인정보보호법」·「행정조사기본법」 등을 생각할 수 있다.

제4절 | 테러방지작용의 문제점과 한계

Ⅰ. 테러방지법상 테러방지작용의 규율상 문제점

1. 직무 및 권한분배의 문제

첫째 대테러센터의 역할이 모호하고 구성상 국가정보원의 실질적 권한독점의 우려가 제기된다. 국가테러대책위원회는 테러 관련 의사결정을 하는 위원회이며, 실무적인 역할은 테러대책실무위원회 및 대테러센터가 담당하고 있다. 테러대책실무위원회 위원장은 대테러센터장이 겸임한다. 그런데 이들 기관은 국가테러대책위원회의 행정적 업무를 보조하는 기관에 불과하며, 대테러 정책수립 등 테러 관련 주요 업무는 여전히 국가정보원이 맡고 있다는 비판이 제기되고 있는 것이다. 앞에서도 살펴보았지만, 국가테러대책위원회는 ① 대테러활동에 관한 국가의 정책 수립 및 평가, ② 국가 대테러 기본계획 등 중요 중장기 대책 추진사항, ③ 관계기관의 대테러활동 역할 분담·조정이 필요한 사항, ④ 그 밖에 위원장 또는 위원이 대책위원회에서 심의·의결할 필요가 있다고 제의하는 사항 등을 심의·의결하도록 규정하고 있다.[72]

---

71) 따라서 대테러조사가 행정절차인가 형사절차인가에 대한 문제도 심도있게 검토하여 그에 맞는 입법적 보완이 필요하다.

72) 테러방지법 제5조 제3항.

그런데 국가테러대책위원회는 필요시 소집되는 비상설위원회이므로 국무총리 소속으로 관계기관 공무원으로 구성되는 대테러센터를 두고 있는바,[73] 대테러센터의 조직구성 및 운영에 관한 규정이 없어 이를 사실상 국가정보원이 장악할 소지가 크다는 문제가 있다는 점이다. 특히 대테러센터장을 보좌하는 대테러정책관은 국가정보원직원으로 둘 수 있도록 규정하고 있으며,[74] 테러정보통합센터와 같이 국가테러대책위원회의 핵심조직은 국가정보원이 주축이 될 뿐 아니라 실무기구의 주요 보직 역시 국가정보원 직원이 맡고 있다. 결국 이러한 구조에서는 국가정보원이 보이지 않는 실질적 권한을 행사하게 될 우려가 있는바, 과연 국가테러대책위원회가 국가정보원의 권한남용을 조정·견제할 수 있을지 의문이 든다는 점이다. 물론 이렇다고 국가정보원이 실질적으로 권한남용을 한다는 의미는 아니다. 다만, 대테러활동의 주요 기관이 각자 자신의 기능과 역할에 부합하는 직무권한과 책임을 가질 수 있도록 편성·운영되어야 함을 강조하는 것이다.

둘째 테러정보에 대한 국가정보원의 정보독점의 우려이다. 국가정보원장은 국내외 테러정보를 통합관리하기 위하여 테러정보통합센터[75]를 운영하고 있는바, 이를 통해 테러정보를 독점하고 있는 것이 현실이다. 이로 인해 경찰, 군 등 대테러활동을 수행하는 관계기관은

---

73) 테러방지법 제6조 제1항.

74) 「국무조정실과 그 소속기관 직제」 제19조의3(센터장) ① 대테러센터에 센터장 1명을 두고, 센터장 밑에 대테러정책관 1명을 둔다.
② 센터장 및 대테러정책관은 고위공무원단에 속하는 일반직공무원으로 보한다.
③ 센터장은 대테러센터의 사무를 총괄하고, 소속 공무원을 지휘·감독한다.
④ 대테러정책관은 대테러활동과 관련하여 센터장을 보좌한다.
⑤ 제2항에도 불구하고 특별한 사유가 있는 경우 대테러정책관은 고위공무원단에 상응하는 국가정보원 직원으로 대체하여 충원할 수 있다.

75) 테러방지법 시행령 제20조 ② 테러정보통합센터는 다음 각 호의 임무를 수행한다.
1. 국내외 테러 관련 정보의 통합관리·분석 및 관계기관에의 배포
2. 24시간 테러 관련 상황 전파체계 유지
3. 테러 위험 징후 평가
4. 그 밖에 테러 관련 정보의 통합관리에 필요한 사항

국가정보원의 정보통제에 구속되는 구조가 형성될 수 있다.

셋째 테러의 예방 및 대응에 있어서 경찰의 기능과 역할의 문제이다. 대테러활동을 수행하는 관계기관은, 테러방지법에 의해 각각 고유하고 특정한 직무를 담당하고 있다. 하지만 경찰청은 국내일반테러사건대책본부로서[76] 테러유형에 관계없이 전 단계에 걸쳐 참여해야 하는 필수적인 기관이다. 더욱이 최근의 테러는 일반범죄와 명확하게 구분되지 않는 경향이 있으며, 범죄수익을 목적으로 하는 테러단체가 등장할 수도 있다. 또한 일반 범죄단체라도 조직의 결속력을 강화하기 위해 이념을 주입시키고 국지적 공격을 강행하여 국가 공권력을 약화시키는 테러집단으로 변화가 언제든지 가능하다. 즉, 원래 테러는 정치적 의도를 전제로 하였으며, 폭력은 단순히 정치적 의도 실현을 위한 수단일 뿐이었다. 그러나 최근에는 정치적 의도를 전제하지 않는 폭력적 행위 자체를 테러로 보고 있는 경향이므로, 이러한 현실을 고려하면 테러방지법상 경찰청을 관계기관으로 둔 채, 국가정보원만이 테러에 관한 정보권한을 독점·관리하는 것은 다시 검토되어야 한다.[77]

2. 테러 및 테러위험인물 개념의 불명확성

테러개념에 대한 최초의 정의규정은 「국가대테러활동지침」 제2조 제1호에서 찾아볼 수 있다. 동 지침에서 “테러라 함은 국가안보 또는 공공의 안전을 위태롭게 할 목적으로 행하는 행위를 말한다.”라고 규정하고 있었다. 그러나 이처럼 행정규칙의 유형인 대통령훈령으로는 테러의 방지 및 혐의자 처벌에 한계가 있었기 때문에 테러개념을 법으로 명확히 하려는 노력이 있었다.[78] 그 결과 2016년 3월 3일 현재의 테러

76) 테러방지법 시행령 제14조 제1항 제5호 참조.

77) 백수웅, 앞의 논문, 109－111면 참조.

78) 백수웅, “테러방지법상 테러개념에 관한 법제적 고찰”, 원광법학 제35권 제1호, 원광대학교 법학연구소, 2019, 222－223면.

방지법이 제정된 것이다.

그런데 테러방지법 제2조는 테러 등 각종 개념에 대해서 규정하고 있는바, 이 중 테러개념의 불명확성으로 인한 문제점이 다소 제기되고 있다.

이와 관련하여, 헌법재판소는 테러 및 테러위험인물의 개념을 정의한 테러방지법 제2조 제1호 가목 및 라목, 제3호와 국가정보원장으로 하여금 테러위험인물에 대하여 정보수집 등 각종 조치를 할 수 있도록 한 테러방지법 제9조에 대한 헌법소원심판청구가 기본권 침해의 자기관련성 요건을 갖추었는지 여부에 대해서 각하결정을 하였는바, 판단이유는 다음과 같다.

〈 **판례** 〉: 헌법소원에 있어서는 원칙적으로 공권력의 행사 또는 불행사의 직접적인 상대방만이 자기관련성이 인정되고 다만, 공권력 작용의 직접적인 상대방이 아닌 제3자라고 하더라도, 공권력 작용이 그 제3자의 기본권을 직접적이고 법적으로 침해하고 있는 경우에는 예외적으로 그 제3자에게 자기관련성이 인정될 수 있다.

이 사건 정의조항은 테러방지법에서 사용하는 "테러", "테러위험인물"의 개념에 관하여 정의하고, 이 사건 정보수집 등 조항은 테러위험인물을 대상으로 국가정보원장이 취할 수 있는 여러 조치에 관하여 규정하고 있을 뿐이다. 국가정보원장은 청구인들을 이 사건 정의조항에서 정한 테러위험인물로 지정하지 않았고, 청구인들을 상대로 이 사건 정보수집 등 조항에 근거한 각종 조치를 취한 적도 없으므로, 심판대상조항이 청구인들을 직접적인 상대방으로 하고 있다고 볼 수 없다. 또한 테러위험인물에 해당하지 않아 제3자에 불과한 청구인들의 기본권을 심판대상조항이 직접적이고 법적으로 침해하고 있다고 볼 만한 예외적 사정 역시 인정되지 아니한다.

이에 대하여 청구인들은 그동안 강정해군기지 건설반대, 용산참사 진상규명 및 관련자 처벌 요구 등 다양한 사회적 활동을 해 왔는데, 그동안 자신들이 행한 활동이 반정부적 활동으로 분류되어 테러위험인물로 지정될 가능성이 있고, 심판대상조항은 광범위한 민간인 사찰 도구로

> 악용될 수 있다고 주장한다. 그러나 청구인들의 위와 같은 사회적 활동이 이 사건 정의조항에서 규정하고 있는 테러의 개념에 해당하지 않는다는 점은 문언상 명백하다. 청구인들의 위 주장은 막연한 권리침해의 가능성 내지 우려를 표명한 것에 불과하다. 따라서 청구인들의 이 사건 헌법소원심판청구는 자기관련성이 결여되어 부적법하다(헌법재판소 2018. 8. 30. 선고 2016헌마442 전원재판부 결정).

이 사건에서 헌법재판소는 테러방지법에 규정된 테러 및 테러위험인물 등 개념에 대해서 직접적으로 헌법적 평가를 하지는 않았다. 그러나 청구인들의 강정해군기지 건설반대, 용산참사 진상규명 및 관련자 처벌 요구 등 다양한 사회적 활동이 최소한 정의조항에서 규정하고 있는 테러의 개념에 해당하지 않고, 청구인들도 테러위험인물에 해당하지 않는다는 점은 명백히 하였다. 따라서 이러한 헌법재판소의 입장은 향후 주로 정부정책에 반대하는 사회적 활동이라 하더라도 테러방지법의 엄격한 적용을 시사한다고 평가할 수 있다.

하지만 그럼에도 이 사건에서 청구인들이 주장한 것처럼, 테러개념과 테러위험인물지정의 우려가 발생할 수 있는 것은 이들 개념이 불명확하다는 것에서 기인한다.

세부적으로 살펴보면, 첫째 「형법」·「국가보안법」과의 관계이다. 테러방지법은 특별경찰법이자 형사특별법의 성격을 가지고 있는데, 테러 및 테러위험인물 개념의 불명확성으로 인해 형사법적 처벌범위에서 논란이 예상된다. 테러방지법에는 처벌규정이 제17조(테러단체 구성죄 등)·제18조(무고, 날조)·제19조(세계주의)의 단 세 조항이다. 어떠한 행위가 테러개념에 해당하거나 행위주체가 테러위험인물에 해당할 경우 테러방지법에 의한 처벌이 가능함은 별론으로 하더라도, 이와 함께 「형법」 및 「국가보안법」의 적용 여부도 상당한 논란이 될 우려가 있다는 점이다.[79] 이는 테러방지법상의 테러단체, 「국가보안법」상의 반국가단체,

79) 이 경우 주로 「국가보안법」과의 적용상 문제가 제기될 것인데, 이를 해결하기 위해

그리고 「형법」상의 범죄단체의 개념 구별과 함께 더욱 더 복잡한 문제를 야기한다.

둘째 「통합방위법」과의 관계이다. 북한 등 외부 무장세력이 후방으로 침투한 경우 이를 테러개념에 포섭시킬 수 있는지가 문제가 되는 것이다. 「통합방위법」은 제1조(목적)에 "이 법은 적의 침투·도발이나 그 위협에 대응하기 위하여 국가 총력전의 개념을 바탕으로 국가방위요소를 통합·운용하기 위한 통합방위 대책을 수립·시행하기 위하여 필요한 사항을 규정함을 목적으로 한다."라고 규정하고 있는 바와 같이, 적의 침투·도발 및 위협에 대비한 법률이다. 그런데 예컨대, 북한 무장세력이 침투한 경우 비록 테러단체는 아니지만 이들의 침투·도발 행위는 테러개념에, 이들 주체는 테러위험인물에 해당할 수 있는바, 이 때 테러방지법과 「통합방위법」의 적용상 논란이 우려되는 것이다.

셋째 테러방지법 제17조·제18조·제19조는 테러단체와의 연관성을 전제로 하는바, 이 경우 국제연합(UN)이 지정한 테러단체가 아니면서[80] 실질적으로 테러가능성이 높은 북한무장세력, 외로운 늑대형 등의 테러에 적용할 수 없는 문제점이 있다.[81]

따라서 테러개념과 이를 전제로 한 테러위험인물의 개념은 죄형법정주의의 중요한 원칙인 명확성의 원칙에 부합하고 예측가능성을 담보하도록 상세하게 규정되고 해석되어야 한다.

3. 대테러활동과 법률유보원칙

테러방지법에는 대테러활동의 개념을, 동 법 제1호의 테러 관련

서는 「국가보안법」상 반국가활동에 대한 방첩과 대테러활동의 관계를 정립하여야 한다.

80) 테러방지법 제2조 제2호 참조.

81) 다만, 이 경우에는 테러방지법 제17조 제6항에 의해, 「국가보안법」, 특별형법 및 「형법」 등 국내법에 의해 처벌될 뿐이다.

정보의 수집, 테러위험인물의 관리, 테러에 이용될 수 있는 위험물질 등 테러수단의 안전관리, 인원·시설·장비의 보호, 국제행사의 안전확보, 테러위협에의 대응 및 무력진압 등 테러 예방과 대응에 관한 제반 활동으로 정의하고 있다.

그런데 대테러활동은 그 속성상 국민의 기본권을 침해할 우려가 크다. 특히 정보활동에 의해 개인정보자기결정권의 침해를 유발할 수 있으며, 실질적 수사에 해당하는 경우에는 영장주의·진술거부권 등 형사상 적법절차에 위반될 수도 있다. 이와 같이 대테러활동으로 인해 기본권 침해의 가능성이 우려되는데 반해, 행위개념의 불명확성과 개별적 수권조항이 없는 것은 법률유보의 원칙상 문제가 크다고 하겠다.

더 나아가 동 법 제9조 제4항에는, "국가정보원장은 대테러활동에 필요한 정보나 자료를 수집하기 위하여 대테러조사 및 테러위험인물에 대한 추적을 할 수 있다. 이 경우 사전 또는 사후에 국가테러대책위원회 위원장에게 보고하여야 한다."라고 하여 국가정보원장의 대테러조사권 및 테러위험인물에 대한 추적 권한을 규정하고 있다. 그런데 대테러활동을 위한 대테러조사 및 테러위험인물에 대한 추적은 정보침해 및 형사소추와의 밀접한 관계로 인하여 개별적 수권조항이 필요함에도 불구하고, 단지 사후에 국가테러대책위원회 위원장에 대한 보고의무만 부여하고 있어 명확성의 원칙에 반하는 규정이라고 볼 수 있다.

4. 대테러조사의 기본권 침해성과 법적 규제

(1) 대테러조사의 기본권 침해성

(가) 법률유보의 원칙과 법적 근거의 미흡

침해행정에 대한 법률유보의 원칙상 대테러조사에 대한 법적 근거가 필요하며, 세부적으로 주체·범위·대상·절차 등이 규정되어야 한다. 이런 의미에서 테러방지법 제9조 제4항 전단은 "국가정보원장은 대테러활동에 필요한 정보나 자료를 수집하기 위하여 대테러조사 및 테러위험인물에 대한 추적을 할 수 있다."고만 규정하여 세부적 절차가 규정되어 있지 않다는 점에서 문제가 된다.

동 법 제9조는 테러위험인물에 대한 정보수집 등 정보활동을 허용하는 규정을 두고 있는바, 정보활동을 테러위험인물을 관리하기 위한 정보수집활동과 대테러활동에 필요한 일반적인 정보수집활동으로서 대테러조사로 구분하여 규정하고 있다. 이 중 국민의 기본권 침해와 관련해서는 동 법 제9조 제1항·제2항·제3항에서 규정하고 있는 테러위험인물에 대한 정보수집이 중요한 의미를 가진다. 동 법 제2조 제1호에서 테러의 개념을, 제3호에서 테러위험인물의 개념을 정의하고 있지만, "국가·지방자치단체 또는 외국 정부의 권한행사를 방해할 목적으로"라는 요건에서 알 수 있듯이, 테러의 불명확한 개념 정의와 테러위험인물에 대한 세부적 지정절차가 없어 테러위험인물의 지정에 공권력의 자의적 판단이 개입할 소지 등의 문제가 발생하기 때문이다.[82] 따라서 테러 및 테러위험인물의 개념이 불명확하기 때문에 동조 제1항·제2항·제3항 규정이 적용된다 하더라도 기본권 보장은 무력해질 수 있다.

그럼에도 불구하고, 테러위험인물에 대한 정보활동은 그나마 동조 제1항·제2항·제3항에서 규정하고 있는 각각 개별 법률에 의한 개별적 수권 및 적법절차 규정을 통해 법적 심사를 거친다는 점에서 문제는 덜하다. 문제는 오히려 대테러조사에 있다. 대테러조사는 국민의 기본권침해와 관련해서 보다 더 중대한 문제를 야기할 수 있다. 왜냐하면, 대테러조사는 주체·대상·수단·형식·절차·대테러조사를 거부할 경우 강제수단의 허용 여부, 조사대상자의 거부절차 등 세부 절차가 규정되어 있지 않기 때문이다. 일반적인 행정조사에 있어서도 강제적·권

82) 더군다나 테러개념의 불명확성으로 인한 문제점이 있음에도 동 법은 테러위험인물의 지정절차에 대해서 침묵하고 있으므로 혼란은 더욱 더 가중된다.

력적 행정조사는 실질적 수사에 해당될 수 있다는 점, 개인정보침해를 야기할 수 있다는 점, 조사대상자에게 사전·사후통지의 누락 등의 문제가 발생하는데, 더욱이 대테러조사는 이러한 세부 절차가 없음으로 인해 일반적인 행정조사보다 국민의 자유와 권리에 대한 침해 범위 및 강도가 훨씬 더 심각할 것으로 예상된다.

대테러조사는 국민의 기본권을 침해하는 행정작용이므로 법률유보의 원칙상 법적 근거가 있어야 한다. 또한 그것은 직무규범의 형태가 아니라 권한규범의 형태로 규정될 것을 요구한다. 그런데 테러방지법 제9조 제4항 전단은, "국가정보원장은 대테러활동에 필요한 정보나 자료를 수집하기 위하여 대테러조사 및 테러위험인물에 대한 추적을 할 수 있다."고 규정한 바와 같이, 권한규범의 형태로 제정되어 있기는 하지만, 구성요건에 있어 '대테러활동에 필요한 정보나 자료수집'이라는 불확정 개념을 사용하여 일반적 수권규범의 형태로 "~대테러조사를 할 수 있다."라고만 규정하고 있어 세부적 규율밀도에 있어서 충분하지 못하다.

한편 테러방지법은 대테러활동에 관하여 다른 법률에 우선하여 적용한다(동 법 제4조). 따라서 대테러활동에 필요한 정보나 자료를 수집하는 대테러조사에 있어서도 테러방지법이 우선적으로 적용된다. 대테러조사도 행정조사의 한 유형이므로 원칙적으로 「행정조사기본법」이 적용된다. 「행정조사기본법」은 행정조사에 관한 기본원칙·행정조사의 방법 및 절차 등에 관한 공통적인 사항을 규정함으로써, 행정의 공정성·투명성 및 효율성을 높이고, 국민의 권익을 보호함을 목적으로 한다. 「행정조사기본법」은 행정조사에 관하여 다른 법률에 특별한 규정이 있는 경우를 제외하고는 이 법으로 정하는 바에 따른다고 하여 이 점을 분명히 하고 있다(동 법 제3조 제1항). 다만, 그러면서도 동조 제2항에서는 광범위하게 적용이 제외되는 사항을 규정하고 있다.[83]

83) 「행정조사기본법」 제3조(적용범위) ② 다음 각 호의 어느 하나에 해당하는 사항에

일반적으로 행정기관이 행정조사를 하는 경우 개별 법률에 의하면 증표의 휴대와 제시가 필요하며,[84] 행정조사라 하더라도 압수·수색영장이 필요한 경우에는 법원이 발부한 영장이 있어야 하며,[85] 조사대상자가 행정조사를 거부하는 경우 실력행사는 불가능하며, 그리고 사전통지[86]와 의견제출[87] 등의 절차가 규정되어 있다. 이에 반해, 대테러조사는 「행정조사기본법」 제3조 제2항 제1호·제3호·제5호에 의해 적용이 제외될 것이므로, 국가정보원의 대테러조사가 개인의 정보를 침해하거나 권력적 수단을 사용하는 경우에는 심각한 기본권침해가 발생할 수 있다. 즉, 세부 절차가 규정되어 있지 않아 실정법적 테두리를 벗어날 소지가 농후하며, 또한 정보·수사기관의 특성상 그러한 유혹에 빠지기 쉽다.[88]

대하여는 이 법을 적용하지 아니한다.

1. 행정조사를 한다는 사실이나 조사내용이 공개될 경우 국가의 존립을 위태롭게 하거나 국가의 중대한 이익을 현저히 해칠 우려가 있는 국가안전보장·통일 및 외교에 관한 사항

3. 「공공기관의 정보공개에 관한 법률」 제4조 제3항의 정보에 관한 사항

5. 조세·형사·행형 및 보안처분에 관한 사항

84) 예컨대 「공중위생관리법」 제9조 제3항, 「식품위생법」 제22조 제3항, 「국세기본법」 제76조 제3항, 「독점규제 및 공정거래에 관한 법률」 제50조 제4항 등.

85) 예컨대 「관세법」 제296조, 「지방세기본법」 제114조·115조, 「조세범 처벌절차법」 제9조, 「자본시장과 금융투자업에 관한 법률」 제427조 등.

86) 예컨대 「행정조사기본법」 제9조·제10조·제11조·제17조 등.

87) 예컨대 「행정조사기본법」 제21조 등.

88) 그나마 「행정조사기본법」 제3조 제3항에 의해 행정조사의 기본원칙(제4조), 행정조사의 근거(제5조), 정보통신수단을 통한 행정조사(제28조) 규정이라도 대테러조사의 경우에 적용이 가능한 것은 다행이다.

「행정조사기본법」 제4조(행정조사의 기본원칙) ① 행정조사는 조사목적을 달성하는데 필요한 최소한의 범위 안에서 실시하여야 하며, 다른 목적 등을 위하여 조사권을 남용하여서는 아니 된다.

② 행정기관은 조사목적에 적합하도록 조사대상자를 선정하여 행정조사를 실시하여야 한다.

③ 행정기관은 유사하거나 동일한 사안에 대하여는 공동조사 등을 실시함으로써 행정조사가 중복되지 아니하도록 하여야 한다.

④ 행정조사는 법령 등의 위반에 대한 처벌보다는 법령 등을 준수하도록 유도하는

예컨대, 「행정조사기본법」 제9조에는 출석·진술요구, 동 법 제10조에는 보고요구와 자료제출, 동 법 제11조에는 현장조사, 동 법 제12조에는 시료채취의 절차 및 방법에 대해 각각 세부적으로 규율되어 있으며, 동 법 제13조에는 자료 등의 영치 절차, 동 법 제14조에는 공동조사의 절차 등에 대해 세부적으로 규율되어 있다. 물론 「행정조사기본법」의 목적과 테러방지법의 목적이 다른 만큼, 이러한 세부적 절차가 동일하게 요구되는 것은 아니라 할 것이다. 하지만 국민의 기본권을 개인정보보호 측면, 대인적·대물적 강제처분 측면에서 심각하게 침해할 가능성이 농후한 대테러조사에 대해서 일반적 수권조항의 형태로 "대테러활동에 필요한 정보나 자료를 수집하기 위하여 대테러조사를 할 수 있다."는 식의 규정은 국민뿐만 아니라, 대테러조사기관인 국가정보원에게도 조사에 대한 가이드라인이 없다는 점에서 문제가 아니라고 할 수 없다.

또한 위헌·위법적인 대테러조사로 인해 개인의 기본권을 침해한 경우의 처벌규정, 구제절차가 없다는 점도 문제이다. 대테러조사를 일반적 수권규범의 형태로 규정함에 더하여 위반시 처벌규정, 구제절차마저 없다면 대테러조사로부터 기본권 보호를 기대하기란 쉽지 않다.

데 중점을 두어야 한다.

⑤ 다른 법률에 따르지 아니하고는 행정조사의 대상자 또는 행정조사의 내용을 공표하거나 직무상 알게 된 비밀을 누설하여서는 아니 된다.

⑥ 행정기관은 행정조사를 통하여 알게 된 정보를 다른 법률에 따라 내부에서 이용하거나 다른 기관에 제공하는 경우를 제외하고는 원래의 조사목적 이외의 용도로 이용하거나 타인에게 제공하여서는 아니 된다.

「행정조사기본법」 제5조(행정조사의 근거) 행정기관은 법령 등에서 행정조사를 규정하고 있는 경우에 한하여 행정조사를 실시할 수 있다. 다만, 조사대상자의 자발적인 협조를 얻어 실시하는 행정조사의 경우에는 그러하지 아니하다.

「행정조사기본법」 제28조(정보통신수단을 통한 행정조사) ① 행정기관의 장은 인터넷 등 정보통신망을 통하여 조사대상자로 하여금 자료의 제출 등을 하게 할 수 있다.
② 행정기관의 장은 정보통신망을 통하여 자료의 제출 등을 받은 경우에는 조사대상자의 신상이나 사업비밀 등이 유출되지 아니하도록 제도적·기술적 보안조치를 강구하여야 한다.

(나) 개인정보 자기결정권의 침해

대테러조사는 법적 근거의 미흡 외에 개인정보침해라는 새로운 문제를 야기한다. 행정법 이론에 의하면, 행정조사에 의한 개인정보의 수집과 관련해서는 원칙적으로 당사자의 동의 또는 법률의 수권이 필요하다는 것이 일반적인 견해이다.[89] 구체적으로는 상대방이 임의적인 협력을 하지 않아 명령·강제를 할 수 있는 경우나 상대방이 임의적으로 협력하는 경우라도 행정조사에 의하여 작성된 자료가 상대방의 사생활, 기업의 영업비밀 등과 관련된 파일로 작성·관리된 경우에는 그 본질적 사항은 법률에 반드시 규정하고 세부적인 사항은 위임하더라도 법규명령의 형식으로 규정하여야 한다.[90] 그런데 테러방지법에는 대테러조사에 관한 절차적 규정이 전혀 없어 문제가 되는 것이다. 즉, 정보의 흐름 내지 정보의 수집·가공·이용·관리·공개라는 정보처리 측면에서 대테러조사는 그 첫 단계에 해당한다. 그럼에도 동 법은 대테러조사를 할 수 있다는 권한 근거만을 부여할 뿐, 그 이후의 과정에 대한 세부 절차적 규정은 전혀 없다.

대테러조사는 현실공간에서 이루어지는 경우도 있고 사이버공간에서 이루어지는 경우도 있다. 사이버공간에서 정보통신수단에 의한 대테러조사가 행해질 경우 개념·수단·절차 등이 세부적으로 규율되지 않은 상태에서는 조사대상자의 신상 및 관련 자료의 유출 등 문제가 발생할 수 있다.[91] 예컨대, 현장조사나 시료채취는 제외하더라도 조사대상자에게 자료제출이나 진술요구는 특정한 방법을 적시하지 않고 있으므로 정보통신수단을 통해서도 가능하다고 봐야 한다. 더 나아가 문서열람도 오늘날 파일 형태의 자료로 컴퓨터에 보관하는 점을 고려한다면, 사이버공간에서 정보통신수단에 의한 문서열람의 경우 개인정보

89) 김남진·김연태, 행정법Ⅰ, 2020, 489면.
90) 오준근, 앞의 논문(2003), 538면.
91) 「행정조사기본법」 제28조 참조.

자기결정권을 침해할 가능성이 높은 것이 사실이다.

현실공간이든 사이버공간이든 대테러조사는 모두 개인정보침해 문제를 야기한다. 대테러조사가 현실공간에서 이루어지는 경우 조사대상자와의 관계에 있어서는 형사절차와 관련하여 주로 영장주의 적용 및 진술거부권 여부가 문제되는 반면, 사이버공간에서 이루어지는 경우에는 「개인정보보호법」 또는 정보침해에 대한 수권을 규율하고 있는 개별 법률에 근거했는지가 주로 문제된다.

만약 대테러조사가 사이버 공간에서 정보통신수단에 의해 이루어지는 경우라면 이를 법적으로 어떻게 평가하고 규율할 것인가? 이 경우의 대테러조사란 "국가정보원장이 대테러활동에 필요한 －주로 테러의 사전 예방 및 단서 발견을 위하여－ 혐의사실이 구체화되기 이전 단계에서 행하는 행정경찰작용 내지 법위반 사실의 확인으로서, 컴퓨터 네트워크 등 정보통신수단에 의해 형성된 가상의 공간상에서 이루어지는 조사"[92]라고 볼 수 있다.

최근 일반 범죄뿐만 아니라 테러 역시 사이버공간을 매개로 하고 있어, 사이버공간에서 대테러조사 역시 그 필요성이 증대되어 가고 있다. 지금까지 발생한 북한의 사이버테러는 2009년 7월 7일 대규모 DDoS 공격, 2013년 3월 20일 금융사 및 언론사 전산장애 발생, 2016년 1월 청와대 사칭 스미싱 e－메일 발송, 2016년 9월 군 내부 전용 사이버망 해킹 공격 등이 있었다.[93] 앞으로도 북한의 사이버테러는 급증할 것으로 판단된다. 이처럼 테러를 사전에 예방하기 위해서는 테러 관련 정보를 미리 입수하고 이를 분석한 후, 이에 신속히 대응함으로써 가능하다. 이런 의미에서 테러 관련 정보를 입수하기 위한 수단으로 대

92) 박상일, "사이버순찰과 사생활보호", LAW & TECHNOLOGY 제13권 제1호(통권 제67호), 서울대학교 기술과법센터, 2017, 30면 참고하여 재구성하였다.

93) 위 사례는 특히 북한이 핵실험을 한 이후 사이버공격을 자행한 사례에 해당한다. 자세한 내용에 대해서는 파이낸셜 뉴스(http://www.fnnews.com/news/201709051747563841 (2020.8.19. 최종방문)) 참조.

테러조사는 필요하다. 그런데 현실공간에서의 대테러조사도 영장주의 등 법적 심사를 거치지 않는다면 개인정보를 침해할 가능성이 높은데, 더욱이 사이버공간상의 대테러조사는 정보주체가 대테러조사의 대상인지도 인식하지 못할 가능성이 높아 개인정보의 침해성은 더 크다고 봐야 한다.

「국가 사이버 안전관리규정」(대통령훈령 제316호, 2013. 9. 2., 일부개정)에 의하면, 국가정보원장은 사이버공격으로 발생한 사고에 대하여 그 원인분석을 위한 '조사'를 할 수 있다고 규정하고,[94] 「경찰청과 그 소속기관 직제」(대통령령 제30566호, 2020. 3. 31., 일부개정)에 의하면, 경찰청 하부조직으로 사이버안전국을 두고 사이버범죄 예방 및 수사를 하도록 규정하고 있다.[95] 그런데 사이버공간상의 게시판 내에 정보·수사기관이 작성한 정보수집 프로그램을 삽입하여 범죄를 목적으로 하거나 그 단서가 포착되는 즉시 해당 게시물과 작성자가 수사기관으로 전송되는 방법으로 범죄 여부를 확인하듯이,[96] 사이버공간상의 대테러조

94) 「국가 사이버 안전관리 규정」(대통령훈령) 제13조(사고조사 및 처리) ① 국가정보원장은 사이버공격으로 인하여 발생한 사고에 대하여 그 원인분석을 위한 조사를 실시할 수 있다. 다만, 경미한 사고라고 판단되는 경우에는 해당 기관의 장이 자체적으로 조사하게 할 수 있으며, 이 경우 해당 기관의 장은 사고개요 및 조치내용 등 관련 사항을 국가정보원장에게 통보하여야 한다.
② 국가정보원장은 제1항의 규정에 의하여 조사한 결과 범죄혐의가 있다고 판단되는 경우에는 해당 기관의 장과 협의하여 수사기관의 장에게 그 내용을 통보할 수 있다.

95) 「경찰청과 그 소속기관 직제」 제4조(하부조직) ① 경찰청에 생활안전국·수사국·사이버안전국·교통국·경비국·정보국·보안국 및 외사국을 둔다.
「경찰청과 그 소속기관 직제」 제12조의2(사이버안전국) ① 국장은 치안감 또는 경무관으로 보한다.
② 국장은 다음 사항을 분장한다.
1. 사이버공간에서의 범죄(이하 "사이버범죄"라 한다) 정보의 수집·분석
2. 사이버범죄 신고·상담
3. 사이버범죄 수사에 관한 사항
4. 사이버범죄 예방에 관한 사항
5. 사이버범죄 관련 국제경찰기구 등과의 협력
6. 전자적 증거분석 및 분석기법 연구·개발에 관한 사항

96) 장준원, "실시간 디지털 증거 수집기법을 이용한 사이버순찰 체계 구축 및 활용 사

사로 인해 동일한 결과물이 국가정보원이나 경찰청으로 전송된다면, 그리고 그러한 사실을 조사대상자가 미처 알지 못한다면, 이러한 경우 개인정보침해의 문제를 어떻게 해결할 것인가? 위 사례에서 사이버공간상에서의 일반 범죄를 예방 내지 수사하기 위한 조치들이 예컨대, 「전기통신사업법」, 「통신비밀보호법」, 「형사소송법」 등의 법적 요건들을 준수할 것인가에 대해서는 의문을 가지지 않을 수 없다.[97] 이와 마찬가지로 만약 국가정보원이 테러방지법 제9조 및 「국가 사이버 안전관리규정」 제13조에 의해, 그리고 경찰이 「경찰관직무집행법」 제2조 및 「경찰청과 그 소속기관 직제」 제12조의2에 의해 사이버공간에서 대테러조사를 행하는 경우에 법적 근거는 타당하며 그 규율밀도는 헌법합치적인가?[98] 이러한 법령체계 내에서는 국가기관이 테러의 예방을 목적으로 불특정 다수인 -주로 테러 관련 인물- 을 감시하기보다는 정치적 목적·특정 소수인을 감시하기 위한 목적으로 각종 기술적 수단들을 통해 대테러조사를 남용할 위험성이 있다는 사실을 부인하기 어렵다. 사이버공간상의 대테러조사를 무조건 금지하는 것은 가능하지도 바람직하지도 않겠지만, 법과 제도의 사각지대를 이용하여 조사대상자가 모르는 사이에 국가기관이 그런 조치들을 남용해서도 안 된다.

요컨대, 테러로부터 국가의 안전을 담보하고 국민을 보호하기 위해 대테러조사는 필요하지만, 엄격한 법적 요건 및 세부절차를 규정하지 않는 것은 심각한 입법적 불비이다. 목적의 정당성이 수단의 불법을 조각하지는 않는다.

례", 디지털포렌식연구 제8권 제2호, 한국디지털포렌식학회, 2014, 50-51면.

97) 해당 논문에서는 「전기통신사업법」, 「통신비밀보호법」, 「형사소송법」 상의 법적 요건을 갖추었다고 하지만, 정확히 어떤 법적 근거에서 행하였는지는 밝히지 않고 있다. 장준원, 앞의 논문, 54면.

98) 테러도 범죄이므로 제도적 의미의 경찰은 당연히 테러 관련 정보활동을 할 수 있다.

(다) 영장주의와 진술거부권 등 적법절차 미준수

대테러조사는 대테러활동에 필요한 정보나 자료를 수집하기 위하여 현장조사·문서열람·시료채취 등을 하거나 조사대상자에게 자료제출 및 진술을 요구하는 활동으로, 구체적 수단은 ① 현장조사·문서열람·시료채취, ② 조사대상자에게 자료제출 및 진술요구이다. 이 가운데, ①유형은 형사절차상 압수·수색과 관계되고, ②유형은 형사절차상 신문과 관계된다. 따라서 ①과 관련해서는 영장주의를 검토해야 하며, ②와 관련해서는 진술거부권을 검토할 필요가 있다.

헌법은 제12조 제1항에서 신체의 자유, 체포·구속·압수·수색 또는 심문의 경우 법률에 의할 것을 규정하고, 제2항에서는 형사상 자기에게 불리한 진술을 강요당하지 않을 것, 제3항에서는 영장주의를, 제4항에서는 변호인의 조력을 받을 권리를 규정하고 있다.[99)]

그런데 형식상 행정조사의 유형인 대테러조사가 실질은 수사에 해당하는 경우가 문제된다. 예컨대, 현장조사·문서열람·시료채취가 권력적·강제적 조사의 형태로 이루어졌다면 그것은 영장주의 위반 문제를 야기하고,[100)] 진술요구가 권력적·강제적 조사의 형태로 이루어졌다면 그것은 진술거부권 침해 문제를 야기한다.[101)] 왜냐하면, 실질이 수사와

---

99) 헌법 제12조 ① 모든 국민은 신체의 자유를 가진다. 누구든지 법률에 의하지 아니하고는 체포·구속·압수·수색 또는 심문을 받지 아니하며, 법률과 적법한 절차에 의하지 아니하고는 처벌·보안처분 또는 강제노역을 받지 아니한다.
② 모든 국민은 고문을 받지 아니하며, 형사상 자기에게 불리한 진술을 강요당하지 아니한다.
③ 체포·구속·압수 또는 수색을 할 때에는 적법한 절차에 따라 검사의 신청에 의하여 법관이 발부한 영장을 제시하여야 한다.
④ 누구든지 체포 또는 구속을 당한 때에는 즉시 변호인의 조력을 받을 권리를 가진다.

100) 이에 대해서는 조기형, "압수·수색과 행정조사의 구별 – 대법원 2017. 7. 18. 선고 2014도8719 판결 –", 최신판례분석 제66권 제5호, 법조협회, 2017, 776면 이하 참조.

101) 테러 관련 범죄 혐의자 및 혐의 사실이 상당한 정도로 구체화된 이후의 대테러조사는 사실상 수사에 해당한다. 이 경우 대테러조사가 행정경찰의 영역에만 머무르는 경우에도 당사자의 동의 내지 법률의 수권이 필요한데, 사실상 수사와의 경계가 불

같은 행정조사의 경우 대상자가 실체적 진실에 부합하는 자료를 제출하면 자신의 형사법적 위반 사실을 인정하는 것이 되고, 자료제출을 거부하면 별도 규정에 의해 처벌받게 되므로, 결국 헌법이 보장하는 진술거부권을 침해하는 것은 아닌지 문제가 되기 때문이다.[102] 이와 관련하여 최신 고등법원 판례는 참고할 만하다.

〈 **판례** 〉: 당심은, "원심(서울중앙지방법원 2013. 8. 22. 선고 2013고합186 판결)은 … 공소외 1에 대하여도 국가보안법위반의 범죄혐의가 있다고 보아 수사하는 행위를 한 것으로 볼 수밖에 없으므로, 이 부분 진술서 등은 참고인의 진술서 등의 형식을 취하여 작성되었다 하더라도 실질적으로는 작성 당시 피의자의 지위에 있었던 공소외 1의 진술을 기재한 서류로서 피의자가 작성한 진술서의 성격을 가지므로, 이 사건 진술서 등은 진술거부권이 고지되지 않은 위법수집증거에 해당한다고 보아 증거능력을 부정하였다."라고 한 뒤, 판단으로 "… 원심의 위와 같은 판단은 정당하고, 공소외 1에 대하여 탈북 경위 등을 행정조사하는 과정에서 공소외 1이 피고인의 범죄혐의를 진술하게 되었고, 이후 피고인의 범행 부인에 따라 참고인 조사가 지속된 것에 불과하여 공소외 1에 대한 수사가 개시된 것이 아니라는 검사의 주장은 쉽게 수긍하기 어렵다. … 당시 공소외 1을 조사한 국가정보원 직원은 2012. 11. 5. 공소외 1이 화교임을 인정한 이후에도 공소외 1을 상대로 공소외 1과 피고인의 대공혐의점의 진위 여부를 확인하였다. … 공소외 1에 대한 조사는 「북한이탈주민의 보호 및 정착지원에 관한 법률」에서 정하고 있는 위장탈북 여부에 대한 행정조사로서의 성격이라기보다는 오히려 피고인과 공소외 1에 대한 국가보안법위반 여부에 대한 수사로서의 성격을 가졌던 것으로 보인다. … 공소외 1의 진술은 피고인의 「국가보안법」위반 혐의에 대한 가장 결정적인 증거에 해당하므로, 진술증거로서의 특수성과 사실상 유일한 직접증거로서의 증거가치를 고려할 때, 엄격한 증거법칙이 적용될 필요성이 있다."라고 판시하였고, 특별사법경찰관 작성의 공소외 1에 대한

명확한 대테러조사의 경우에는 보다 엄격한 형사법적 절차에 따라야 한다.

102) 정한중, "행정조사와 진술거부권의 고지", 외법논집 제38권 제2호, 한국외국어대학교 외국학종합연구센터 법학연구소, 2014, 56면.

> 진술조서의 증거능력 여부에 대해서도 "원심은 특별사법경찰관이 작성한 공소외 1에 대한 진술조서에 관하여, … 공소외 1이 피고인과 공범관계에 있는 범죄사실에 관하여 진술한 부분은 증거능력이 없다고 판단하였다. … 원심의 위 인정과 판단은 정당한 것으로 수긍이 되고, 거기에 검사의 주장과 같은 잘못이 없다."라고 판시하였다. 또한 "… 국가정보원장의 임시보호조치는 그 대상자의 동의를 전제로 하지 아니하는 즉시강제와는 그 성격을 달리하나, 임시보호조치는 대상자의 일정한 시설에의 수용과 강제적 조사가 내포되어 있다는 점에서 신변안전 조치 및 보호 여부 결정을 위한 조사의 필요성이 있는 범위 내에서 이루어져야 할 것이고, 이와 같은 필요성이 소멸된 경우에는 상당 기간 내에 조사를 종료하고 보호 여부 결정을 위한 절차로 나아가야 할 것이다. 이 사건으로 돌아와 보건대, … 국가정보원장으로서는 상당 기간 내에 공소외 1에 대한 임시보호조치를 마치고 비보호결정을 하여야 함에도 불구하고, 그 때로부터 171일이 지난 2013. 4. 24.에 이르러서야 비보호결정을 하고 수용을 해제하였다. 국가정보원장의 이와 같은 조치는 「북한이탈주민의 보호 및 정착지원에 관한 법률」이 국가정보원장에게 부여한 임시보호조치의 재량권을 일탈한 것으로서, 공소외 1의 신체의 자유, 거주이전의 자유 등을 부당하게 제한한 것으로 봄이 상당하다. … 공소외 1의 위 수용실태는 사실상의 구금에 해당하는 것으로 평가된다. 이와 같이, 공소외 1은 당시 사실상 수사가 개시된 피의자로서 구금상태에 있었다 할 것이므로, 공소외 1에게는 헌법 제11조 제4항에 따라 변호인의 조력을 받을 권리가 보장된다. … 공소외 1은 이와 같이 합신센터의 수용기간 동안에 수차례에 걸쳐 변호인의 조력을 받을 권리를 침해당하였다."라고 판시하였다(서울고등법원 2014. 4. 25. 선고 2013노2728 판결).

해당 판례는 ① 행정조사와 수사의 구분, ② 행정조사의 형식을 취하고 있지만 실질은 수사에 해당하는 경우에 조사대상자의 진술서 및 진술조서는 피의자의 그것에 준하여 판단함으로써 증거능력을 부정한 점, ③ 행정조사를 위한 보호조치가 사실상 구금에 해당하는 경우에는 영장주의 및 변호인의 조력을 받을 권리 등 헌법 제12조에서 규정하고 있는 원칙들이 지켜져야 함을 보여주는 사례라 할 수 있다.

그런데 대법원은 “헌법 제12조는 제1항에서 적법절차의 원칙을 선언하고, 제2항에서 ‘모든 국민은 고문을 받지 아니하며 형사상 자기에게 불리한 진술을 강요당하지 아니한다.’고 규정하여 진술거부권을 국민의 기본적 권리로 보장하고 있다. 이는 형사책임과 관련하여 비인간적인 자백의 강요와 고문을 근절하고 인간의 존엄성과 가치를 보장하려는 데에 그 취지가 있다. 그러나 진술거부권이 보장되는 절차에서 진술거부권을 고지받을 권리가 헌법 제12조 제2항에 의하여 바로 도출된다고 할 수는 없고 이를 인정하기 위해서는 입법적 뒷받침이 필요하다.”[103]고 하여, 진술거부권이 헌법 제12조에서 바로 도출되지는 않는다고 판시하였다. 이는 대테러조사에 있어서 조사대상자의 진술거부권이 인정되려면 해당 조사행위가 수사행위로 법적 평가를 받아 형사소송법이 적용되어야만 가능하며 반면, 행정조사의 성격을 관철하면서 헌법 제12조로부터 진술거부권을 직접 주장하는 것은 안 된다는 의미이다. 그런데 테러방지법은 이에 대해 침묵하고 있어 문제가 되는 것이다.

위 판례는 국가정보원의 행정조사행위가 실질적인 형사절차와 혼재되어 있고 그 경계가 모호하여 기본권침해를 야기하는 전형적 사례들 중 하나일 것이다. 대테러조사도 이와 유사한 방법으로 진행될 것을 감안하면, 압수·수색에 해당하는 현장조사나 신문에 해당하는 진술요구 등은 행정조사의 유형인 대테러조사라는 수단으로 수사절차를 우회함으로써 헌법상 규정된 영장주의와 진술거부권 등 국민의 기본권을 심각하게 침해할 우려가 있다고 판단된다.

(2) 기본권 보장을 위한 대테러조사에 대한 법적 규제

(가) 테러로부터 국가의 안전보장과 대테러조사에 의한 기본권의 제한

국가는 헌법에 근거하여 국가의 안전보장과 사회의 질서유지, 그

103) 대법원 2014. 1. 16. 선고 2013도5441 판결 참조.

리고 국민의 자유와 권리를 지키기 위하여 테러를 예방 및 대비해야 하며 발생시 이를 진압하여야 한다.

헌법 제10조에 있는 국가의 '기본적 인권을 확인하고 이를 보장할 의무' 조항과 국민의 모든 자유와 권리는 국가안전보장·질서유지 또는 공공복리를 위하여 필요한 경우 법률로써 제한할 수 있지만, 국민의 자유와 권리의 본질적인 내용을 침해할 수 없다는 헌법 제37조 제2항을 종합하면, 헌법은 국가에게 국민의 자유와 권리의 보호 의무와 국가 및 국민의 안전보장의무를 동시에 부여하고 있다.

결국, 테러를 예방 및 대비하기 위해 국가에게 필요한 정보수집 등의 권한을 부여하면서도 국가의 정보활동으로 인해 인간으로서의 존엄과 가치 및 행복을 추구할 권리(제10조), 사생활의 비밀과 자유(제17조), 통신의 비밀의 자유(제18조) 등이 침해되어서는 안 되는 것이다. 즉, 테러로부터 국가와 국민을 안전하게 보호하면서도 대테러조사에 대한 엄격한 법적 근거를 규정함으로써 국민의 기본권이 침해되지 않도록 해야 한다.

(나) 대테러조사에 대한 법적 규제 방안

1) 대테러조사의 개념 및 범위 등 세부규정 보완

「행정조사기본법」 제3조 제2항에 따라 대테러조사에 동 법이 적용되는 조항은 제4조(행정지도원칙), 제5조(행정조사의 근거), 제28조(정보통신수단을 통한 행정조사)만이 해당된다고 봐야 한다. 그렇다면, 테러방지법 제2조 제8호에 규정된 정의규정 및 제9조 제4항에 규정된 대테러조사에 관한 수권 규정만으로 대테러조사가 행해질 것이고, 이는 법적 근거없이 국민의 기본권을 침해하는 결과가 될 것이다. 또한 국가정보원으로서도 해당 직무를 수행하는 가이드라인조차 없어 직무수행상 권한남용 아니면 소극적 수행이라는 결과가 예상된다.

따라서 테러를 방지하기 위해 필요한 정보나 자료를 수집하는 대테러조사가 필요하다면, 국민에게는 침해적 행정작용의 예측가능성을 담보하고 해당 기관에게는 직무수행의 지침과 허용한계를 제공할 수 있는 법적 근거가 필요하다. 여기에는 대테러조사의 개념·근거·허용범위·한계 등에 대해 상세한 규정으로 보완하는 것이 필요하다.

대테러조사에 대한 법적 근거를 설정함에 있어서 법률유보의 원칙은 조직법적 근거와 작용법적 근거로 나누어 살펴볼 수 있다. 대테러조사가 조직법적 근거만으로 충분한가 아니면 추가로 작용법적 근거도 함께 필요한가를 검토할 필요가 있다. 먼저 조직법적 근거는 일정한 행정기관에 행정조사에 대한 관할권을 부여하는 것이다. 이 경우 법률은 "행정청은 조사를 할 수 있다."는 형식을 갖춘다. 이와 같은 규정은 포괄적인 관할권을 부여하는 역할을 하는 것이므로 행정조사에 관한 법적 근거의 첫 번째 단계에 해당한다. 그러나 국민의 자유와 권리에 본질적 영향을 미치는 법적 근거의 설정은 조직법적 근거에 의한 포괄적인 근거 설정만으로는 부족하고 구체적인 작용법적 근거가 추가로 필요하다.[104]

판단컨대, 대테러조사는 일반적인 행정조사에 비해 권력적·강제적 조사형태가 더 많을 것이며, 수사로 진행될 가능성이 매우 높다는 것은 이미 판례에서 검토한 바 있다. 더 나아가 대테러조사가 전자문서·파일을 대상으로 하는 경우에는 강제성 유무와는 상관없이 개인정보 자기결정권을 침해하는 등 기본권 침해가 매우 심각해질 수도 있음을 검토하였다. 따라서 대테러조사에 대해서는 작용법적 근거가 시급히 마련되어야 한다. 절차적 세부규정으로는 다음을 고려할 수 있다.

첫째 대테러조사의 목적·대상·수단·형식·절차, 조사대상자가 거부시 강제수단의 허용 여부, 조사대상자의 거부절차 등을 생각해 볼 수 있으며,[105] 사전·사후적 통제절차와 구제절차도 검토할 사항이다. 현

104) 오준근, 앞의 논문(2003), 540면.

행 테러방지법은 국가정보원장이 대테러조사를 하는 경우 사전 또는 사후에 국가테러대책위원회 위원장에게 보고하여야 한다고 규정하고 있지만,[106] 이 규정만으로는 충분하지 못함은 주지의 사실이다.

둘째 현실공간에서의 사전적 통제절차로는 현장조사·문서열람·시료채취 등의 조사를 하는 경우 참여권을 보장해주고 자료제출 및 진술요구시 언제라도 거부할 수 있음을 고지하는 절차 등을 생각해 볼 수 있다. 그리고 사후적 통제절차로는 대테러조사 완료 이후에 조사공무원의 인적사항, 조사범위·내용, 조사일시·장소 등에 대해 조사대상자에게 통지해주는 것을 고려할 수 있다. 이와 함께 위반시 처벌규정 및 권리구제절차도 함께 반영되어야 할 것이다.

셋째 현실공간뿐만 아니라 사이버공간에서의 대테러조사에 대해서도 명확한 규율이 필요하다. 여기에는 사이버공간에서의 대테러조사의 대상[107]·범위·세부절차 등이 포함되어야 할 것이다. 또한 앞에서 언급한 바 있는, 「국가 사이버 안전관리규정」에 의한 국가정보원장의 조치 및 「경찰청과 그 소속기관 직제」에 의한 경찰청장의 조치와 사이버공간상의 대테러조사의 관계에 대해서도 법적 정립이 필요하다. 그리고 이러한 절차적 세부규정은 비례원칙, 평등원칙, 부당결부금지의 원칙, 조사목적 외 사용금지의 원칙 등 행정법상 일반원칙이 반영되어야 한다.

넷째 대테러조사의 「개인정보보호법」·「공공기관의 정보공개에 관한 법률」·「행정조사기본법」 적용 여부에 대해서도 개인정보침해·정보공개와 관련하여 입법적 보완이 필요하다.

결과적으로 이러한 문제의 근본적 이유는 대테러조사에 대해 조직법적 근거만 규정하고 작용법적 세부규정은 전혀 규정하지 않은 것에서 비롯된다.

---

105) 오준근, 앞의 논문(2009), 366-367면.

106) 테러방지법 제9조 제4항 참조.

107) 이 경우 테러위험인물이 아닌 대테러조사의 대상을 확정하는 것도 매우 어려운 문제이다.

2) 개인정보보호를 위한 규율 반영

일반적으로 행정조사는 행정기관이 필요한 정보·자료 등을 수집하는 일체의 행정작용을 의미하며, 반드시 실력행사를 수반하지는 않는다. 따라서 행정조사에 언제나 법률의 수권을 요한다고 볼 수는 없다. 그러나 권력적 행정조사, 그리고 개인정보의 수집을 목적으로 하는 조사의 경우에는 강제조사이든지 임의조사이든지를 불문하고 당사자의 동의 또는 법률의 수권이 필요하다.[108] 「행정조사기본법」은 "행정기관은 법령 등에서 행정조사를 규정하고 있는 경우에 한하여 행정조사를 실시할 수 있다. 다만, 조사대상자의 자발적인 협조를 얻어 실시하는 행정조사의 경우에는 그러하지 아니하다."라고 하여 원칙적으로 법적 근거를 요구하고 있다.

개별 법률에도 많은 법적 근거가 산재해 있으며, 특히 「개인정보보호법」 제15조는 개인정보처리자에게 정보주체의 동의를 받은 경우, 법률에 특별한 규정이 있거나 법령상 의무를 준수하기 위하여 불가피한 경우, 공공기관이 법령 등에서 정하는 소관 업무의 수행을 위하여 불가피한 경우 개인정보를 수집할 수 있으며, 그 수집목적의 범위에서 이용할 수 있도록 규정하고 있다. 그리고 동 법 제16조(개인정보의 수집 제한), 동 법 제17조(개인정보의 제공), 동 법 제18조(개인정보의 목적 외 이용·제공 제한)에서 각각 개인정보침해의 요건을 세부적으로 규율하고 있다.

따라서 개인정보 자기결정권이라는 기본권 보호를 위해서는 개인정보의 수집은 「개인정보보호법」이 허용하는 한계 내에서만 가능하며, 행정조사를 이유로 개인정보를 과도하게 수집하는 것은 허용되지 않는다. 이와 마찬가지로 대테러조사의 경우에도 엄격한 법적 요건이 필요함은 물론이다. 문제는 원칙적으로 「행정조사기본법」이 대테러조사에 적용되지 않는 데 있다.[109] 또한 「개인정보보호법」도 전자적으로 처리

---

108) 서정범·박상희, 앞의 책, 395면.

되는 개인정보와 수기로 작성된 문서까지 개인정보의 보호범위에 포함하고 있기는 하지만, 제15조 제1항 제2호·제3호, 제17조 제1항 제2호, 제18조 제1항 및 제2항 제2호·제6호·제7호에 의해[110] 개인정보의 수집·이용, 제공, 목적 외 이용·제공 등에 비교적 완화된 요건이 적용된다. 그리고 대테러조사에 대한 사후적 통제절차로 생각해 볼 수 있는 「공공기관의 정보공개에 관한 법률」 제9조 제1항 제1호·제2호·제3호·제4호[111]에 의하면 대테러조사의 결과 수집된 정보는 비공개대상정보

---

109) 대테러조사는 「행정조사기본법」 제3조 제2항에 의해 원칙적으로 그 적용이 제외되고, 동 법 제3조 제3항에 의해 제4조(행정조사의 기본원칙)·제5조(행정조사의 근거)·제28조(정보통신수단을 통한 행정조사)만 적용될 뿐이다.

110) 「개인정보보호법」 제15조(개인정보의 수집·이용) ① 개인정보처리자는 다음 각 호의 어느 하나에 해당하는 경우에는 개인정보를 수집할 수 있으며 그 수집 목적의 범위에서 이용할 수 있다.
2. 법률에 특별한 규정이 있거나 법령상 의무를 준수하기 위하여 불가피한 경우
3. 공공기관이 법령 등에서 정하는 소관 업무의 수행을 위하여 불가피한 경우
「개인정보보호법」 제17조(개인정보의 제공) ① 개인정보처리자는 다음 각 호의 어느 하나에 해당되는 경우에는 정보주체의 개인정보를 제3자에게 제공(공유를 포함한다. 이하 같다)할 수 있다.
2. 제15조 제1항 제2호·제3호·제5호 및 제39조의3 제2항 제2호·제3호에 따라 개인정보를 수집한 목적 범위에서 개인정보를 제공하는 경우
「개인정보보호법」 제18조(개인정보의 목적 외 이용·제공 제한) ① 개인정보처리자는 개인정보를 제15조 제1항 및 제39조의3 제1항 및 제2항에 따른 범위를 초과하여 이용하거나 제17조 제1항 및 제3항에 따른 범위를 초과하여 제3자에게 제공하여서는 아니 된다.
② 제1항에도 불구하고 개인정보처리자는 다음 각 호의 어느 하나에 해당하는 경우에는 정보주체 또는 제3자의 이익을 부당하게 침해할 우려가 있을 때를 제외하고는 개인정보를 목적 외의 용도로 이용하거나 이를 제3자에게 제공할 수 있다. 다만, 이용자(「정보통신망 이용촉진 및 정보보호 등에 관한 법률」 제2조 제1항 제4호에 해당하는 자를 말한다. 이하 같다)의 개인정보를 처리하는 정보통신서비스 제공자(「정보통신망 이용촉진 및 정보보호 등에 관한 법률」 제2조 제1항 제3호에 해당하는 자를 말한다. 이하 같다)의 경우 제1호·제2호의 경우로 한정하고, 제5호부터 제9호까지의 경우는 공공기관의 경우로 한정한다.
2. 다른 법률에 특별한 규정이 있는 경우
6. 조약, 그 밖의 국제협정의 이행을 위하여 외국정부 또는 국제기구에 제공하기 위하여 필요한 경우
7. 범죄의 수사와 공소의 제기 및 유지를 위하여 필요한 경우

에 해당된다고 본다. 더욱이 대테러조사의 대상이 되는 정보는 주로 민감정보[112]에 해당될 가능성이 높음을 감안한다면, 테러방지법에 대테러조사와 관련한 세부규정이 없는 것은 문제가 심각하다.[113]

따라서 개인정보의 침해와 관련한 대테러조사의 허용범위 및 한

111) 「공공기관의 정보공개에 관한 법률」 제9조(비공개 대상 정보) ① 공공기관이 보유·관리하는 정보는 공개 대상이 된다. 다만, 다음 각 호의 어느 하나에 해당하는 정보는 공개하지 아니할 수 있다.
1. 다른 법률 또는 법률에서 위임한 명령(국회규칙·대법원규칙·헌법재판소규칙·중앙선거관리위원회규칙·대통령령 및 조례로 한정한다)에 따라 비밀이나 비공개 사항으로 규정된 정보
2. 국가안전보장·국방·통일·외교관계 등에 관한 사항으로서 공개될 경우 국가의 중대한 이익을 현저히 해칠 우려가 있다고 인정되는 정보
3. 공개될 경우 국민의 생명·신체 및 재산의 보호에 현저한 지장을 초래할 우려가 있다고 인정되는 정보
4. 진행 중인 재판에 관련된 정보와 범죄의 예방, 수사, 공소의 제기 및 유지, 형의 집행, 교정(矯正), 보안처분에 관한 사항으로서 공개될 경우 그 직무수행을 현저히 곤란하게 하거나 형사피고인의 공정한 재판을 받을 권리를 침해한다고 인정할 만한 상당한 이유가 있는 정보

112) 「개인정보보호법」 제23조(민감정보의 처리 제한) ① 개인정보처리자는 사상·신념, 노동조합·정당의 가입·탈퇴, 정치적 견해, 건강, 성생활 등에 관한 정보, 그 밖에 정보주체의 사생활을 현저히 침해할 우려가 있는 개인정보로서 대통령령으로 정하는 정보(이하 "민감정보"라 한다)를 처리하여서는 아니 된다. 다만, 다음 각 호의 어느 하나에 해당하는 경우에는 그러하지 아니하다.
1. 정보주체에게 제15조 제2항 각 호 또는 제17조 제2항 각 호의 사항을 알리고 다른 개인정보의 처리에 대한 동의와 별도로 동의를 받은 경우
2. 법령에서 민감정보의 처리를 요구하거나 허용하는 경우
② 개인정보처리자가 제1항 각 호에 따라 민감정보를 처리하는 경우에는 그 민감정보가 분실·도난·유출·위조·변조 또는 훼손되지 아니하도록 제29조에 따른 안전성 확보에 필요한 조치를 하여야 한다.

113) 「행정조사기본법」도 행정조사의 목적과 무관한 개인정보와 관련하여 민감한 정보의 수집 제한에 대해서는 아무런 규정을 두고 있지 않다. 한편, 「테러방지법 시행령」 제45조에 의하면 "관계기관의 장은 다음 각 호의 사무를 수행하기 위하여 불가피한 경우 「개인정보보호법 시행령」 제19조에 따른 주민등록번호, 여권번호, 운전면허의 면허번호 또는 외국인등록번호가 포함된 자료를 처리할 수 있다."라고 규정하고, 그 사유 중 하나로서 제1호에 '법 제9조에 따른 테러위험인물에 대한 정보 수집, 대테러조사 및 테러위험인물에 대한 추적 등에 관한 사무'를 규정하고 있다. 이는 개인정보 침해의 요건을 법률의 위임없이 법규명령인 「테러방지법 시행령」에서 직접 권한을 부여한 것과 세부규율밀도에서 문제가 있다고 본다.

계, 공개 여부 등을 「개인정보보호법」·「행정조사기본법」·「공공기관의 정보공개에 관한 법률」 등에 반영하도록 법령을 정비하여야 한다. 그리고 현실공간에서의 대테러조사는 개인정보침해 여부, 강제성 여부에 따라 영장주의 및 진술거부권을 중심으로 종합적으로 검토하여 반영하여야 한다.

3) 법률유보의 원칙상 적법절차 및 위반시 처벌조항 반영

대테러조사는 일반적인 행정조사보다는 형사절차와 관련성이 더 많다. 대테러조사는 대테러활동에 필요한 정보·자료를 수집하면서 예방적 경찰작용으로 행해지기도 하고, 테러와의 관련 사실 여부를 확인하면서 법 위반 여부를 판단하는 수단으로 활용될 것이다. 그리고 그 결과 법 위반 사실이 확정되면 수사절차로 전환될 것이다. 다시 말해, 대테러조사는 테러방지법 제9조 제1항·제2항·제3항에 따른 조치 등 형사절차로의 속행 여부를 판단하기 위한 국가정보원의 사전 내부적 조사로서, 그 이행절차를 보면, ① 정보기관이 사실적 영역에서 테러와의 관련성 또는 대테러활동에 필요한 사항을 수집·분석하여 조사하고, ② 대테러조사 결과 테러와의 관련성이 판명되어 범죄혐의 유무를 조사할 필요성이 인정되면 형사절차인 내사단계에서 이를 판명하고, ③ 이러한 초기 혐의를 초월하여 범죄성립 여부가 문제되는 단계에서는 본격적인 수사절차로 발전하게 되는 것이다.[114]

이때 조사대상자가 테러위험인물이라면 테러방지법 제9조 제1항·제2항·제3항에 규정된 조치를 취할 수도 있다. 만약 테러위험인물이 아니라면[115] 조사대상자의 범죄혐의에 따른 개별 법률에 허용된 조치를 취할 것이다. 예컨대, 「통신비밀보호법」·「전기통신사업법」 등을 생각해볼 수 있다.

---

114) 박웅신, 앞의 논문, 187면.

115) 테러위험인물의 지정 절차가 없어 공권력의 자의가 개입될 소지가 크다는 점에 대해서는 이미 언급하였다.

그런데 대테러조사에 대해서는 대테러조사 개념 자체의 불명확성에 더하여 국가안보 등의 이유로 관련 법률의 적용 제외 사유에 해당하여 법치행정의 사각지대에 놓인다고 하지 않을 수 없다. 이와 같이 실질적 수사에 해당하는 조치들은 영장주의 등 엄격한 형사절차에 의해 통제되어야 한다.[116] 그리고 조사대상자에게는 진술거부권 등 형사절차에서와 동일한 적법절차가 보장되는 입법이 마련되어야 한다. 특히 국가정보원이 일반적인 행정기관이 아니라 정보·수사권을 가진 기관임을 고려한다면, 이는 더욱더 시급한 조치라고 판단된다.

구체적으로 고려해볼 수 있는 것은 현장조사·진술요구 등에 있어 조사자의 신분을 표시하는 증표제시의무를 테러방지법에 규정하고, 대테러조사가 사실상 수사의 성격을 가질 때에는 이와 병행하여 영장주의나 진술거부권을 법제화하는 것도 불가능하지는 않다. 그리고 이를 위반하여 국민의 기본권을 침해하였을 경우 처벌조항을 반영하는 것도 필요하다.

5. 테러단체 가입 선동 및 가입 권유 조항의 위헌성 여부[117]

앞에서 살펴본 인천지방법원 2018노4357(2심) 테러방지법 위반사건에 관하여 테러방지법 제17조 제3항의 위헌 여부에 대한 심판 제청(위헌법률심판제청신청)이 있었는바, 법원의 판단을 통한 본 규정의 규율상 위헌 여부를 검토해본다.

---

116) 헌법상의 영장주의 준수요청에 비추어 본 행정조사에 대한 비판적 검토에 대해서는 송진경, “압수, 수색으로서 실질적 의미를 가지는 행정조사에 있어서 영장주의의 준수필요성에 대한 소고”, 법과정책 제20집 제3호, 제주대학교 법과정책연구원, 2014, 124면 이하 참조.

117) 인천지방법원 제2형사부 2019. 7. 12. 선고 2018노4357 판결 ; 2019초기1678 위헌제청신청.

(1) 신청인의 주장

신청인은 테러방지법 제17조 제3항이 헌법 제12조, 제13조가 보장하는 명확성 원칙에 반하고, 헌법 제19조가 정한 양심의 자유, 헌법 제21조가 정한 표현의 자유를 과잉금지원칙을 위반하여 침해하며, 책임과 형벌의 비례원칙을 위반하고, 헌법 제11조가 정한 평등권을 침해하므로 헌법에 위반된다고 하면서, 해당 법률조항의 위헌 여부에 대한 심판을 제청하였다.

(2) 법원의 판단

(가) 명확성원칙 위반 여부

헌법 제12조 및 제13조를 통해 보장되는 죄형법정주의 원칙은 범죄와 형벌이 법률로 정해져야 함을 의미하며, 이러한 죄형법정주의에서 파생되는 명확성의 원칙은 법률이 처벌하고자 하는 행위가 무엇이며 그에 대한 형벌이 어떠한 것인지를 누구나 예견할 수 있고, 그에 따라 자신의 행위를 결정할 수 있도록 구성요건을 명확하게 규정할 것을 의미한다. 그러나 처벌법규의 구성요건이 명확하여야 한다고 하더라도 입법권자가 모든 구성요건을 단순한 의미의 서술적 확정개념에 의하여 규정하여야 한다는 것은 아니고, 다소 광범위하여 법관의 보충적인 해석을 필요로 하는 개념을 사용하였다고 하더라도 통상의 해석방법에 의하여 건전한 상식과 통상적인 법감정을 가진 사람이라면 당해 처벌법규의 보호법익과 금지된 행위 및 처벌의 종류와 정도를 알 수 있도록 규정하였다면, 헌법이 요구하는 처벌법규의 명확성원칙에 배치되는 것은 아니다.[118]

118) 헌법재판소 2005. 6. 30. 선고 2002헌바83 결정; 헌법재판소 2007. 7. 26. 선고 2006헌가9 결정; 헌법재판소 2009. 2. 26. 선고 2005헌바94, 2006헌바30(병합) 결정 참조.

이 사건 법률조항은 테러단체의 가입을 권유하거나 선동하는 행위를 처벌하고 있는바, '권유'나 '선동'이 표현행위에 해당한다는 점을 감안하면, 이를 금지하는 법률은 특히 명확성을 갖출 것을 요구한다고 볼 수 있다.

그러나 '권유', '선동'이라는 단어는 「폭력행위 등 처벌에 관한 법률」 제4조 제3항의 '범죄단체 또는 집단에 가입할 것을 권유한 사람', 「형법」 제90조 제2항의 '내란죄를 범할 것을 선동한 자' 등 다른 형사처벌 법규에서도 사용하고 있는 표현으로서 축적된 판례를 통해 그 구체적인 행위태양을 어느 정도 예측할 수 있고, 이 사건 법률조항의 입법취지와 보호법익, 그 적용대상의 특수성, 테러방지법 내의 다른 규정 및 다른 형사처벌 법규와의 관계 및 체계 등을 종합적으로 고려한 통상의 해석방법에 의하더라도 이 사건 법률조항이 금지하는 '테러단체 가입 권유 또는 선동행위'가 뜻하는 바를 '테러를 선전·선동하는 행위' 또는 '테러단체의 활동을 찬양·고무하거나 이에 동조하는 행위' 등과 구별하여 파악할 수 있으므로 이를 명확성의 원칙에 반하는 불명확한 조항이라고 보기 어렵다.

(나) 표현의 자유 등 헌법상 기본권 침해 여부

이 사건 법률조항은 '권유'나 '선동'의 형식으로 외부화된 표현행위를 규제하는 것이지 이념이나 사상 등에 동조하는 내심의 의사를 직접 제한하는 것이 아니므로, 여기에서 사안과 가장 밀접한 관계에 있고 제한의 정도가 큰 기본권은 헌법 제21조가 정한 표현의 자유라고 판단된다.

따라서 이 사건 법률조항이 헌법이 보장하는 표현의 자유를 침해하는지 여부에 관하여 본다.

먼저 입법목적의 정당성과 수단의 적합성에 관하여 본다. 이 사건 법률조항은 테러의 예방 및 대응 활동 등에 관하여 필요한 사항과 테러를 위한 피해보전 등을 규정함으로써, 테러로부터 국민의 생명과 재산을 보호하고 국가 및 공공의 안전을 확보하기 위하여 제정된 것으로서 그 입법목적의 정당성이 인정되고, 이 사건 법률조항에서 테러단체의 가입을 지원·권유·선동함으로써 테러단체가 인적 구성의 유지·확장 활동을 벌이는 것에 형사적 제재를 부과하는 것은 위와 같은 입법목적을 달성하기에 효과적이고 적절한 방법이므로 그 수단의 적합성도 인정된다.

다음으로 침해의 최소성과 법익의 균형성에 관하여 본다. 특정한 인간행위에 대하여 그것이 불법이며 범죄라 하여 국가가 형벌권을 행사하여 이를 규제할 것인지 아닌지의 문제는 기본적으로 입법권자가 정책적으로 판단할 문제에 속한다.[119] 따라서 대테러활동의 일환으로서 테러단체의 신규 인원 모집활동을 예방하기 위해 형벌이라는 제재수단을 동원하는 것이 필요하다고 볼 것인지에 대해서는 입법자의 예측판단을 존중하여야 하고, 입법자의 판단이 자의적이라는 등의 사정이 없는 한 입법재량의 범위 내에 있다고 보아야 할 것인데, 입법자는 전 지구적 환경 속에서 테러단체가 활동하는 방식과 그 위협의 정도, 테러단체가 신규 인원을 충원하는 다양한 형태와 이에 효과적으로 대처해야 할 필요성 등을 종합적으로 형량한 끝에 테러단체 가입 및 구성행위 등을 처벌[120]하는 것과 별도로 테러단체 가입의 권유 또는 선동을 처벌하는 이 사건 법률조항[121]이 필요하다는 판단에 이른 것으로 보이고, 위와 같은 판단이 자의적이어서 입법재량을 현저히 일탈하였다고 보이지 않으며, 앞서 본 이 사건 법률조항의 규율대상과 적용범위 및 한계 등을 종합적으로 고려해 보면, 이 사건 법률조항이 형사적 제재를 통해 얻고자 하는 공익과 그로 인한 기본권 제한의 정도가 균형

119) 헌법재판소 2005. 9. 29. 선고 2003헌바52 결정 등 참조.
120) 테러방지법 제17조 제1항 참조.
121) 테러방지법 제17조 제3항 참조.

을 잃을 정도에 이르지 아니한다고 판단된다. 즉, 이 사건 법률조항은 침해의 최소성 및 법익의 균형성 요건도 충족하고 있다고 할 것이다.

따라서 이 사건 법률조항이 헌법 제37조 제2항의 과잉금지의 원칙에 위반하여 헌법 제21조가 정한 표현의 자유를 침해한다고 할 수 없다.

(다) 책임과 형벌 비례원칙 위반 여부

어느 범죄에 대한 법정형이 그 범죄의 죄질 및 이에 따른 행위자의 책임에 비하여 지나치게 가혹한 것이어서 현저히 형벌 체계상의 균형을 잃고 있다거나 그 범죄에 대한 형벌 본래의 목적과 기능을 달성함에 있어 필요한 정도를 일탈하였다는 등 헌법상의 비례의 원칙 등에 명백히 위배되는 경우가 아닌 한, 쉽사리 헌법에 위반된다고 단정하여서는 아니된다.122)

또한 법정형은 법관으로 하여금 구체적 사건의 정상(情狀)에 따라 그에 알맞는 적정한 선고형을 이끌어 낼 수 있게끔 하면 족한 것으로, 입법자가 법정형 책정에 관한 여러 가지 요소의 종합적 고려에 따라 법률 그 자체로 법관에 의한 양형재량의 범위를 좁혀 놓았다고 하더라도, 그것이 당해 범죄의 보호법익과 죄질에 비추어 범죄와 형벌 간의 비례의 원칙상 수긍할 수 있는 정도의 합리성이 있다면 이러한 법률을 위헌이라고 할 수 없다.

이 사건 법률조항은 법정형으로 징역형만을 두고 벌금형을 선택할 수 없도록 하면서, 징역형의 하한에는 제한을 두지 아니한 채 상한에 대해서만 5년 이하의 징역에 처하도록 제한을 두고 있다. 그런데 이 사건 법률조항이 처벌하는 행위는 테러단체의 가입을 지원·권유·선동하는 것으로, 테러단체의 전 지구적 활동이 야기하는 위험성과 테러단체의 조직 유지·확장 전략에 효과적으로 대처할 필요성 등에 비추어 볼

122) 헌법재판소 2005. 9. 29. 선고 2003헌바52 결정; 헌법재판소 2007. 3. 29. 선고 2006헌바69 결정 등 참조.

때 법정형 자체가 과도하게 높다고 보이지 않으며 수긍할 수 있는 정도의 합리성이 있다고 판단되므로, 벌금형을 선택할 수 없다는 등의 이유로 책임과 형벌 간의 비례원칙에 반하는 과잉형벌이라고 보기는 어렵다.

(라) 평등권 침해 여부

테러단체의 가입을 권유, 선동하는 행위에 대하여 불법성이 더 큰 테러행위의 실행, 예비, 음모와 마찬가지로 형사적 제재를 가한다거나, 테러단체 가입을 지원하는 행위와 테러단체 가입을 권유, 선동하는 행위를 동일한 법정형으로 처벌한다고 하여 본질적으로 다른 것을 같이 취급하고 있다고 볼 수는 없으므로, 이 사건 법률조항이 헌법 제11조가 정한 평등권을 침해한다고 보기도 어렵다.

(3) 평가

2심 법원은 해당 사건에 대한 재판의 전제가 된 테러방지법 제17조 제3항의 위헌성에 대하여 ① 명확성원칙 위반, ② 표현의 자유 등 헌법상 기본권 침해, ③ 책임과 형벌의 비례원칙 위반, ④ 평등권 침해 여부를 기준으로 심리한 후에 합헌으로 판단하여 신청인의 위헌법률심판제청신청을 기각하였다.

하지만 이는 일반법원의 위헌법률심판제청신청에 대한 기각결정이고, 신청인으로서는 「헌법재판소법」 제68조 제2항[123]에 의한 헌법소원(위헌소원)심판[124]을 청구할 수 있으므로 헌법재판소의 종국적 입장은

---

123) 「헌법재판소법」 제68조(청구 사유) ② 제41조 제1항에 따른 법률의 위헌 여부 심판의 제청신청이 기각된 때에는 그 신청을 한 당사자는 헌법재판소에 헌법소원심판을 청구할 수 있다. 이 경우 그 당사자는 당해 사건의 소송절차에서 동일한 사유를 이유로 다시 위헌 여부 심판의 제청을 신청할 수 없다.

124) 참고로 위헌법률심사의 구조는 다음과 같다.
[위헌법률심판(헌가 사건)과 위헌심사형 헌법소원(헌바 사건)]
① 먼저 법원에서 당해사건 재판 중 법원의 직권 또는 당사자의 위헌법률심판제청

아직 알 수 없다. 또한 이러한 문제의 근본적 원인은 해당 용어의 개념이 명확하지 못한 것에서 기인하고 있으므로, 테러단체에의 가입 지원·권유·선동 등 명확성의 관점에서 의문이 존재하는 조항은 좀더 규율밀도를 높일 필요가 있다.

Ⅱ. 테러방지작용의 한계

1. 개별법적 한계

경찰작용은 경찰법령이 정하는 목적과 범위 내에서 합리적으로 이루어져야 적법·타당하다. 경찰작용이 그 근거가 되는 법령의 목적에 반하거나 범위를 벗어나면 위법 또는 부당한 것이 된다. 특히 경찰작용은 대부분이 권력적이고 침익적 작용이므로 법률유보의 최하한인 침해유보의 관점에서 개인의 자유와 권리를 침해하는 경찰권 발동은 반드시 개별 법률에 근거가 있어야 할 뿐만 아니라,[125] 그 법률이 정하는 범위 내에서 합리적으로 이루어져야 한다. 그렇지 못한 권리침해적 경찰권행사는 위법 또는 부당한 것이 된다. 따라서 권리침해적 경찰권 발동에 있어 개별 법률은 근거이자 한계를 의미한다.[126]

테러방지라는 경찰작용에 있어서도 그것이 적법·타당하기 위해서

신청을 법원이 인용하면 법원이 대법원을 경유하여 헌법재판소에 위헌법률심판을 제청한다. 법원의 위헌 제청시 당해 사건 재판은 정지된다. 헌법재판소는 법률의 위헌 여부를 심판한다.
② 만약 당사자의 위헌법률심판제청신청을 법원이 기각하면 당사자는 30일 이내에 위헌심사형 헌법소원을 청구할 수 있다. 헌법재판소는「헌법재판소법」제68조 제2항에 의한 헌법소원(위헌소원)을 심판한다. 이 경우 당해 사건에 대한 법원의 재판은 계속 진행된다.
이상은 성낙인, 헌법학, 제19판, 법문사, 2019, 800면 각주 1 참조.

125) 김남철, 행정법 강론, 박영사, 2020, 1169－1170면.
126) 홍정선, 신경찰행정법입문, 박영사, 2019, 111면.

는 테러방지법상의 규정에 따를 것이 요구된다. 동 법 제4조는 대테러 활동에 관하여 다른 법률에 우선하여 적용한다고 규정하고 있으므로, 동 법이 테러방지작용에 있어서 일반경찰작용법적 근거보다 우선 적용된다. 한편 동 법이 다른 법률에 따를 것을 규정한 경우에는 그에 의하면 된다.[127]

테러방지작용을 함에 있어서 테러방지법이 테러, 테러단체, 테러위험인물, 외국인테러전투원, 대테러활동, 대테러조사 등 불확정 개념을 사용한 경우 어떻게 해야 할 것인가? 원칙적으로 테러방지기관에게 임의적인 판단여지를 부여하는 것은 아니지만, 일정한 범위 내에서는 판단여지가 주어진다고 해석할 수 있다. 이 경우 판단여지가 있다고 하더라도 그것은 테러방지기관에게 자의나 임의를 부여한 것이 아니다. 또한 테러방지작용에 재량이 허용되는 경우 그 재량은 의무에 합당하게 행사되어야 적법한 것으로 인정된다.[128]

2. 경찰책임의 원칙

(1) 개념 및 성질

경찰책임의 원칙이란 위험방지를 위한 법령에서 "경찰권이 누구에게 위험의 방지·제거의 의무를 부여하는가?"를 내용으로 한다. 경찰작용의 한계로서 경찰책임의 원칙이란 행위나 물건의 상태로 경찰상 위험을 야기한 자에게만 경찰권을 발동해야 한다는 의미이다.[129]

---

127) 테러방지법 제9조 제1항·제3항, 제17조 제6항, 제18조 제1항 등.

128) 법률이 행정행위의 요건에 불확정 개념을 사용하고 있어 어떤 사실이 그 요건에 해당하는지 여부를 일의적으로 확정하기 어려운 경우 행정청의 판단여지 또는 한계상황이 존재한다고 말하며, 재량행위란 행정법규가 행정청에게 법적 효과를 스스로 결정할 수 있는 권한을 위임한 경우를 말한다. 김남진·김연태, 행정법Ⅰ, 2020, 221－223면 참조.

129) 경찰책임의 귀속에 관한 독일의 전통적 법해석론에 대해서는 이기춘, 「위험방지를

관련 법령에 경찰권 발동의 대상이 규정되어 있으면 그에 따르면 될 것이나, 규정이 없는 경우에는 경찰책임의 원칙에 따라 해결하여야 할 것이다. 경찰책임원칙의 이론은 경찰권 발동의 대상자를 법률로 정하는 경우에 그 입법기준이 된다. 그런데 경찰권 발동의 대상을 규정하는 법률의 규정이 추상적으로 규정되어 있거나, 일반적 수권조항의 경우 또는 개별적 수권조항의 경우에도 경찰권 발동의 대상자를 백지로 규정하고 있는 경우가 있을 수 있고, 이 경우에는 해석에 의해 경찰권 발동의 대상자를 정하여야 하고, 이 해석에 있어서 경찰책임이론이 해석기준이 된다.[130]

경찰책임은 공법상 의무이며 사법상 계약이 아니다. 경찰책임은 공적 안전이나 질서에 대한 위험을 제거하는 책임이며 처벌과는 무관하다. 또한 경찰상 위험을 야기하는 행위나 상태가 존속하는 한 경찰책임은 계속된다.

(2) 유형

행위책임이란 자연인이나 법인의 행위(타인을 사용하는 경우에는 타인을 포함한다)로 인해 공공의 안녕 또는 질서에 대한 위험을 야기함으로써 발생되는 경찰책임을 의미하고, 상태책임이란 물건으로 인해 공공의 안녕 또는 질서에 대한 위험을 야기함으로써 발생되는 경찰책임을 의미한다.[131] 경찰책임이 경합하는 경우도 있는바, 다수의 행위책임자 사이, 다수의 상태책임자 사이, 그리고 행위책임자와 상태책임자 사이의 책임을 들 수 있다. 한편 경찰상 긴급상태에서의 경찰비책임자의

위한 협력의무로서 경찰책임의 귀속에 관한 연구」, 고려대학교 법학박사학위논문, 2002, 65면 이하 참조.

130) 박균성, 행정법강의, 제17판, 박영사, 2020, 1270면.

131) 이외에도 경찰책임의 유형으로 구체적 책임과 추상적 책임이 거론되는바, 이에 대한 자세한 내용은 김연태, "경찰책임의 승계", 고려법학 제51호, 고려대학교 법학연구원, 2008, 236-237면 참조.

책임이 있다.[132)]

(3) 테러방지작용과 경찰책임의 원칙

테러로 인한 위험의 예방 및 대응을 위한 경찰권 발동의 대상이 테러방지법 및 일반 경찰법령에 규정되어 있으면 그에 의한다. 반면, 관련 법령에 테러방지조치의 대상이 규정되어 있지 않거나 대상자 확정이 곤란한 경우에는 경찰책임의 원칙에 따라 해결하여야 할 것이다. 따라서 테러방지법상 경찰책임의 원칙은 법령에 경찰권 발동의 대상이 규정되어 있지 않은 경우에만 유효하다.

테러방지조치는 경찰책임자에게만 행해져야 하므로, 이 한도 내에서 경찰책임의 원칙은 테러방지조치의 대상을 확정하는 것이면서 또한 한계로서 작용한다. 한편 예외적으로 테러방지를 위해 긴급한 경우에는 테러위험과 무관한 자에게도 발동될 수 있다. 이 경우 엄격한 법률상·조리상 심사를 필요로 함은 물론이다.

3. 비례의 원칙

(1) 개념 및 내용

광의의 비례의 원칙 또는 과잉금지의 원칙(Übermaßverbot)이란, 행정주체가 구체적인 행정목적을 실현함에 있어서 그 목적과 수단 간에는 합리적인 비례관계가 유지되어야 한다는 것을 의미한다. 이는 헌법 차원의 법원칙으로서 성질과 효력을 가지는 것으로 이해된다.

비례의 원칙의 내용으로, 첫째 적합성의 원칙이란 행정기관이 취

---

132) 이에 대한 자세한 내용은 서정범, “비책임자에 대한 경찰권발동” 안암법학 제25호, 안암법학회, 2007, 269면 이하 ; 손재영, “위험방지를 위한 가택출입과 경찰긴급상황 –최근 발생한 ‘수원 20대 여성 토막 살인사건’을 소재로 하여–”, 법과정책 제18권 제2호, 제주대학교 법과정책연구원, 2012, 307면 이하 참조.

하는 조치 또는 수단은 그 목적을 달성하기에 적합하여야 한다는 원칙이다. 적합성의 원칙에서 수단은 가장 적합할 필요는 없으며 목적달성에 기여할 수 있으면 족하며, 다른 조치와 결합하여 목적을 달성할 수 있는 경우에도 인정된다.

둘째 필요성의 원칙 내지 최소침해의 원칙이란 행정기관의 조치는 그의 목적달성을 위해 필요한 한도 이상으로 행해져서는 안 된다는 것, 즉 행정목적 달성에 적합한 수단이 다수인 경우 행정기관은 국민에게 가장 침해가 작은 수단을 선택해야 한다는 원칙이다.

셋째 협의의 비례원칙이라고도 하는 상당성의 원칙이란 행정기관의 어떤 조치가 행정목적 달성을 위해 필요하며, 최소 침해를 주는 수단을 선택하는 경우에도 행정목적에 의하여 추구되는 이익이 행정의 상대방이 받는 손해보다 커야 함을 의미한다. 즉, 행정조치를 취하지 않는 경우 침해될 공익과 행정조치를 취하는 경우 침해되는 상대방의 사익을 비교형량하여 만약 침해되는 상대방의 이익이 우월한 경우에는 행정조치를 행해서는 안 된다는 원칙이다.

적합성의 원칙, 필요성의 원칙(최소침해의 원칙), 상당성의 원칙(협의의 비례의 원칙)은 단계구조를 이루고 있는바, 행정조치는 목적달성에 적합한 수단 중에서 최소 침해를 주는 수단을, 최소 침해를 주는 수단 중에서도 법익형량의 결과 상당한 수단을 선택해야 하는 순차적 고려를 필요로 한다. 따라서 순차적 고려가 누락된 행정조치는 비례의 원칙에 위반된다. 행정기관의 조치 내지 처분이 비례의 원칙에 위반된 경우, 법원은 재량권의 남용을 이유로 그 처분을 취소하거나 무효임을 확인할 수 있다.[133]

(2) 과소보호금지의 원칙

공공의 안녕·공공의 질서에 대한 위험의 요건이 충족되는 경우에

133) 서정범·박상희, 앞의 책, 38-40면; 김남진·김연태, 행정법Ⅱ, 2020, 312-315면.

그 효과로서 경찰권을 발동할 수 있는바, 이를 경찰편의주의 원칙이라고 한다. 경찰편의주의 원칙은 결정재량(Entschließungsermessen)과 선택재량(Auswahlermessen)에서 고려될 수 있다. 하지만 경우에 따라서는 경찰권의 발동이 의무로 변하는 경우도 있다. 예컨대, 테러로 인한 공공의 안녕·공공의 질서에 대한 위험이 중대하며 급박한 경우를 들 수 있다. 경찰권의 영으로의 수축이론이 여기에 해당된다. 이 경우 경찰권의 영으로의 수축이론은 경찰권 발동의 적극적 한계로서 작용한다.

종래 경찰권의 한계를 주로 경찰권이 발동되어서는 안 되는 소극적인 한계로만 이해했으나, 현대적 경찰행정에서는 경찰권이 발동되지 않으면 안 되는 적극적 한계도 중요시되고 있다. 즉, 개인의 생명·건강·자유·재산이 중요한 위협을 받고 있고, 경찰이 다른 동 가치적인 보호법익을 희생시키지 않고 대처할 수 있는 경우에는, 경찰권 개입이라는 기속적 결정만이 성실한 재량권의 행사로 간주된다.

전통적 경찰법 이론상 비례원칙이 경찰조치권한 행사의 과잉과 관련한 원칙임에 반해, 과소보호금지원칙은 국가의 개인에 대한 보호의무와 관련하여 경찰조치권한 행사의 과소와 관련한 원칙이다. 과소보호금지의 원칙은 "경찰의 직무는 효과적으로 달성되어야만 하므로, 만일 위험방지가 '불충분한' 경우라면 경찰의 직무를 이행하였다고 할 수 없다."는 것을 그 핵심적 내용으로 한다.[134)]

헌법재판소도, 국가는 기본권보호를 위해 적절하고 효율적인 최소한의 보호조치를 해야 한다는 원칙인 과소보호금지의 원칙을 비례원칙의 한 형태로 인정하고 있다. 2008. 6. 26. 농림수산식품부 고시 제2008-15호 '미국산 쇠고기 수입위생조건' 고시 위헌 확인 심판에서, 헌법재판소는 다음과 같이 결정하였다.

---

134) 서정범, 앞의 책, 247면.

〈 **판례** 〉: 국가가 국민의 생명·신체의 안전에 대한 보호의무를 다하지 않았는지 여부를 헌법재판소가 심사할 때에는 국가가 이를 보호하기 위하여 적어도 적절하고 효율적인 최소한의 보호조치를 취하였는가 하는 이른바 '과소보호 금지원칙'의 위반 여부를 기준으로 삼아, 국민의 생명·신체의 안전을 보호하기 위한 조치가 필요한 상황인데도 국가가 아무런 보호조치를 취하지 않았든지 아니면 취한 조치가 법익을 보호하기에 전적으로 부적합하거나 매우 불충분한 것임이 명백한 경우에 한하여 국가의 보호의무의 위반을 확인하여야 한다. 이 사건 고시가 개정 전 고시에 비하여 완화된 수입위생조건을 정한 측면이 있다 하더라도, 미국산 쇠고기의 수입과 관련한 위험상황 등과 관련하여 개정 전 고시 이후에 달라진 여러 요인들을 고려하고 지금까지의 관련 과학기술 지식과 OIE 국제기준 등에 근거하여 보호조치를 취한 것이라면, 이 사건 고시상의 보호조치가 체감적으로 완벽한 것은 아니라 할지라도, 위 기준과 그 내용에 비추어 쇠고기 소비자인 국민의 생명·신체의 안전을 보호하기에 전적으로 부적합하거나 매우 부족하여 그 보호의무를 명백히 위반한 것이라고 단정하기는 어렵다 할 것이다(2008. 12. 26. 2008헌마419·423·436(병합) 전원재판부 결정).

한편, 경찰부작위에 대한 경찰개입청구권(경찰권 발동의 의무화)과 관련하여, 판례의 입장은 과소보호금지원칙을 인정하는데 있어 엄격한 기준을 적용하고 있음을 알 수 있다. 경찰권 발동의 의무성을 부정한 판례는 다음과 같다.

〈 **판례** ① 〉: 범죄의 예방·진압 및 수사는 경찰관의 직무에 해당하며(「경찰관직무집행법」 제2조 참조), 그 직무행위의 구체적 내용이나 방법 등이 경찰관의 전문적 판단에 기한 합리적인 재량에 위임되어 있으므로, 경찰관이 구체적 상황하에서 그 인적·물적 능력의 범위 내에서의 적절한 조치라는 판단에 따라 범죄의 진압 및 수사에 관한 직무를 수행한 경우, 경찰관에게 그와 같은 권한을 부여한 취지와 목적, 경찰관이 다른 조치를 취하지 아니함으로 인하여 침해된 국민의 법익 또는 국민에게 발생한 손해의 심각성 내지 그 절박한 정도, 경찰관이 그와 같은 결과를 예견하여 그 결과를 회피하기 위한 조치를 취할 수 있는 가능성이 있는지 여부 등을 종합적으로 고려하여 볼 때, 그것이 객관적 정당성을 상실하여 현저하게 불합리하다고 인정되지 않는다면 그와 다른 조치를 취하지 아니한 부작위를 내세워 국가배상책임의 요건인 법령 위반에 해당한다고 할 수 없다(대법원 2007. 10. 25. 선고 2005다23438 판결).

〈판례 ②〉: 공무원의 부작위로 인한 국가배상책임을 인정하기 위하여는 …「국가배상법」 제2조 제1항의 요건이 충족되어야 할 것인바, 여기서 '법령에 위반하여'라고 하는 것이 엄격하게 형식적 의미의 법령에 명시적으로 공무원의 작위의무가 규정되어 있는데도 이를 위반하는 경우만을 의미하는 것은 아니고, 국민의 생명, 신체, 재산 등에 대하여 절박하고 중대한 위험상태가 발생하였거나 발생할 우려가 있어서 국민의 생명, 신체, 재산 등을 보호하는 것을 본래적 사명으로 하는 국가가 초법규적, 일차적으로 그 위험배제에 나서지 아니하면 국민의 생명, 신체, 재산 등을 보호할 수 없는 경우에는 형식적 의미의 법령에 근거가 없더라도 국가나 관련 공무원에 대하여 그러한 위험을 배제할 작위의무를 인정할 수 있을 것이지만, 그와 같은 절박하고 중대한 위험상태가 발생하였거나 발생할 우려가 있는 경우가 아니라면 원칙적으로 공무원이 관련 법령을 준수하여 직무를 수행하였다면 그와 같은 공무원의 부작위를 가지고 '고의 또는 과실로 법령에 위반'하였다고 할 수는 없을 것이므로, 공무원의 부작위로 인한 국가배상책임을 인정할 것인지 여부가 문제되는 경우에 관련 공무원에 대하여 작위의무를 명하는 법령의 규정이 없다면 공무원의 부작위로 인하여 침해된 국민의 법익 또는 국민에게 발생한 손해가 어느 정도 심각하고 절박한 것인지, 관련 공무원이 그와 같은 결과를 예견하여 그 결과를 회피하기 위한 조치를 취할 수 있는 가능성이 있는지 등을 종합적으로 고려하여 판단하여야 할 것이다(대법원 2008. 10. 9. 선고 2007다40031 판결).

반면, 경찰권 발동의 의무성을 긍정한 판례도 있는바, 다음과 같다.

〈**판례 ①**〉: 경찰은 범죄의 예방, 진압 및 수사와 함께 국민의 생명, 신체 및 재산의 보호 등과 기타 공공의 안녕과 질서유지도 직무로 하고 있고, 그 직무의 원활한 수행을 위하여 「경찰관직무집행법」, 「형사소송법」 등 관계 법령에 의하여 여러 가지 권한이 부여되어 있으므로, 구체적인 직무를 수행하는 경찰관으로서는 제반 상황에 대응하여 자신에게 부여된 여러 가지 권한을 적절하게 행사하여 필요한 조치를 취할 수 있는 것이고, 그러한 권한은 일반적으로 경찰관의 전문적 판단에 기한 합리적인 재량에 위임되어 있는 것이나, 경찰관에게 권한을 부여한 취지와 목적에 비추어 볼 때 구체적인 사정에 따라 경찰관이 그 권한을 행사하여 필요한 조치를 취하지 아니하는 것이 현저하게 불합리하다고 인정되는 경우에는 그러한 권한의 불행사는 직무상의 의무를 위반한 것이 되어 위법하게 된다(대법원 2004. 9. 23. 선고 2003다49009 판결).

〈**판례 ②**〉: 「경찰관직무집행법」 제5조는 경찰관은 인명 또는 신체에 위해를 미치거나 재산에 중대한 손해를 끼칠 우려가 있는 위험한 사태가 있을 때에는 그 각 호의 조치를 취할 수 있다고 규정하여 형식상 경찰관에게 재량에 의한 직무수행권한을 부여한 것처럼 되어 있으나, 경찰관에게 그러한 권한을 부여한 취지와 목적에 비추어 볼 때 구체적인 사정에 따라 경찰관이 그 권한을 행사하여 필요한 조치를 취하지 아니하는 것이 현저하게 불합리하다고 인정되는 경우에는 그러한 권한의 불행사는 직무상의 의무를 위반한 것이 되어 위법하게 된다(대법원 1998. 8. 25. 선고 98다16890 판결).

(3) 테러방지작용과 비례의 원칙 준수

테러방지작용 역시 경찰작용의 한 유형으로 당연히 비례의 원칙에 의한 제한을 받는다. 국가, 지방자치단체 등 행정주체나 테러방지기관은 테러방지작용을 함에 있어서 개별 법령과 경찰책임원칙 등 경찰법상 일반원칙에 의한 한계뿐만 아니라 비례의 원칙에 의한 심사를 거쳐야 한다.

특히 테러방지작용이 과잉금지의 원칙 위반뿐만 아니라 과소로 보호함으로써, 적어도 국민의 생명·건강·자유·재산에 대해 적절하고 효율적인 최소한의 보호조치를 취하지 못한 경우에는 위법함을 면하지 못한다고 할 것이다.

토론과제

1. 테러위험의 존재시기에 대하여 설명하시오.

2. 경찰권으로서 테러방지작용의 투입시기에 대하여 설명하시오.

3. 테러방지작용의 유형 및 근거에 대하여 설명하시오.

4. 테러대응절차에 대하여 설명하시오.

5. 테러방지법 제17조 제3항의 해석에 대한 판례의 태도를 설명하시오.

6. 현행 테러방지법상 테러방지작용의 문제점 및 한계에 대하여 설명하시오.

7. 테러개념의 불명확성이 테러단체, 테러위험인물, 외국인테러전투원의 개념과 결합할 때 적용상 어떤 문제점이 발생할 수 있는지 설명하시오.

8. 대테러활동과 대테러조사에 대하여 설명하시오.

9. 대테러조사의 기본권 침해성과 이를 규제하기 위한 방안에 대하여 설명하시오.

10. 테러위험인물에 대한 추적의 개념과 절차에 대하여 설명하시오.

제4장

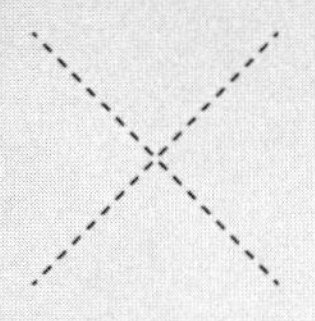

보론: 테러방지법의 보완사항

제4장

보론: 테러방지법의 보완사항

주지하다시피, 최근 테러 경향이 급격하게 변화하고 있는 반면에, 테러방지법이 제정되는 과정에서 여러 상황을 고려한 입법 탓으로 테러의 예방 및 대응을 위한 내용들을 충분히 반영하지 못한 부분이 있다고 여겨진다. 따라서 이하에서는 이에 대한 입법적 보완이 필요하다는 측면에서 다음과 같은 테러방지법의 보완사항 내지 개선방안을 제시한다.

Ⅰ. 국내 환경에 적합한 테러 등 관련 개념의 정립

국제적으로는 국제기구 및 각국의 사정에 따라 테러개념을 달리 이해하고 있으며, 자국이 처한 사정을 고려하여 입법에 반영하고 있다. 그런데 우리나라와는 달리 대부분의 외국 국가들은 테러의 개념을 공공질서 혼란 및 정부정책에 대한 영향행사 목적의 위해행위로 규정하는 등 테러의 목적 및 행위에 대해서 포괄적으로 정의하고 있다. 특히 영국은 이에 더하여 주관적 요건인 공중협박의 목적과 상관없이 총기·폭발물 등을 이용한 위해행위는 모두 테러로 간주하는 등 한층 더 강화되고 확대된 개념 정의를 사용하고 있다.[1)2)]

우리나라의 테러방지법은 테러개념뿐만 아니라 테러단체, 테러위험인물, 외국인테러전투원, 대테러활동, 대테러조사 등의 개념을 규정하고 있는데, 이 정의규정과 관련하여 대체로 다음과 같은 문제점이 제기된다.

첫째 테러방지법상의 테러개념이 불명확함으로 인하여 달리 해석되거나 확대될 우려가 있다는 점이다. 테러방지법 제2조 제1호에는 테러를 "국가·지방자치단체 또는 외국 정부(외국 지방자치단체와 조약 또는 그 밖의 국제적인 협약에 따라 설립된 국제기구를 포함한다)의 권한행사를 방해하거나 의무 없는 일을 하게 할 목적 또는 공중을 협박할 목적으로 … (이하 생략)"이라고 규정하고 있다. 그런데 어떤 행위주체의 행위가 테러에 해당하는지를 명확하게 규정하지 못하고 있어 경우에 따라서는 법률조항의 해석에 따라 테러개념이 확대될 가능성이 크다는 점이다. 특히 북한은 「국가보안법」상 반국가단체이지만, 테러방지법상 테러단체로 볼 수 있는지에 대해서는 견해가 나뉜다. 그런데 동 법 제2조 제1호 테러개념을 전제로 행위주체를 판단한다면 북한을 테러행위주체로 볼 수 있는바, 남북한의 정치상황에 따라 자의적 판단이 우려된다는 점에서 문제가 있다. 결국 테러행위주체는 테러개념에 의해 확정된다고 볼 수 있으므로 입법목적에 맞도록 테러개념을 좀더 상세히 규정할 필요가 있다.

둘째 테러방지법상 테러단체 및 테러위험인물의 개념 규정이 명확하지 못하고 더 나아가 현실과 일치하지 않는 면이 있어, 실질적으로

1) 임승찬, 「테러방지법령상 주요 쟁점사항에 대한 개정방향 연구」, 가천대학교 보안학 박사학위논문, 2019, 70면. 이는 탄력성있는 적용을 위한 목적이라고 추측된다.
2) 외국의 테러개념 해외현황에 대해서는 이성대, "현행 테러방지법상 독소조항의 의혹과 개선방향", 성균관법학 제30권 제3호, 성균관대학교 법학연구소, 2018, 320－322면.

테러가능성이 높은 대상임에도 불구하고 적용할 수 없는 경우가 있다. 먼저 테러방지법상 테러단체란 국제연합(UN)이 지정한 테러단체를 의미하므로,[3] 예컨대 국제연합(UN)이 북한을 테러단체로 지정하지 않으면 북한을 테러방지법상 테러단체라고 볼 수 없다. 그런데 테러방지법 제17조는 테러단체를 구성하거나 구성원으로 가입한 사람을 처벌하고 있는바,[4] 대한민국을 공격하기 위하여 북한침투요원들이 테러단체를 구성하거나 구성원으로 가입하였다면 테러단체로 볼 수 있다. 이처럼 테러방지법에서 동일한 테러단체라는 용어를 사용하면서도 그 적용에 있어서는 차이가 있어 문제가 될 수 있다. 즉, 테러방지법 제2조 제2호와 동 법 제17조 중 어느 조항을 우선 적용하느냐에 따라 테러단체 여부가 달라진다는 점에서 문제가 발생할 수 있다. 또한 테러방지법상 테러위험인물이란 테러단체의 조직원이거나 테러단체 선전, 테러자금 모금·기부, 그 밖에 테러 예비·음모·선전·선동을 하였거나 하였다고 의심할 상당한 이유가 있는 사람을 의미하는바,[5] 테러위험인물의 개념이 국제연합(UN)의 테러단체 지정 여부를 기준으로 하는 것인지 아니면 '테러자금 모금·기부, 그 밖에 테러 예비·음모·선전·선동을 하였거나 하였다고 …'의 해석 즉, 테러자금 모금·기부, 그 밖에 테러의 예비·음모·선전·선동이 단순히 테러방지법 제2조 제1호의 테러개념을 전제로 하는 것인지에 따라 달리 해석될 수 있다는 점이다. 테러단체를 국제연합(UN)이 지정한 단체를 전제로 한다면, 「국가보안법」상의 반국가단체나 일반범죄단체와 구별이 용이해질 것이지만, 그렇지 않은 경우에는 구별이 모호할 뿐만 아니라 테러단체의 개념이 확대될 가능성이 있다.

---

3) 테러방지법 제2조 제2호: 테러단체란 국제연합(UN)이 지정한 테러단체를 말한다.

4) 테러방지법 제17조(테러단체 구성죄 등) ① 테러단체를 구성하거나 구성원으로 가입한 사람은 다음 각 호의 구분에 따라 처벌한다.

5) 테러방지법 제2조 제3호: 테러위험인물이란 테러단체의 조직원이거나 테러단체 선전, 테러자금 모금·기부, 그 밖에 테러 예비·음모·선전·선동을 하였거나 하였다고 의심할 상당한 이유가 있는 사람을 말한다.

한편 대한민국을 향한 북한의 침투공격에 대해서는 이를 테러로 간주하고 방어할 필요성이 있음은 명확하다. 그런데 테러단체를 국제연합(UN)의 지정을 요건으로 하는 경우에는 북한 침투요원들의 행위에 대해서 테러방지법을 적용할 수 없다. 그러나 과연 북한 침투요원들의 공격행위에 대해 테러방지법을 적용할 수 없도록 하는 것이 타당한지는 의문이다. 또한 자생적 테러행위 우려자에 대해서도 테러개념만을 적용한다면 테러위험인물이지만, 테러위험인물의 개념을 국제연합(UN)에서 지정한 테러단체를 전제로 해석한다면 테러위험인물이 될 수 없다. 이처럼 국제연합(UN)에서 지정한 테러단체를 전제로 한 테러위험인물 개념을 관철할 경우에는 자생적 테러행위자에 대해서는 테러방지법의 적용이 곤란하다. 따라서 이에 대한 입법상 보완이 필요하며, 보완을 할 경우에는 북한의 침투요원 및 자생적 테러행위자 등의 테러위험인물에 의한 국내 테러행위도 테러방지법이 포섭할 수 있는 방향으로 재검토되어야 할 것이다.

셋째 외국인테러전투원의 개념에 대해서도 테러단체나 테러위험인물과 유사한 문제점이 발생할 수 있다.

따라서 테러범죄, 「국가보안법」상 범죄, 일반범죄 사이의 경계가 모호해져 가는 현실에서 테러방지법상의 테러, 테러단체, 테러위험인물, 외국인테러전투원의 개념을 좀더 세부적으로 규정함으로써, 동법 제9조·제17조·제18조·제19조를 관통하는 통일적 해석이 가능하도록 재정립되어야 한다. 아울러 우리나라의 국내 현실을 감안하여 북한의 침투행위는 물론, 외로운 늑대에 의한 자생적 테러행위에 대한 적용 여부를 명확히 설정하되, 이를 포섭할 수 있는 방향으로의 개정이 필요하다.

Ⅱ. 테러방지법 제9조의 보완

첫째 테러방지법 제9조는 테러위험인물에 대한 정보수집 등을 규정하고 있는바, 테러위험인물의 인정 여부에 따라 적용 여부가 결정된다는 점에서 문제가 있다. 동 법 제9조에 의한 정보수집은 테러위험인물을 전제로 하며, 테러위험인물은 테러단체의 조직원이거나 테러단체 선전, 테러자금 모금·기부, 그 밖에 테러 예비·음모·선전·선동을 하였거나 하였다고 의심할 상당한 이유가 있는 사람을 의미하므로, 테러단체와의 연관성을 요한다. 그런데 테러단체는 동 법 제2조 제2호에 의하면 국제연합(UN)이 지정한 단체에만 한정된다. 반면에 테러개념만을 적용한다면 테러단체를 전제로 하지 않더라도 테러위험인물이 될 수 있다. 이러한 해석상 차이는 다음과 같은 두 측면에서 문제점을 야기한다. 하나는 경찰법 이론상 테러위험인물에 대한 중대한 기본권침해를 위해서는 개별적 수권규범의 형태로 규정될 것을 요하는바, 테러개념만을 적용하는 경우와 국제연합(UN)에서 지정한 테러단체를 전제로 하는 경우에 따라 테러위험인물이 달라진다면 명확성의 원칙 측면에서 문제가 될 수 있다. 다른 하나는 만약 테러위험인물을 국제연합(UN)에서 지정한 테러단체를 전제로 한다면 이러한 개념정의는 결과적으로 테러위험인물이 아니면 제9조를 적용할 수 없으므로, 테러가능성이 높은 북한의 침투요원, 국제연합(UN)이 지정하지 않은 테러단체, 외로운 늑대에 의한 자생적 테러행위자의 테러에 대해서는 이를 사전에 예방하기 위한 정보수집 등의 조치를 할 수 없는 문제점이 있다. 테러방지법의 입법목적에 충실하지 못한 심각한 문제라 할 수 있다.

둘째 테러방지법 제9조 제4항 전단은 "국가정보원장은 대테러활동에 필요한 정보나 자료를 수집하기 위하여 대테러조사 및 테러위험인물에 대한 추적을 할 수 있다."라고 규정하고 있다. 그런데 '테러위험인물에 대한 추적'이 무엇을 의미하는지 즉, 정의규정이 없다는 점에서, 그리고 대테러조사 및 테러위험인물의 추적에 대한 세부적 절차가 규정되어 있지 않다는 점에서 문제가 된다. 따라서 대테러조사에 준하는 수준으로 테러위험인물에 대한 추적의 의미·세부 유형 등 정의규정이 마련되어야 하며, 테러위험인물에 대한 추적절차에 대해서도 명확하게 규율할 필요가 있다. 한편 대테러조사는 테러로 인한 공공의 안녕 또는 공공의 질서에 대한 위험방지를 위한 사전대비활동의 성격이 강하다. 또한 테러범죄의 혐의단서를 포착하거나 수사 전 사실관계를 확정하는 단계이기도 하다. 그런데 테러위험인물 정보수집 과정에서 형사절차에 준하는 강제력이 필요한 상황에서 조사대상자에 강제적 수단이 동원될 경우 조사대상자는 「형사소송법」에 준하는 법적보호를 받아야 한다. 따라서 형사소추의 성격을 가지는 조사를 받을 경우 영장주의원칙을 기본으로 해야 한다. 신속성과 긴급성을 요하는 테러범죄의 특징을 고려하더라도 피조사자에 대한 진술거부권이나 수집된 증거에 대해 즉각적인 사후영장에 관한 절차적 규정을 마련할 필요가 있다.[6] 더 나아가 대테러조사의 대상자가 조사처분의 적법성을 다툴 수 있는 절차도 마련되어야 한다. 또한 동 법 제9조 제4항 후단은 “이 경우 사전 또는 사후에 대책위원회 위원장에게 보고하여야 한다.”라고만 규정하여 실효성에 의문이 제기된다. 따라서 실효적 권리구제수단을 법률의 형태로 규정하고 권한남용의 경우 처벌조항을 신설할 필요가 있다.

요컨대, 법률유보의 원칙상 대테러조사 및 테러위험인물에 대한 추적의 절차와 과정을 규정함으로써, 이를 위한 국가정보원장의 직무

---

6) 행정조사에 대한 형사법상 절차규정 적용 논의에 대해서는 김용주, 앞의 논문, 96면 이하 ; 홍지은, “특별사법경찰의 행정조사와 수사: 진술서 작성 및 자료 제출 요구를 중심으로”, 범죄수사학연구 제6권 제1호(통권 제10호), 경찰대학 범죄수사연구원, 2020, 104면 이하 참조. 앞에서 언급했듯이, 대테러조사를 행정조사의 한 유형으로 본다면, 이와 같은 권력적 대테러조사의 경우에 대해서는 형사법상 절차가 적용되어야 함은 물론이다.

의 근거 및 한계를 명확히 할 필요가 있다. 세부적으로는 주체·범위·대상·절차 등이 규정되어야 한다.

Ⅲ. 대테러활동 등으로 인한 권리침해 구제수단의 반영

대테러조사 및 테러위험인물에 대한 추적의 절차를 밀도있게 규정함과 아울러 대테러 인권보호관의 기능을 보완할 것을 제안한다. 테러방지법 제7조는 관계기관의 대테러활동으로 인한 국민의 기본권 침해 방지를 위하여 국가테러대책위원회 소속으로 대테러 인권보호관 1명을 두고, 대테러 인권보호관의 자격, 임기 등 운영에 관한 사항은 대통령령으로 정함을 규정하고 있다. 대테러 인권보호관의 임무는 대테러활동 중 발생한 국가권력의 침해행위로부터 국민의 기본권을 보호하는 것이다. 그런데 대테러 인권보호관의 소속을 대테러활동의 컨트롤 타워에 해당하는 국가테러대책위원회로 하는 것은 독립적 직무수행이라는 취지에 반한다. 따라서 대테러 인권보호관의 독립적 직무수행을 위한 소속 변경이 강구되어야 한다. 또한 대테러 인권보호관의 직무는 ① 국가테러대책위원회에 상정되는 관계기관의 대테러정책·제도 관련 안건의 인권 보호에 관한 자문 및 개선 권고, ② 대테러활동에 따른 인권침해 관련 민원의 처리, ③ 그 밖에 관계기관 대상 인권 교육 등 인권 보호를 위한 활동[7]에서 알 수 있듯이, 기본권 침해 방지를 위한 강력한 수단이 규정되어 있지 않다. 자문 및 개선, 민원 처리 및 인권교육 등의 직무를 벗어나 대테러활동을 수행하는 관계기관의 행위를 사전 또는 사후에 통제할 수 있는 제도적 장치가 필요하다. 그리고 대테러 인권보호관 지원반의 구성 및 운영에 있어서도 전문성을 제고하는 노력이 필요하다. 이를 위해서는 관계 전문가 또는 관계 기관·단체에

7) 테러방지법 시행령 제8조 제1항.

게 대테러 인권보호관의 직무수행에 필요한 연구, 자문 등을 활성화할 필요가 있다.[8)]

Ⅳ. 테러방지를 위한 경찰의 기능·역할의 제도적 보완

테러방지법에 규정된 경찰의 주요 기능 및 역할은 대테러 관계기관, 국내일반테러사건이 발생한 경우 국내일반테러사건대책본부의 설치, 현장지휘본부의 설치, 현장조직으로서 대테러특공대 운영 등이며, 국내일반테러사건이 발생한 초기에는 초동조치 임무를 수행한다.

첫째 경찰청은 국내일반테러사건이 발생하거나 발생할 우려가 현저한 경우에 국내일반테러사건대책본부를 설치·운영하며, 국내일반테러사건대책본부의 장은 경찰청장이 된다.[9)] 국내일반테러사건대책본부의 설치는 경찰청 위기관리센터장의 건의 또는 경찰청 대테러위원회의 심의로 경찰청장이 설치하도록 되어 있다. 국내일반테러사건대책본부는 ① 테러사건 관련 상황의 종합처리·전파 및 사후처리, ② 현장지휘본부의 사건대응활동에 대한 지휘·통제 및 지원, ③ 국가테러대책위원회 또는 테러대책실무위원회의 개최 건의, ④ 필요시 관계기관에 인력·장비 등 지원 요청, ⑤ 그 밖에 테러사건 대응에 필요한 사항 시행 등의 기능을 수행한다.

둘째 경찰청장은 국내일반테러사건대책본부의 장으로서 테러사건이 발생한 경우 사건현장의 대응활동을 총괄하기 위하여 현장지휘본부를 설치할 수 있다.[10)] 현장지휘본부의 장은 국내일반테러사건대책본부의 장인 경찰청장이 지명한다.[11)]

---

8) 「대테러 인권보호관 지원반 구성 및 운영에 관한 규정」 제5조 제1항 참조.
9) 테러방지법 시행령 제14조 제1항.
10) 테러방지법 시행령 제15조 제1항.
11) 테러방지법 시행령 제15조 제2항·제3항.

현장지휘본부는 ① 국내일반테러사건이 발생한 경우 현장 대응활동 총괄, ② 현장 상황의 전파·보고 및 대응체계 유지, 조치사항의 체계적 시행, ③ 협상·진압·구조·구급·소방 등에 필요한 전문조직 구성, ④ 협상·진압·구조·구급·소방 등에 필요한 전문조직·인력·장비 등을 관계기관에 지원 요청, ⑤ 특공대, 초동조치팀 등 경찰의 전담조직과 현장에 출동한 관계기관의 조직 지휘·통제(군·해경특공대, 군 대테러특수임무대, 대화생방테러특수임무대, 테러대응구조대, 대테러합동조사팀 등), ⑥ 필요한 경우 국내일반테러사건대책본부장에게 다른 지방경찰청의 경찰특공대 등 인력과 장비 등의 지원 요청, ⑦ 경찰특공대의 테러사건 진압작전 승인(승인권자: 현장지휘본부장), ⑧ 국내일반테러사건대책본부장의 지시사항 조치 및 보고, ⑨ 사건 수사 및 사후 대비책 강구, ⑩ 국내일반테러사건대책본부장에게 사건처리 결과 종합보고 등의 기능을 수행한다.

셋째 국내일반테러사건의 경우에는 국내일반테러사건대책본부가 설치되기 전까지 테러사건 발생지역 관할 경찰관서의 장이 ① 사건현장의 통제·보존 및 경비 강화, ② 긴급대피 및 구조·구급, ③ 관계기관에 대한 지원 요청, ④ 그 밖에 사건 확산 방지를 위하여 필요한 사항 등 초동조치를 지휘·통제한다.[12] 경찰의 테러대응매뉴얼에 의하면, 경찰 초동조치팀의 주요 임무는 사건현장의 통제·보존 및 경비강화, 긴급대피 및 구조·구급, 관계기관에 대한 지원요청, 그 밖에 사건 확산 방지를 위하여 필요한 사항으로 명시되어 있다. 국내일반테러사건대책본부가 설치된 이후에는 지휘권을 국내일반테러사건대책본부의 장인 경찰청장에게 이관한다.

이처럼 경찰은 국내일반테러사건을 전담하는 매우 중요한 조직임에 반해 테러방지를 위해 명시된 직무는 다소 불충분하다고 판단된다. 따라서 국가정보원과 마찬가지로 대테러센터의 실질적 주요기관으로

12) 테러방지법 시행령 제23조 제3항.

기능 및 역할의 확대가 필요하며, 테러 및 테러위험인물 등 테러 관련 정보를 취급할 수 있는 방향으로 입법적 개선을 고려할 필요가 있다. 이는 테러정보를 중첩적으로 수집함으로써 대테러활동을 효과적으로 수행하는데 기여할 수 있을 뿐만 아니라, 국가정보원의 견제 기능도 할 수 있기 때문이다.

토론과제

1. 우리나라 테러방지법상 국가정보원의 기능 및 역할에 대하여 설명하시오.

2. 북한의 침투공격이나 자생적 테러행위자에 의한 테러를 사전에 예방하기 위하여 입법적으로 보완해야 할 사항에 대하여 설명하시오.

3. 우리나라 테러방지법상 경찰의 기능 및 역할에 대하여 설명하고 개선방안을 제시하시오.

부 록

국민보호와 공공안전을 위한 테러방지법(약칭: 테러방지법)
국민보호와 공공안전을 위한 테러방지법 시행령

국민보호와 공공안전을 위한 테러방지법(약칭: 테러방지법)

[시행 2020.6.9.] [법률 제17466호, 2020.6.9., 타법개정]

제1조(목적) 이 법은 테러의 예방 및 대응 활동 등에 관하여 필요한 사항과 테러로 인한 피해보전 등을 규정함으로써 테러로부터 국민의 생명과 재산을 보호하고 국가 및 공공의 안전을 확보하는 것을 목적으로 한다.

제2조(정의) 이 법에서 사용하는 용어의 뜻은 다음과 같다.

1. "테러"란 국가·지방자치단체 또는 외국 정부(외국 지방자치단체와 조약 또는 그 밖의 국제적인 협약에 따라 설립된 국제기구를 포함한다)의 권한행사를 방해하거나 의무 없는 일을 하게 할 목적 또는 공중을 협박할 목적으로 하는 다음 각 목의 행위를 말한다.

   가. 사람을 살해하거나 사람의 신체를 상해하여 생명에 대한 위험을 발생하게 하는 행위 또는 사람을 체포·감금·약취·유인하거나 인질로 삼는 행위

   나. 항공기(「항공법」 제2조 제1호의 항공기를 말한다. 이하 이 목에서 같다)와 관련된 다음 각각의 어느 하나에 해당하는 행위

      1) 운항 중(「항공보안법」 제2조 제1호의 운항 중을 말한다. 이하 이 목에서 같다)인 항공기를 추락시키거나 전복·파괴하는 행위, 그 밖에 운항 중인 항공기의 안전을 해칠 만한 손괴를 가하는 행위

      2) 폭행이나 협박, 그 밖의 방법으로 운항 중인 항공기를 강탈하거나 항공기의 운항을 강제하는 행위

      3) 항공기의 운항과 관련된 항공시설을 손괴하거나 조작을 방해

하여 항공기의 안전운항에 위해를 가하는 행위

다. 선박(「선박 및 해상구조물에 대한 위해행위의 처벌 등에 관한 법률」 제2조 제1호 본문의 선박을 말한다. 이하 이 목에서 같다) 또는 해상구조물(같은 법 제2조 제5호의 해상구조물을 말한다. 이하 이 목에서 같다)과 관련된 다음 각각의 어느 하나에 해당하는 행위

1) 운항(같은 법 제2조 제2호의 운항을 말한다. 이하 이 목에서 같다) 중인 선박 또는 해상구조물을 파괴하거나, 그 안전을 위태롭게 할 만한 정도의 손상을 가하는 행위(운항 중인 선박이나 해상구조물에 실려 있는 화물에 손상을 가하는 행위를 포함한다)

2) 폭행이나 협박, 그 밖의 방법으로 운항 중인 선박 또는 해상구조물을 강탈하거나 선박의 운항을 강제하는 행위

3) 운항 중인 선박의 안전을 위태롭게 하기 위하여 그 선박 운항과 관련된 기기·시설을 파괴하거나 중대한 손상을 가하거나 기능장애 상태를 일으키는 행위

라. 사망·중상해 또는 중대한 물적 손상을 유발하도록 제작되거나 그러한 위력을 가진 생화학·폭발성·소이성(燒夷性) 무기나 장치를 다음 각각의 어느 하나에 해당하는 차량 또는 시설에 배치하거나 폭발시키거나 그 밖의 방법으로 이를 사용하는 행위

1) 기차·전차·자동차 등 사람 또는 물건의 운송에 이용되는 차량으로서 공중이 이용하는 차량

2) 1)에 해당하는 차량의 운행을 위하여 이용되는 시설 또는 도로, 공원, 역, 그 밖에 공중이 이용하는 시설

3) 전기나 가스를 공급하기 위한 시설, 공중이 먹는 물을 공급하는 수도, 전기통신을 이용하기 위한 시설 및 그 밖의 시설로서 공용으로 제공되거나 공중이 이용하는 시설

4) 석유, 가연성 가스, 석탄, 그 밖의 연료 등의 원료가 되는 물질을 제조 또는 정제하거나 연료로 만들기 위하여 처리·수송 또는 저장하는 시설

5) 공중이 출입할 수 있는 건조물·항공기·선박으로서 1)부터 4)까지에 해당하는 것을 제외한 시설

마. 핵물질(「원자력시설 등의 방호 및 방사능 방재 대책법」 제2조 제1호의 핵물질을 말한다. 이하 이 목에서 같다), 방사성물질(「원자력안전법」 제2조 제5호의 방사성물질을 말한다. 이하 이 목에서 같다) 또는 원자력시설(「원자력시설 등의 방호 및 방사능 방재 대책법」 제2조 제2호의 원자력시설을 말한다. 이하 이 목에서 같다)과 관련된 다음 각각의 어느 하나에 해당하는 행위

1) 원자로를 파괴하여 사람의 생명·신체 또는 재산을 해하거나 그 밖에 공공의 안전을 위태롭게 하는 행위

2) 방사성물질 등과 원자로 및 관계 시설, 핵연료주기시설 또는 방사선발생장치를 부당하게 조작하여 사람의 생명이나 신체에 위험을 가하는 행위

3) 핵물질을 수수(授受)·소지·소유·보관·사용·운반·개조·처분 또는 분산하는 행위

4) 핵물질이나 원자력시설을 파괴·손상 또는 그 원인을 제공하거나 원자력시설의 정상적인 운전을 방해하여 방사성물질을 배출하거나 방사선을 노출하는 행위

2. “테러단체”란 국제연합(UN)이 지정한 테러단체를 말한다.

3. “테러위험인물”이란 테러단체의 조직원이거나 테러단체 선전, 테러자금 모금·기부, 그 밖에 테러 예비·음모·선전·선동을 하였거나 하였다고 의심할 상당한 이유가 있는 사람을 말한다.

4. “외국인테러전투원”이란 테러를 실행·계획·준비하거나 테러에 참가할 목적으로 국적국이 아닌 국가의 테러단체에 가입하거나 가입하기 위하여 이동 또는 이동을 시도하는 내국인·외국인을 말한다.

5. “테러자금”이란 「공중 등 협박목적 및 대량살상무기확산을 위한 자금조달행위의 금지에 관한 법률」 제2조 제1호에 따른 공중 등 협박목적을 위한 자금을 말한다.

6. “대테러활동”이란 제1호의 테러 관련 정보의 수집, 테러위험인물의 관리, 테러에 이용될 수 있는 위험물질 등 테러수단의 안전관리, 인원·

시설·장비의 보호, 국제행사의 안전확보, 테러위협에의 대응 및 무력진압 등 테러 예방과 대응에 관한 제반 활동을 말한다.

7. "관계기관"이란 대테러활동을 수행하는 국가기관, 지방자치단체, 그 밖에 대통령령으로 정하는 기관을 말한다.
8. "대테러조사"란 대테러활동에 필요한 정보나 자료를 수집하기 위하여 현장조사·문서열람·시료채취 등을 하거나 조사대상자에게 자료제출 및 진술을 요구하는 활동을 말한다.

제3조(국가 및 지방자치단체의 책무) ① 국가 및 지방자치단체는 테러로부터 국민의 생명·신체 및 재산을 보호하기 위하여 테러의 예방과 대응에 필요한 제도와 여건을 조성하고 대책을 수립하여 이를 시행하여야 한다.

② 국가 및 지방자치단체는 제1항의 대책을 강구할 때 국민의 기본적 인권이 침해당하지 아니하도록 최선의 노력을 하여야 한다.

③ 이 법을 집행하는 공무원은 헌법상 기본권을 존중하여 이 법을 집행하여야 하며 헌법과 법률에서 정한 적법절차를 준수할 의무가 있다.

제4조(다른 법률과의 관계) 이 법은 대테러활동에 관하여 다른 법률에 우선하여 적용한다.

제5조(국가테러대책위원회) ① 대테러활동에 관한 정책의 중요사항을 심의·의결하기 위하여 국가테러대책위원회(이하 "대책위원회"라 한다)를 둔다.

② 대책위원회는 국무총리 및 관계기관의 장 중 대통령령으로 정하는 사람으로 구성하고 위원장은 국무총리로 한다.

③ 대책위원회는 다음 각 호의 사항을 심의·의결한다.

1. 대테러활동에 관한 국가의 정책 수립 및 평가
2. 국가 대테러 기본계획 등 중요 중장기 대책 추진사항
3. 관계기관의 대테러활동 역할 분담·조정이 필요한 사항
4. 그 밖에 위원장 또는 위원이 대책위원회에서 심의·의결할 필요가 있다고 제의하는 사항

④ 그 밖에 대책위원회의 구성·운영 등에 필요한 사항은 대통령령으로 정한다.

제6조(대테러센터) ① 대테러활동과 관련하여 다음 각 호의 사항을 수행하

기 위하여 국무총리 소속으로 관계기관 공무원으로 구성되는 대테러센터를 둔다.

1. 국가 대테러활동 관련 임무분담 및 협조사항 실무 조정
2. 장단기 국가대테러활동 지침 작성·배포
3. 테러경보 발령
4. 국가 중요행사 대테러안전대책 수립
5. 대책위원회의 회의 및 운영에 필요한 사무의 처리
6. 그 밖에 대책위원회에서 심의·의결한 사항

② 대테러센터의 조직·정원 및 운영에 관한 사항은 대통령령으로 정한다.

③ 대테러센터 소속 직원의 인적사항은 공개하지 아니할 수 있다.

제7조(대테러 인권보호관) ① 관계기관의 대테러활동으로 인한 국민의 기본권 침해 방지를 위하여 대책위원회 소속으로 대테러 인권보호관(이하 "인권보호관"이라 한다) 1명을 둔다.

② 인권보호관의 자격, 임기 등 운영에 관한 사항은 대통령령으로 정한다.

제8조(전담조직의 설치) ① 관계기관의 장은 테러 예방 및 대응을 위하여 필요한 전담조직을 둘 수 있다.

② 관계기관의 전담조직의 구성 및 운영과 효율적 테러대응을 위하여 필요한 사항은 대통령령으로 정한다.

제9조(테러위험인물에 대한 정보 수집 등) ① 국가정보원장은 테러위험인물에 대하여 출입국·금융거래 및 통신이용 등 관련 정보를 수집할 수 있다. 이 경우 출입국·금융거래 및 통신이용 등 관련 정보의 수집은 「출입국관리법」, 「관세법」, 「특정 금융거래정보의 보고 및 이용 등에 관한 법률」, 「통신비밀보호법」의 절차에 따른다.

② 국가정보원장은 제1항에 따른 정보 수집 및 분석의 결과 테러에 이용되었거나 이용될 가능성이 있는 금융거래에 대하여 지급정지 등의 조치를 취하도록 금융위원회 위원장에게 요청할 수 있다.

③ 국가정보원장은 테러위험인물에 대한 개인정보(「개인정보 보호법」상 민감정보를 포함한다)와 위치정보를 「개인정보 보호법」 제2조의 개인정

보처리자와 「위치정보의 보호 및 이용 등에 관한 법률」 제5조 제7항에 따른 개인위치정보사업자 및 같은 법 제5조의2 제3항에 따른 사물위치정보사업자에게 요구할 수 있다.

④ 국가정보원장은 대테러활동에 필요한 정보나 자료를 수집하기 위하여 대테러조사 및 테러위험인물에 대한 추적을 할 수 있다. 이 경우 사전 또는 사후에 대책위원회 위원장에게 보고하여야 한다.

제10조(테러예방을 위한 안전관리대책의 수립) ① 관계기관의 장은 대통령령으로 정하는 국가중요시설과 많은 사람이 이용하는 시설 및 장비(이하 "테러대상시설"이라 한다)에 대한 테러예방대책과 테러의 수단으로 이용될 수 있는 폭발물·총기류·화생방물질(이하 "테러이용수단"이라 한다), 국가 중요행사에 대한 안전관리대책을 수립하여야 한다.

② 제1항에 따른 안전관리대책의 수립·시행에 필요한 사항은 대통령령으로 정한다.

제11조(테러취약요인 사전제거) ① 테러대상시설 및 테러이용수단의 소유자 또는 관리자는 보안장비를 설치하는 등 테러취약요인 제거를 위하여 노력하여야 한다.

② 국가는 제1항의 테러대상시설 및 테러이용수단의 소유자 또는 관리자에게 필요한 경우 그 비용의 전부 또는 일부를 지원할 수 있다.

③ 제2항에 따른 비용의 지원 대상·기준·방법 및 절차 등에 필요한 사항은 대통령령으로 정한다.

제12조(테러선동·선전물 긴급 삭제 등 요청) ① 관계기관의 장은 테러를 선동·선전하는 글 또는 그림, 상징적 표현물, 테러에 이용될 수 있는 폭발물 등 위험물 제조법 등이 인터넷이나 방송·신문, 게시판 등을 통해 유포될 경우 해당 기관의 장에게 긴급 삭제 또는 중단, 감독 등의 협조를 요청할 수 있다.

② 제1항의 협조를 요청받은 해당 기관의 장은 필요한 조치를 취하고 그 결과를 관계기관의 장에게 통보하여야 한다.

제13조(외국인테러전투원에 대한 규제) ① 관계기관의 장은 외국인테러전투원으로 출국하려 한다고 의심할 만한 상당한 이유가 있는 내국인·외국인에 대하여 일시 출국금지를 법무부장관에게 요청할 수 있다.

② 제1항에 따른 일시 출국금지 기간은 90일로 한다. 다만, 출국금지를 계속할 필요가 있다고 판단할 상당한 이유가 있는 경우에 관계기관의 장은 그 사유를 명시하여 연장을 요청할 수 있다.

③ 관계기관의 장은 외국인테러전투원으로 가담한 사람에 대하여 「여권법」 제13조에 따른 여권의 효력정지 및 같은 법 제12조 제3항에 따른 재발급 거부를 외교부장관에게 요청할 수 있다.

제14조(신고자 보호 및 포상금) ① 국가는 「특정범죄신고자 등 보호법」에 따라 테러에 관한 신고자, 범인검거를 위하여 제보하거나 검거활동을 한 사람 또는 그 친족 등을 보호하여야 한다.

② 관계기관의 장은 테러의 계획 또는 실행에 관한 사실을 관계기관에 신고하여 테러를 사전에 예방할 수 있게 하였거나, 테러에 가담 또는 지원한 사람을 신고하거나 체포한 사람에 대하여 대통령령으로 정하는 바에 따라 포상금을 지급할 수 있다.

제15조(테러피해의 지원) ① 테러로 인하여 신체 또는 재산의 피해를 입은 국민은 관계기관에 즉시 신고하여야 한다. 다만, 인질 등 부득이한 사유로 신고할 수 없을 때에는 법률관계 또는 계약관계에 의하여 보호의무가 있는 사람이 이를 알게 된 때에 즉시 신고하여야 한다.

② 국가 또는 지방자치단체는 제1항의 피해를 입은 사람에 대하여 대통령령으로 정하는 바에 따라 치료 및 복구에 필요한 비용의 전부 또는 일부를 지원할 수 있다. 다만, 「여권법」 제17조 제1항 단서에 따른 외교부장관의 허가를 받지 아니하고 방문 및 체류가 금지된 국가 또는 지역을 방문·체류한 사람에 대해서는 그러하지 아니하다.

③ 제2항에 따른 비용의 지원 기준·절차·금액 및 방법 등에 관하여 필요한 사항은 대통령령으로 정한다.

제16조(특별위로금) ① 테러로 인하여 생명의 피해를 입은 사람의 유족 또는 신체상의 장애 및 장기치료가 필요한 피해를 입은 사람에 대해서는 그 피해의 정도에 따라 등급을 정하여 특별위로금을 지급할 수 있다. 다만, 「여권법」 제17조 제1항 단서에 따른 외교부장관의 허가를 받지 아니하고 방문 및 체류가 금지된 국가 또는 지역을 방문·체류한 사람에 대해서는 그러하지 아니하다.

② 제1항에 따른 특별위로금의 지급 기준·절차·금액 및 방법 등에 관하여 필요한 사항은 대통령령으로 정한다.

제17조(테러단체 구성죄 등) ① 테러단체를 구성하거나 구성원으로 가입한 사람은 다음 각 호의 구분에 따라 처벌한다.

1. 수괴(首魁)는 사형·무기 또는 10년 이상의 징역
2. 테러를 기획 또는 지휘하는 등 중요한 역할을 맡은 사람은 무기 또는 7년 이상의 징역
3. 타국의 외국인테러전투원으로 가입한 사람은 5년 이상의 징역
4. 그 밖의 사람은 3년 이상의 징역

② 테러자금임을 알면서도 자금을 조달·알선·보관하거나 그 취득 및 발생원인에 관한 사실을 가장하는 등 테러단체를 지원한 사람은 10년 이하의 징역 또는 1억원 이하의 벌금에 처한다.

③ 테러단체 가입을 지원하거나 타인에게 가입을 권유 또는 선동한 사람은 5년 이하의 징역에 처한다.

④ 제1항 및 제2항의 미수범은 처벌한다.

⑤ 제1항 및 제2항에서 정한 죄를 저지를 목적으로 예비 또는 음모한 사람은 3년 이하의 징역에 처한다.

⑥「형법」등 국내법에 죄로 규정된 행위가 제2조의 테러에 해당하는 경우 해당 법률에서 정한 형에 따라 처벌한다.

제18조(무고, 날조) ① 타인으로 하여금 형사처분을 받게 할 목적으로 제17조의 죄에 대하여 무고 또는 위증을 하거나 증거를 날조·인멸·은닉한 사람은「형법」제152조부터 제157조까지에서 정한 형에 2분의 1을 가중하여 처벌한다.

② 범죄수사 또는 정보의 직무에 종사하는 공무원이나 이를 보조하는 사람 또는 이를 지휘하는 사람이 직권을 남용하여 제1항의 행위를 한 때에도 제1항의 형과 같다. 다만, 그 법정형의 최저가 2년 미만일 때에는 이를 2년으로 한다.

제19조(세계주의) 제17조의 죄는 대한민국 영역 밖에서 저지른 외국인에게도 국내법을 적용한다.

부칙 〈법률 제14071호, 2016.3.3.〉

제1조(시행일) 이 법은 공포한 날부터 시행한다. 다만, 제5조부터 제8조까지, 제10조, 제11조, 제14조부터 제16조까지는 공포 후 3개월이 경과한 날부터 시행한다.

제2조(다른 법률의 개정) ① 통신비밀보호법 일부를 다음과 같이 개정한다.

제7조 제1항 각 호 외의 부분 중 "국가안전보장에 대한 상당한 위험이 예상되는 경우"를 "국가안전보장에 상당한 위험이 예상되는 경우 또는 「국민보호와 공공안전을 위한 테러방지법」 제2조 제6호의 대테러활동에 필요한 경우"로 한다.

② 특정 금융거래정보의 보고 및 이용 등에 관한 법률 일부를 다음과 같이 개정한다.

제7조 제1항 각 호 외의 부분 중 "조사 또는 금융감독 업무"를 "조사, 금융감독업무 또는 테러위험인물에 대한 조사업무"로, "중앙선거관리위원회 또는 금융위원회"를 "중앙선거관리위원회, 금융위원회 또는 국가정보원장"으로 한다.

제7조 제4항 중 "금융위원회(이하 "검찰총장 등"이라 한다)는"을 "금융위원회, 국가정보원장(이하 "검찰총장 등"이라 한다)은"으로 한다.

③ 특정범죄신고자 등 보호법 일부를 다음과 같이 개정한다.

제2조 제1호에 바목을 다음과 같이 신설한다.

바. 「국민보호와 공공안전을 위한 테러방지법」 제17조의 죄

부칙 〈법률 제15608호, 2018.4.17.〉

(위치정보의 보호 및 이용 등에 관한 법률)

제1조(시행일) 이 법은 공포 후 6개월이 경과한 날부터 시행한다.

제2조부터 제6조까지 생략

제7조(다른 법률의 개정) ① 생략

② 「국민보호와 공공안전을 위한 테러방지법」 일부를 다음과 같이 개정한다.

제9조 제3항 중 “「위치정보의 보호 및 이용 등에 관한 법률」 제5조의 위치정보사업자”를 “「위치정보의 보호 및 이용 등에 관한 법률」 제5조 제7항에 따른 개인위치정보사업자 및 같은 법 제5조의2 제3항에 따른 사물위치정보사업자”로 한다.

③ 생략

부칙 〈법률 제17466호, 2020.6.9.〉

(법률용어 정비를 위한 정보위원회 소관 2개 법률 일부개정을 위한 법률)

이 법은 공포한 날부터 시행한다.

국민보호와 공공안전을 위한 테러방지법 시행령

[시행 2018.9.1.] [대통령령 제29114호, 2018.8.21., 타법개정]

제1장 총칙 및 국가테러대책기구

제1조(목적) 이 영은 「국민보호와 공공안전을 위한 테러방지법」에서 위임된 사항과 그 시행에 필요한 사항을 규정함을 목적으로 한다.

제2조(관계기관의 범위) 「국민보호와 공공안전을 위한 테러방지법」(이하 "법"이라 한다) 제2조 제7호에서 "대통령령으로 정하는 기관"이란 다음 각 호의 기관 또는 단체를 말한다.

1. 「공공기관의 운영에 관한 법률」 제4조에 따른 공공기관
2. 「지방공기업법」 제2조 제1항 제1호부터 제4호까지의 사업을 수행하는 지방직영기업, 지방공사 및 지방공단

제3조(국가테러대책위원회 구성) ① 법 제5조 제2항에서 "대통령령으로 정하는 사람"이란 기획재정부장관, 외교부장관, 통일부장관, 법무부장관, 국방부장관, 행정안전부장관, 산업통상자원부장관, 보건복지부장관, 환경부장관, 국토교통부장관, 해양수산부장관, 국가정보원장, 국무조정실장, 금융위원회 위원장, 원자력안전위원회 위원장, 대통령경호처장, 관세청장, 경찰청장, 소방청장 및 해양경찰청장을 말한다.

② 법 제5조에 따른 국가테러대책위원회(이하 "대책위원회"라 한다)의 위원장(이하 "위원장"이라 한다)은 안건 심의에 필요한 경우에는 제1항에서 정한 위원 외에 관계기관의 장 또는 그 밖의 관계자에게 회의 참석을 요청할 수 있다.

③ 대책위원회의 사무를 처리하기 위하여 간사를 두되, 간사는 법 제6조에 따른 대테러센터(이하 “대테러센터”라 한다)의 장(이하 “대테러센터장”이라 한다)이 된다.

제4조(대책위원회의 운영) ① 대책위원회 회의는 위원장이 필요하다고 인정하거나 대책위원회 위원(이하 “위원”이라고 한다) 과반수의 요청이 있는 경우에 위원장이 소집한다.

② 대책위원회는 재적위원 과반수의 출석으로 개의(開議)하고, 출석위원 과반수의 찬성으로 의결한다.

③ 대책위원회의 회의는 공개하지 아니한다. 다만, 공개가 필요한 경우 대책위원회의 의결로 공개할 수 있다.

④ 제1항부터 제3항까지에서 규정한 사항 외에 대책위원회 운영에 관한 사항은 대책위원회의 의결을 거쳐 위원장이 정한다.

제5조(테러대책 실무위원회의 구성 등) ① 대책위원회를 효율적으로 운영하고 대책위원회에 상정할 안건에 관한 전문적인 검토 및 사전 조정을 위하여 대책위원회에 테러대책 실무위원회(이하 “실무위원회”라 한다)를 둔다.

② 실무위원회에 위원장 1명을 두며, 실무위원회의 위원장은 대테러센터장이 된다.

③ 실무위원회 위원은 제3조 제1항의 위원이 소속된 관계기관 및 그 소속기관의 고위공무원단에 속하는 일반직공무원(이에 상당하는 특정직·별정직 공무원을 포함한다) 중 관계기관의 장이 지명하는 사람으로 한다.

④ 제1항부터 제3항까지에서 규정한 사항 외에 실무위원회 운영에 관한 사항은 대책위원회의 의결을 거쳐 위원장이 정한다.

제6조(대테러센터) ① 대테러센터는 국가 대테러활동을 원활히 수행하기 위하여 필요한 사항과 대책위원회의 회의 및 운영에 필요한 사무 등을 처리한다.

② 대테러센터장은 관계기관의 장에게 직무 수행에 필요한 협조와 지원을 요청할 수 있다.

제2장 대테러 인권보호관

제7조(대테러 인권보호관의 자격 및 임기) ① 법 제7조 제1항에 따른 대테러 인권보호관(이하 "인권보호관"이라 한다)은 다음 각 호의 어느 하나에 해당하는 대한민국 국민 중에서 위원장이 위촉한다.

1. 변호사 자격이 있는 사람으로서 10년 이상의 실무경력이 있는 사람
2. 인권 분야에 전문지식이 있고 「고등교육법」 제2조 제1호에 따른 학교에서 부교수 이상으로 10년 이상 재직하고 있거나 재직하였던 사람
3. 국가기관 또는 지방자치단체에서 3급 상당 이상의 공무원으로 재직하였던 사람 중 인권 관련 업무 경험이 있는 사람
4. 인권분야 비영리 민간단체·법인·국제기구에서 근무하는 등 인권 관련 활동에 10년 이상 종사한 경력이 있는 사람

② 인권보호관의 임기는 2년으로 하고, 연임할 수 있다.

③ 인권보호관은 다음 각 호의 경우를 제외하고는 그 의사에 반하여 해촉되지 아니한다.

1. 「국가공무원법」 제33조 각 호의 결격사유에 해당하는 경우
2. 직무와 관련한 형사사건으로 기소된 경우
3. 직무상 알게 된 비밀을 누설한 경우
4. 그 밖에 장기간의 심신쇠약으로 인권보호관의 직무를 계속 수행할 수 없는 특별한 사유가 발생한 경우

제8조(인권보호관의 직무 등) ① 인권보호관은 다음 각 호의 직무를 수행한다.

1. 대책위원회에 상정되는 관계기관의 대테러정책·제도 관련 안건의 인권 보호에 관한 자문 및 개선 권고
2. 대테러활동에 따른 인권침해 관련 민원의 처리
3. 그 밖에 관계기관 대상 인권 교육 등 인권 보호를 위한 활동

② 인권보호관은 제1항 제2호에 따른 민원을 접수한 날부터 2개월 내에 처리하여야 한다. 다만, 부득이한 사유로 정해진 기간 내에 처리하기 어려운 경우에는 그 사유와 처리 계획을 민원인에게 통지하여야 한다.

③ 위원장은 인권보호관이 직무를 효율적으로 수행할 수 있도록 필요한

행정적·재정적 지원을 할 수 있다.

④ 대책위원회는 인권보호관의 직무 수행을 지원하기 위하여 지원조직을 둘 수 있으며, 필요한 경우에는 관계 중앙행정기관 소속 공무원의 파견을 요청할 수 있다.

제9조(시정 권고) ① 인권보호관은 제8조 제1항에 따른 직무수행 중 인권침해 행위가 있다고 인정할 만한 상당한 이유가 있는 경우에는 위원장에게 보고한 후 관계기관의 장에게 시정을 권고할 수 있다.

② 제1항에 따른 권고를 받은 관계기관의 장은 그 처리 결과를 인권보호관에게 통지하여야 한다.

제10조(비밀의 엄수) ① 인권보호관은 재직 중 및 퇴직 후에 직무상 알게 된 비밀을 엄수하여야 한다.

② 인권보호관은 법령에 따른 증인, 참고인, 감정인 또는 사건 당사자로서 직무상의 비밀에 관한 사항을 증언하거나 진술하려는 경우에는 미리 위원장의 승인을 받아야 한다.

제3장 전담조직

제11조(전담조직) ① 법 제8조에 따른 전담조직(이하 "전담조직"이라 한다)은 제12조부터 제21조까지의 규정에 따라 테러 예방 및 대응을 위하여 관계기관 합동으로 구성하거나 관계기관의 장이 설치하는 다음 각 호의 전문조직(협의체를 포함한다)으로 한다.

1. 지역 테러대책협의회
2. 공항·항만 테러대책협의회
3. 테러사건대책본부
4. 현장지휘본부
5. 화생방테러대응지원본부
6. 테러복구지원본부
7. 대테러특공대
8. 테러대응구조대

9. 테러정보통합센터
10. 대테러합동조사팀

② 관계기관의 장은 제1항 각 호에 따른 전담조직 외에 테러 예방 및 대응을 위하여 필요한 경우에는 대테러업무를 수행하는 하부조직을 전담조직으로 지정·운영할 수 있다.

제12조(지역 테러대책협의회) ① 특별시·광역시·특별자치시·도·특별자치도(이하 "시·도"라 한다)에 해당 지역에 있는 관계기관 간 테러예방활동에 관한 협의를 위하여 지역 테러대책협의회를 둔다.

② 지역 테러대책협의회의 의장은 국가정보원의 해당 지역 관할지부의 장(특별시의 경우 대테러센터장을 말한다. 이하 같다)이 되며, 위원은 다음 각 호의 사람이 된다.

1. 시·도에서 대테러업무를 담당하는 고위공무원단 나급 상당 공무원 또는 3급 상당 공무원 중 특별시장·광역시장·특별자치시장·도지사·특별자치도지사(이하 "시·도지사"라 한다)가 지명하는 사람
2. 법무부·환경부·국토교통부·해양수산부·국가정보원·식품의약품안전처·관세청·검찰청·경찰청 및 해양경찰청의 지역기관에서 대테러업무를 담당하는 고위공무원단 나급 상당 공무원 또는 3급 상당 공무원 중 해당 관계기관의 장이 지명하는 사람
3. 지역 관할 군부대 및 군사안보지원부대의 장
4. 지역 테러대책협의회 의장이 필요하다고 인정하는 관계기관의 지역기관에서 대테러업무를 담당하는 공무원 중 해당 관계기관의 장이 지명하는 사람 및 국가중요시설의 관리자나 경비·보안 책임자

③ 지역 테러대책협의회는 다음 각 호의 사항을 심의·의결한다.

1. 대책위원회의 심의·의결 사항 시행 방안
2. 해당 지역 테러사건의 사전예방 및 대응·사후처리 지원 대책
3. 해당 지역 대테러업무 수행 실태의 분석·평가 및 발전 방안
4. 해당 지역의 대테러 관련 훈련·점검 등 관계기관 간 협조에 관한 사항
5. 그 밖에 해당 지역 대테러활동에 필요한 사항

④ 관계기관의 장은 제3항의 심의·의결 사항에 대하여 그 이행 결과를 지역 테러대책협의회에 통보하고, 지역 테러대책협의회 의장은 그 결과

를 종합하여 대책위원회에 보고하여야 한다.

⑤ 지역 테러대책협의회의 회의와 운영에 관한 세부사항은 지역 실정을 고려하여 지역 테러대책협의회의 의결을 거쳐 의장이 정한다.

제13조(공항·항만 테러대책협의회) ① 공항 또는 항만(「항만법」 제3조 제1항 제1호에 따른 무역항을 말한다. 이하 같다) 내에서의 관계기관 간 대테러활동에 관한 사항을 협의하기 위하여 공항·항만별로 테러대책협의회를 둔다.

② 공항·항만 테러대책협의회의 의장은 해당 공항·항만에서 대테러업무를 담당하는 국가정보원 소속 공무원 중 국가정보원장이 지명하는 사람이 되며, 위원은 다음 각 호의 사람이 된다.

1. 해당 공항 또는 항만에 상주하는 법무부·농림축산식품부·보건복지부·국토교통부·해양수산부·관세청·경찰청·소방청·해양경찰청 및 군사안보지원사령부 소속기관의 장
2. 공항 또는 항만의 시설 소유자 및 경비·보안 책임자
3. 그 밖에 공항·항만 테러대책협의회의 의장이 필요하다고 인정하는 관계기관에 소속된 기관의 장

③ 공항·항만 테러대책협의회는 해당 공항 또는 항만 내의 대테러활동에 관하여 다음 각 호의 사항을 심의·의결한다.

1. 대책위원회의 심의·의결 사항 시행 방안
2. 공항 또는 항만 내 시설 및 장비의 보호 대책
3. 항공기·선박의 테러예방을 위한 탑승자와 휴대화물 검사 대책
4. 테러 첩보의 입수·전파 및 긴급대응 체계 구축 방안
5. 공항 또는 항만 내 테러사건 발생 시 비상대응 및 사후처리 대책
6. 그 밖에 공항 또는 항만 내의 테러대책

④ 관계기관의 장은 제3항의 심의·의결 사항에 대하여 그 이행 결과를 공항·항만 테러대책협의회에 통보하고, 공항·항만 테러대책협의회 의장은 그 결과를 종합하여 대책위원회에 보고하여야 한다.

⑤ 공항·항만 테러대책협의회의 운영에 관한 세부사항은 공항·항만별로 테러대책협의회의 의결을 거쳐 의장이 정한다.

제14조(테러사건대책본부) ① 외교부장관, 국방부장관, 국토교통부장관, 경

찰청장 및 해양경찰청장은 테러가 발생하거나 발생할 우려가 현저한 경우(국외테러의 경우는 대한민국 국민에게 중대한 피해가 발생하거나 발생할 우려가 있어 긴급한 조치가 필요한 경우에 한한다)에는 다음 각 호의 구분에 따라 테러사건대책본부(이하 "대책본부"라 한다)를 설치·운영하여야 한다.

1. 외교부장관: 국외테러사건대책본부
2. 국방부장관: 군사시설테러사건대책본부
3. 국토교통부장관: 항공테러사건대책본부
4. 삭제 <2017.7.26.>
5. 경찰청장: 국내일반 테러사건대책본부
6. 해양경찰청장: 해양테러사건대책본부

② 제1항에 따라 대책본부를 설치한 관계기관의 장은 그 사실을 즉시 위원장에게 보고하여야 하며, 같은 사건에 2개 이상의 대책본부가 관련되는 경우에는 위원장이 테러사건의 성질·중요성 등을 고려하여 대책본부를 설치할 기관을 지정할 수 있다.

③ 대책본부의 장은 대책본부를 설치하는 관계기관의 장(군사시설테러사건대책본부의 경우에는 합동참모의장을 말한다. 이하 같다)이 되며, 제15조에 따른 현장지휘본부의 사건 대응 활동을 지휘·통제한다.

④ 대책본부의 편성·운영에 관한 세부사항은 대책본부의 장이 정한다.

제15조(현장지휘본부) ① 대책본부의 장은 테러사건이 발생한 경우 사건 현장의 대응 활동을 총괄하기 위하여 현장지휘본부를 설치할 수 있다.

② 현장지휘본부의 장은 대책본부의 장이 지명한다.

③ 현장지휘본부의 장은 테러의 양상·규모·현장상황 등을 고려하여 협상·진압·구조·구급·소방 등에 필요한 전문조직을 직접 구성하거나 관계기관의 장에게 지원을 요청할 수 있다. 이 경우 관계기관의 장은 특별한 사정이 없으면 현장지휘본부의 장이 요청한 사항을 지원하여야 한다.

④ 현장지휘본부의 장은 현장에 출동한 관계기관의 조직(대테러특공대, 테러대응구조대, 대화생방테러 특수임무대 및 대테러합동조사팀을 포함한다)을 지휘·통제한다.

⑤ 현장지휘본부의 장은 현장에 출동한 관계기관과 합동으로 통합상황

실을 설치·운영할 수 있다.

제16조(화생방테러대응지원본부 등) ① 보건복지부장관, 환경부장관 및 원자력안전위원회 위원장은 화생방테러사건 발생 시 대책본부를 지원하기 위하여 다음 각 호의 구분에 따른 분야별로 화생방테러대응지원본부를 설치·운영한다.

1. 보건복지부장관: 생물테러 대응 분야
2. 환경부장관: 화학테러 대응 분야
3. 원자력안전위원회 위원장: 방사능테러 대응 분야

② 화생방테러대응지원본부는 다음 각 호의 임무를 수행한다.

1. 화생방테러 사건 발생 시 오염 확산 방지 및 제독(除毒) 방안 마련
2. 화생방 전문 인력 및 자원의 동원·배치
3. 그 밖에 화생방테러 대응 지원에 필요한 사항의 시행

③ 국방부장관은 관계기관의 화생방테러 대응을 지원하기 위하여 대책위원회의 심의·의결을 거쳐 오염 확산 방지 및 제독 임무 등을 수행하는 대화생방테러 특수임무대를 설치하거나 지정할 수 있다.

④ 화생방테러대응지원본부 및 대화생방테러 특수임무대의 설치·운영 등에 필요한 사항은 해당 관계기관의 장이 정한다.

제17조(테러복구지원본부) ① 행정안전부장관은 테러사건 발생 시 구조·구급·수습·복구활동 등에 관하여 대책본부를 지원하기 위하여 테러복구지원본부를 설치·운영할 수 있다.

② 테러복구지원본부는 다음 각 호의 임무를 수행한다.

1. 테러사건 발생 시 수습·복구 등 지원을 위한 자원의 동원 및 배치 등에 관한 사항
2. 대책본부의 협조 요청에 따른 지원에 관한 사항
3. 그 밖에 테러복구 등 지원에 필요한 사항의 시행

제18조(대테러특공대 등) ① 국방부장관, 경찰청장 및 해양경찰청장은 테러사건에 신속히 대응하기 위하여 대테러특공대를 설치·운영한다.

② 국방부장관, 경찰청장 및 해양경찰청장은 제1항에 따른 대테러특공대를 설치·운영하려는 경우에는 대책위원회의 심의·의결을 거쳐야 한다.

③ 대테러특공대는 다음 각 호의 임무를 수행한다.

1. 대한민국 또는 국민과 관련된 국내외 테러사건 진압
2. 테러사건과 관련된 폭발물의 탐색 및 처리
3. 주요 요인 경호 및 국가 중요행사의 안전한 진행 지원
4. 그 밖에 테러사건의 예방 및 저지활동

④ 국방부 소속 대테러특공대의 출동 및 진압작전은 군사시설 안에서 발생한 테러사건에 대하여 수행한다. 다만, 경찰력의 한계로 긴급한 지원이 필요하여 대책본부의 장이 요청하는 경우에는 군사시설 밖에서도 경찰의 대테러 작전을 지원할 수 있다.

⑤ 국방부장관은 군 대테러특공대의 신속한 대응이 제한되는 상황에 대비하기 위하여 군 대테러특수임무대를 지역 단위로 편성·운영할 수 있다. 이 경우 군 대테러특수임무대의 편성·운영·임무에 관하여는 제2항부터 제4항까지의 규정을 준용한다.

제19조(테러대응구조대) ① 소방청장과 시·도지사는 테러사건 발생 시 신속히 인명을 구조·구급하기 위하여 중앙 및 지방자치단체 소방본부에 테러대응구조대를 설치·운영한다.

② 테러대응구조대는 다음 각 호의 임무를 수행한다.

1. 테러발생 시 초기단계에서의 조치 및 인명의 구조·구급
2. 화생방테러 발생 시 초기단계에서의 오염 확산 방지 및 제독
3. 국가 중요행사의 안전한 진행 지원
4. 테러취약요인의 사전 예방·점검 지원

제20조(테러정보통합센터) ① 국가정보원장은 테러 관련 정보를 통합관리하기 위하여 관계기관 공무원으로 구성되는 테러정보통합센터를 설치·운영한다.

② 테러정보통합센터는 다음 각 호의 임무를 수행한다.

1. 국내외 테러 관련 정보의 통합관리·분석 및 관계기관에의 배포
2. 24시간 테러 관련 상황 전파체계 유지
3. 테러 위험 징후 평가
4. 그 밖에 테러 관련 정보의 통합관리에 필요한 사항

③ 국가정보원장은 관계기관의 장에게 소속 공무원의 파견과 테러정보

의 통합관리 등 업무 수행에 필요한 협조를 요청할 수 있다.

제21조(대테러합동조사팀) ① 국가정보원장은 국내외에서 테러사건이 발생하거나 발생할 우려가 현저할 때 또는 테러 첩보가 입수되거나 테러 관련 신고가 접수되었을 때에는 예방조치, 사건 분석 및 사후처리방안 마련 등을 위하여 관계기관 합동으로 대테러합동조사팀(이하 "합동조사팀"이라 한다)을 편성·운영할 수 있다.

② 국가정보원장은 합동조사팀이 현장에 출동하여 조사한 경우 그 결과를 대테러센터장에게 통보하여야 한다.

③ 제1항에도 불구하고 군사시설에 대해서는 국방부장관이 자체 조사팀을 편성·운영할 수 있다. 이 경우 국방부장관은 자체 조사팀이 조사한 결과를 대테러센터장에게 통보하여야 한다.

제4장 테러 대응 절차

제22조(테러경보의 발령) ① 대테러센터장은 테러 위험 징후를 포착한 경우 테러경보 발령의 필요성, 발령 단계, 발령 범위 및 기간 등에 관하여 실무위원회의 심의를 거쳐 테러경보를 발령한다. 다만, 긴급한 경우 또는 제2항에 따른 주의 이하의 테러경보 발령 시에는 실무위원회의 심의 절차를 생략할 수 있다.

② 테러경보는 테러위협의 정도에 따라 관심·주의·경계·심각의 4단계로 구분한다.

③ 대테러센터장은 테러경보를 발령하였을 때에는 즉시 위원장에게 보고하고, 관계기관에 전파하여야 한다.

④ 제1항부터 제3항까지에서 규정한 사항 외에 테러경보 발령 및 테러경보에 따른 관계기관의 조치사항에 관하여는 대책위원회 의결을 거쳐 위원장이 정한다.

제23조(상황 전파 및 초동 조치) ① 관계기관의 장은 테러사건이 발생하거나 테러 위협 등 그 징후를 인지한 경우에는 관련 상황 및 조치사항을 관련기관의 장과 대테러센터장에게 즉시 통보하여야 한다.

② 관계기관의 장은 테러사건이 발생한 경우 사건의 확산 방지를 위하여 신속히 다음 각 호의 초동 조치를 하여야 한다.

1. 사건 현장의 통제·보존 및 경비 강화
2. 긴급대피 및 구조·구급
3. 관계기관에 대한 지원 요청
4. 그 밖에 사건 확산 방지를 위하여 필요한 사항

③ 국내 일반테러사건의 경우에는 대책본부가 설치되기 전까지 테러사건 발생 지역 관할 경찰관서의 장이 제2항에 따른 초동 조치를 지휘·통제한다.

제24조(테러사건 대응) ① 대책본부의 장은 테러사건에 대한 대응을 위하여 필요한 경우 현장지휘본부를 설치하여 상황 전파 및 대응 체계를 유지하고, 조치사항을 체계적으로 시행한다.

② 대책본부의 장은 테러사건에 신속히 대응하기 위하여 필요한 경우에 관계기관의 장에게 인력·장비 등의 지원을 요청할 수 있다. 이 경우 요청을 받은 관계기관의 장은 특별한 사유가 없으면 요청에 따라야 한다.

③ 외교부장관은 해외에서 테러가 발생하여 정부 차원의 현장 대응이 필요한 경우에는 관계기관 합동으로 정부 현지대책반을 구성하여 파견할 수 있다.

④ 지방자치단체의 장은 테러사건 대응 활동을 지원하기 위한 물자 및 편의 제공과 지역주민의 긴급대피 방안 등을 마련하여야 한다.

제5장 테러예방을 위한 안전관리대책

제25조(테러대상시설 및 테러이용수단 안전대책 수립) ① 법 제10조 제1항에서 "대통령령으로 정하는 국가중요시설과 많은 사람이 이용하는 시설 및 장비"(이하 "테러대상시설"이라 한다)란 다음 각 호의 시설을 말한다.

1. 국가중요시설: 「통합방위법」 제21조 제4항에 따라 지정된 국가중요시설 및 「보안업무규정」 제32조에 따른 국가보안시설
2. 많은 사람이 이용하는 시설 및 장비(이하 "다중이용시설"이라 한다):

다음 각 목의 시설과 장비 중 관계기관의 장이 소관업무와 관련하여 대테러센터장과 협의하여 지정하는 시설

가. 「도시철도법」 제2조 제2호에 따른 도시철도

나. 「선박안전법」 제2조 제10호에 따른 여객선

다. 「재난 및 안전관리 기본법 시행령」 제43조의8 제1호·제2호에 따른 건축물 또는 시설

라. 「철도산업발전기본법」 제3조 제4호에 따른 철도차량

마. 「항공안전법」 제2조 제1호에 따른 항공기

② 관계기관의 장은 법 제10조 제1항에 따른 테러대상시설에 대한 테러예방대책과 법 제10조 제1항에 따른 테러이용수단(이하 "테러이용수단"이라 한다)의 제조·취급·저장 시설에 대한 안전관리대책 수립 시 다음 각 호의 사항을 포함하여야 한다.

1. 인원·차량에 대한 출입 통제 및 자체 방호계획
2. 테러 첩보의 입수·전파 및 긴급대응 체계 구축 방안
3. 테러사건 발생 시 비상대피 및 사후처리 대책

③ 관계기관의 장은 테러대상시설 및 테러이용수단의 제조·취급·저장 시설에 대하여 다음 각 호의 업무를 수행하여야 한다.

1. 테러예방대책 및 안전관리대책의 적정성 평가와 그 이행 실태 확인
2. 소관 분야 테러이용수단의 종류 지정 및 해당 테러이용수단의 생산·유통·판매에 관한 정보 통합관리

제26조(국가 중요행사 안전관리대책 수립) ① 법 제10조 제1항에 따라 안전관리대책을 수립하여야 하는 국가 중요행사는 국내외에서 개최되는 행사 중 관계기관의 장이 소관 업무와 관련하여 주관기관, 개최근거, 중요도 등을 기준으로 대테러센터장과 협의하여 정한다.

② 관계기관의 장은 대테러센터장과 협의하여 국가 중요행사의 특성에 맞는 분야별 안전관리대책을 수립·시행하여야 한다.

③ 관계기관의 장은 국가 중요행사에 대한 안전관리대책을 협의·조정하기 위하여 필요한 경우에는 대책위원회의 심의·의결을 거쳐 관계기관 합동으로 대테러·안전대책기구를 편성·운영할 수 있다.

④ 제2항에 따른 안전관리대책의 수립·시행 및 제3항에 따른 대테

러·안전대책기구의 편성·운영에 관한 사항 중 대통령과 국가원수에 준하는 국빈 등의 경호 및 안전관리에 관한 사항은 대통령경호처장이 정한다.

제27조(테러취약요인의 사전제거 지원) ① 테러대상시설 및 테러이용수단의 소유자 또는 관리자(이하 "시설소유자 등"이라 한다)는 관계기관의 장을 거쳐 대테러센터장에게 테러예방 및 안전관리에 관하여 적정성 평가, 현장지도 등 지원을 요청할 수 있다.

② 대테러센터장은 제1항에 따른 요청을 받은 경우 관계기관과 합동으로 테러예방활동을 지원할 수 있다.

제28조(테러취약요인의 사전제거 비용 지원) ① 국가기관의 장은 법 제11조 제2항에 따라 테러취약요인을 제거한 시설소유자 등에 대하여 비용을 지원하려는 경우에는 다음 각 호의 사항을 종합적으로 고려하여 비용의 지원 여부 및 지원 금액을 결정할 수 있다.

1. 테러사건이 발생할 가능성
2. 해당 시설 및 주변 환경 등 지역 특성
3. 시설·장비의 설치·교체·정비에 필요한 비용의 정도 및 시설소유자 등의 부담 능력
4. 제25조 제3항 제1호에 따른 적정성 평가와 그 이행 실태 확인 결과
5. 제27조 제1항·제2항에 따른 적정성 평가, 현장지도 결과
6. 그 밖에 제1호부터 제5호까지의 사항에 준하는 것으로서 국가기관의 장이 대테러센터장과 협의하여 정하는 사항

② 제1항에 따라 지원되는 비용의 한도, 세부기준, 지급 방법 및 절차 등에 관하여 필요한 사항은 대책위원회의 심의·의결을 거쳐 국가기관의 장이 정한다.

제6장 포상금 및 테러피해의 지원

제29조(포상금의 지급) ① 법 제14조 제2항에 따른 포상금(이하 "포상금"이라 한다)은 제30조에 따른 포상금심사위원회의 심의·의결을 거쳐 관계

기관의 장이 지급할 수 있다.

② 법 제14조 제2항에 따른 신고를 받거나 체포된 범인을 인도받은 관계기관의 장은 지체 없이 관할 지방검찰청 검사장이나 지청장 또는 군 검찰부가 설치되어 있는 부대의 장에게 그 사실을 통보하여야 하며, 검사 또는 군 검찰부 검찰관은 신고를 한 사람이나 범인을 체포하여 관계기관의 장에게 인도한 사람(이하 "신고자 등"이라 한다)에게 신고 또는 인도를 증명하는 서류를 발급하여야 한다.

③ 관계기관의 장은 테러예방에 기여하였다고 인정되는 신고자 등을 포상금 지급 대상자로 추천할 수 있다. 이 경우 그 대상자에게 추천 사실을 통지하여야 한다.

제30조(포상금심사위원회의 구성 및 운영) ① 포상금의 지급에 관한 사항을 심의하기 위하여 대테러센터장 소속으로 포상금심사위원회(이하 "심사위원회"라 한다)를 둔다.

② 심사위원회는 위원장 1명과 위원 8명으로 구성한다.

③ 심사위원회의 위원장은 대테러센터 소속의 고위공무원단에 속하는 일반직공무원(이에 상당하는 특정직·별정직 공무원을 포함한다)이 되며, 심사위원회 위원은 총리령으로 정하는 관계기관 소속 4급 상당 공무원 중 관계기관의 장이 지명하는 사람이 된다.

④ 심사위원회의 위원장은 포상금 지급에 관한 사항을 심의할 필요가 있을 때 회의를 소집한다.

⑤ 심사위원회는 다음 각 호의 사항을 심의·의결한다.

1. 포상금 지급 여부와 그 지급금액
2. 포상금 지급 취소 및 반환 여부
3. 그 밖에 포상금에 관한 사항

⑥ 심사위원회는 심의를 위하여 필요하다고 인정될 때에는 포상금 지급 대상자 또는 참고인의 출석을 요청하여 그 의견을 들을 수 있으며, 관계기관에 대하여 필요한 자료의 제출을 요청할 수 있다.

⑦ 제1항부터 제6항까지에서 규정한 사항 외에 심사위원회 운영에 관한 세부사항은 총리령으로 정한다.

제31조(포상금 지급기준) ① 법 제14조 제2항에 따른 포상금은 다음 각 호

의 사항을 고려하여 1억원의 범위에서 차등 지급한다.
1. 신고 내용의 정확성이나 증거자료의 신빙성
2. 신고자 등이 테러 신고와 관련하여 불법행위를 하였는지 여부
3. 신고자 등이 테러예방 등에 이바지한 정도
4. 신고자 등이 관계기관 등에 신고·체포할 의무가 있는지 또는 직무와 관련하여 신고·체포를 하였는지 여부

② 포상금의 세부적인 지급기준은 대책위원회의 의결을 거쳐 위원장이 정한다.

③ 관계기관의 장은 하나의 테러사건에 대한 신고자 등이 2명 이상인 경우에는 제2항에 따른 지급기준의 범위에서 그 공로를 고려하여 배분·지급한다.

④ 관계기관의 장은 제3항의 경우 포상금을 받을 사람이 배분방법에 관하여 미리 합의하여 포상금 지급을 신청하는 경우에는 그 합의한 내용에 따라 지급한다. 다만, 합의된 비율이 현저하게 부당한 경우에는 심사위원회의 심의·의결을 거쳐 관계기관의 장이 이를 변경할 수 있다.

제32조(포상금 신청 절차) ① 포상금은 그 사건이 공소제기·기소유예 또는 공소보류되거나 관계기관의 장이 제29조 제3항에 따라 추천한 경우에 신청할 수 있다.

② 검사 또는 군 검찰부 검찰관은 법에 따른 포상금 지급대상이 되는 사건에 관하여 공소를 제기하거나 제기하지 아니하는 결정을 하였을 때에는 지체 없이 신고자 등에게 서면으로 그 사실을 통지하여야 한다.

③ 포상금을 받으려는 사람은 총리령으로 정하는 신청서에 다음 각 호의 서류를 첨부하여 관계기관의 장에게 신청하여야 한다.
1. 제29조 제2항에 따른 증명서
2. 제2항 또는 제29조 제3항 후단에 따른 통지서
3. 공적 자술서

④ 제3항에 따른 신청은 제2항 또는 제29조 제3항 후단에 따른 통지를 받은 날부터 60일 이내에 하여야 한다.

⑤ 포상금을 신청하려는 사람이 2명 이상인 경우에는 신청자 전원의 연서(連署)로써 청구하여야 한다.

제33조(포상금 지급 절차) ① 관계기관의 장은 심사위원회가 심의·의결한 사항을 기초로 포상금 지급 여부와 지급금액을 결정한다.

② 관계기관의 장은 포상금 지급대상자에게 결정 통지서를 보내고 포상금을 지급한다.

③ 제1항 및 제2항에서 규정한 사항 외에 포상금 지급 등에 관하여 필요한 사항은 총리령으로 정한다.

제34조(포상금 지급 취소 및 반환) ① 관계기관의 장은 포상금을 지급한 후 다음 각 호의 어느 하나에 해당하는 경우에는 심사위원회의 심의·의결을 거쳐 그 포상금 지급 결정을 취소한다.

1. 포상금 수령자가 신고자 등이 아닌 경우
2. 포상금 수령자가 테러사건에 가담하는 등 불법행위를 한 사실이 사후에 밝혀진 경우
3. 그 밖에 포상금 지급을 취소할 사유가 발생한 경우

② 관계기관의 장은 제1항에 따라 포상금의 지급 결정을 취소하였을 때에는 해당 신고자 등에게 그 취소 사실과 포상금의 반환 기한, 반환하여야 하는 금액을 통지하여야 한다.

③ 제1항 및 제2항에서 규정한 사항 외에 포상금 반환에 관하여 필요한 사항은 총리령으로 정한다.

제35조(테러피해의 지원) ① 법 제15조 제2항에 따라 국가 또는 지방자치단체가 지원할 수 있는 비용(이하 "피해지원금"이라 한다)은 신체 피해에 대한 치료비 및 재산 피해에 대한 복구비로 한다.

② 테러로 인한 신체 피해에 대한 치료비는 다음 각 호와 같고, 치료비 산정에 필요한 사항은 총리령으로 정한다.

1. 신체적 부상 및 후유증에 대한 치료비
2. 정신적·심리적 피해에 대한 치료비

③ 테러로 인한 재산 피해에 대한 복구비는 「재난 및 안전관리 기본법」 제66조에 따른 사회재난 피해 지원의 기준과 금액을 고려하여 대책위원회가 정한다.

④ 제2항에 따른 치료비와 제3항에 따른 복구비는 대책위원회의 심의·의결을 거쳐 일시금으로 지급한다.

⑤ 제2항부터 제4항까지에서 규정한 사항 외에 피해지원금의 한도·세부 기준과 지급 방법 및 절차 등에 관하여 필요한 사항은 대책위원회가 정한다.

제36조(특별위로금의 종류) ① 법 제16조 제1항에 따른 특별위로금은 다음 각 호의 구분에 따라 지급한다.

1. 유족특별위로금: 테러로 인하여 사망한 경우
2. 장해특별위로금: 테러로 인하여 신체상의 장애를 입은 경우. 이 경우 신체상 장애의 기준은 「범죄피해자 보호법」 제3조 제5호, 같은 법 시행령 제2조, 별표 1 및 별표 2에 따른 장해의 기준을 따른다.
3. 중상해특별위로금: 테러로 인하여 장기치료가 필요한 피해를 입은 경우. 이 경우 장기치료가 필요한 피해의 기준은 「범죄피해자 보호법」 제3조 제6호 및 같은 법 시행령 제3조에서 정한 중상해의 기준을 따른다.

② 대책본부를 설치한 관계기관의 장은 제1항에 따른 특별위로금을 대책위원회의 심의·의결을 거쳐 일시금으로 지급한다.

③ 제1항 제1호에 따른 유족특별위로금(이하 "유족특별위로금"이라 한다)은 피해자가 사망하였을 때 총리령으로 정하는 바에 따라 맨 앞 순위인 유족에게 지급한다. 다만, 순위가 같은 유족이 2명 이상이면 똑같이 나누어 지급한다.

④ 제1항 제2호에 따른 장해특별위로금(이하 "장해특별위로금"이라 한다) 및 제1항 제3호에 따른 중상해특별위로금(이하 "중상해특별위로금"이라 한다)은 해당 피해자에게 지급한다.

제37조(특별위로금의 지급기준) ① 유족특별위로금은 피해자의 사망 당시(신체에 손상을 입고 그로 인하여 사망한 경우에는 신체에 손상을 입은 당시를 말한다)의 월급액이나 월실수입액 또는 평균임금에 24개월 이상 48개월 이하의 범위에서 유족의 수와 연령 및 생계유지 상황 등을 고려하여 총리령으로 정하는 개월 수를 곱한 금액으로 한다.

② 장해특별위로금과 중상해특별위로금은 피해자가 신체에 손상을 입은 당시의 월급액이나 월실수입액 또는 평균임금에 2개월 이상 48개월 이하의 범위에서 피해자의 장해 또는 중상해의 정도와 부양가족의 수 및

생계유지 상황 등을 고려하여 총리령으로 정한 개월 수를 곱한 금액으로 한다.

③ 제1항 및 제2항에 따른 피해자의 월급액이나 월실수입액 또는 평균임금 등은 피해자의 주소지를 관할하는 세무서장, 시장·군수·구청장(자치구의 구청장을 말한다) 또는 피해자의 근무기관의 장의 증명이나 그 밖에 총리령으로 정하는 공신력 있는 증명에 따른다.

④ 제1항 및 제2항에서 피해자의 월급액이나 월실수입액이 평균임금의 2배를 넘는 경우에는 평균임금의 2배에 해당하는 금액을 피해자의 월급액이나 월실수입액으로 본다.

⑤ 제1항부터 제4항까지에서 규정한 사항 외에 특별위로금의 세부기준·지급 방법 및 절차 등에 관하여 필요한 사항은 대책위원회가 정한다.

제38조(특별위로금 지급에 대한 특례) ① 장해특별위로금을 받은 사람이 해당 테러행위로 인하여 사망한 경우에는 유족특별위로금을 지급하되, 그 금액은 제37조 제1항에 따라 산정한 유족특별위로금에서 이미 지급한 장해특별위로금을 공제한 금액으로 한다.

② 중상해특별위로금을 받은 사람이 해당 테러행위로 인하여 사망하거나 신체상의 장애를 입은 경우에는 유족특별위로금 또는 장해특별위로금을 지급하되, 그 금액은 제37조 제1항에 따라 산정한 유족특별위로금 또는 같은 조 제2항에 따라 산정한 장해특별위로금에서 이미 지급한 중상해특별위로금을 공제한 금액으로 한다.

제39조(피해지원금 및 특별위로금 지급 신청) ① 법 제15조 또는 제16조에 따라 피해지원금 또는 특별위로금의 지급을 신청하려는 사람은 테러사건으로 피해를 입은 날부터 6개월 이내에 총리령으로 정하는 바에 따라 지급신청서에 관련 증명서류를 첨부하여 대책본부를 설치한 관계기관의 장에게 제출하여야 한다.

② 법 제15조 또는 제16조에 따른 피해지원금 또는 특별위로금의 지급을 신청하려는 사람이 둘 이상인 경우에는 다음 각 호의 구분에 따라 신청인 대표자를 선정할 수 있다. 이 경우 같은 순위의 사람이 둘 이상이면 같은 순위의 사람이 합의하여 신청인 대표자를 정하되, 합의가 이루어지지 아니하는 경우나 그 밖의 부득이한 사유가 있으면 신청인 대표자

를 선정하지 아니할 수 있다.

1. 사망한 피해자에 대한 피해지원금 및 특별위로금: 총리령에서 정하는 바에 따라 맨 앞 순위인 유족 1명
2. 생존한 피해자에 대한 피해지원금 및 특별위로금: 생존한 피해자(생존한 피해자의 법정대리인을 포함한다)

③ 피해지원금 및 특별위로금의 지급 신청, 지급 결정에 대한 동의, 지급 청구 또는 수령 등을 직접 하기 어려운 사정이 있으면 다른 사람을 대리인으로 선임할 수 있다.

④ 대책본부를 설치한 관계기관의 장은 제1항에 따라 피해지원금 또는 특별위로금의 지급신청을 받으면 그 관련 서류 등을 검토하고 서류 등이 누락되거나 보완이 필요한 경우 기간을 정하여 신청인(제2항에 따른 신청인 대표자, 제3항에 따른 대리인을 포함한다. 이하 같다)에게 보완을 요청할 수 있다.

제40조(피해지원금 및 특별위로금 지급 결정) ① 대책본부를 설치한 관계기관의 장은 대책위원회의 심의·의결을 거쳐 피해지원금 및 특별위로금의 지급 신청을 받은 날부터 120일 이내에 그 지급 여부 및 금액을 결정하여 신청인에게 결정 통지서를 송부하여야 한다. 이 경우 해당 관계기관의 장은 대책위원회가 피해지원금 또는 특별위로금의 지급에 관하여 심의·의결한 날부터 30일 이내에 지급 여부 등을 결정하여야 한다.

② 제1항에 따른 결정에 관하여 이의가 있는 신청인은 결정 통지서를 받은 날부터 30일 이내에 총리령으로 정하는 바에 따라 이의 신청서에 그 사유를 증명할 수 있는 자료를 첨부하여 대책본부를 설치한 관계기관의 장에게 제출하여야 한다.

③ 제2항에 따른 이의 신청에 관하여는 제1항을 준용한다. 이 경우 제1항 중 “120일”은 “60일”로 본다.

제41조(피해지원금 및 특별위로금 지급 제한) 대책본부를 설치한 관계기관의 장은 테러사건으로 피해를 입은 사람에게 과실이 있다고 판단되는 경우 대책위원회의 심의·의결을 거쳐 그 과실의 정도에 따라 피해지원금 및 특별위로금을 지급하지 아니하거나 금액을 줄여 지급할 수 있다.

제42조(피해지원금 및 특별위로금 지급) ① 제40조 제1항에 따라 결정 통지서를 받은 신청인이 피해지원금 또는 특별위로금을 받으려는 경우에는 다음 각 호의 서류를 첨부하여 총리령으로 정하는 바에 따라 대책본부를 설치한 관계기관의 장에게 지급을 신청하여야 한다.

1. 지급 결정에 대한 동의 및 신청서
2. 인감증명서(서명을 한 경우에는 본인서명사실확인서를 말한다)
3. 입금계좌 통장 사본

② 피해지원금 및 특별위로금은 대책본부를 설치한 관계기관의 장이 지급하되, 그 실무는 국고(국고대리점을 포함한다)에 위탁하여 처리하게 할 수 있다.

③ 대책본부를 설치한 관계기관의 장은 제1항에 따른 동의 및 신청서를 받은 날부터 90일 이내에 피해지원금 및 특별위로금을 지급하여야 한다. 다만, 90일 이내에 지급할 수 없는 특별한 사유가 있는 경우에는 지급기간을 연장할 수 있으며, 그 사유를 신청인에게 통지하여야 한다.

제43조(피해지원금 및 특별위로금 환수) 대책본부를 설치한 관계기관의 장은 피해지원금 및 특별위로금을 받은 사람이 다음 각 호의 어느 하나에 해당하는 경우에는 받은 금액의 전부 또는 일부를 환수하여야 한다.

1. 테러사건에 가담하는 등 불법행위를 한 사실이 사후에 밝혀진 경우
2. 거짓이나 그 밖의 부정한 방법으로 받은 경우
3. 잘못 지급된 경우

제44조(다른 법령에 따른 급여 등과의 관계) 테러로 인하여 신체 또는 재산의 피해를 입은 사람과 피해를 입은 사람의 유족 또는 신체상의 장애 및 장기치료가 필요한 피해를 입은 사람이 해당 테러 행위를 원인으로 하여 다른 법령에 따라 신체 또는 재산의 피해에 대한 치료비, 복구비, 특별위로금 또는 이에 상당하는 지원을 받을 수 있을 때에는 그 받을 금액의 범위에서 법 제15조 제2항에 따른 치료비·복구비 또는 법 제16조 제1항에 따른 특별위로금을 지급하지 아니한다.

제7장 보칙

제45조(고유식별정보의 처리) 관계기관의 장은 다음 각 호의 사무를 수행하기 위하여 불가피한 경우 「개인정보 보호법 시행령」 제19조에 따른 주민등록번호, 여권번호, 운전면허의 면허번호 또는 외국인등록번호가 포함된 자료를 처리할 수 있다.

1. 법 제9조에 따른 테러위험인물에 대한 정보 수집, 대테러조사 및 테러위험인물에 대한 추적 등에 관한 사무
2. 법 제12조에 따른 테러선동·선전물 긴급 삭제 등 요청에 관한 사무
3. 법 제13조에 따른 외국인테러전투원에 대한 규제 등에 관한 사무
4. 법 제14조에 따른 신고자 보호 및 포상금 지급 등에 관한 사무
5. 법 제15조에 따른 테러피해의 지원 등에 관한 사무
6. 법 제16조에 따른 특별위로금 지급 등에 관한 사무

부칙 〈대통령령 제27203호, 2016.5.31.〉

이 영은 2016년 6월 4일부터 시행한다.

부칙 〈대통령령 제27971호, 2017.3.29.〉 (항공안전법 시행령)

제1조(시행일) 이 영은 2017년 3월 30일부터 시행한다. <단서 생략>

제2조부터 제9조까지 생략

제10조(다른 법령의 개정) ①부터 ④까지 생략

⑤ 국민보호와 공공안전을 위한 테러방지법 시행령 일부를 다음과 같이 개정한다.

제25조 제1항 제2호 마목 중 "「항공법」"을 "「항공안전법」"으로 한다.

⑥부터 ㉒까지 생략

제11조 생략

부칙 〈대통령령 제28211호, 2017.7.26.〉 (행정안전부와 그 소속기관 직제)

제1조(시행일) 이 영은 공포한 날부터 시행한다. 다만, 부칙 제8조에 따라 개정되는 대통령령 중 이 영 시행 전에 공포되었으나 시행일이 도래하지 아니한 대통령령을 개정한 부분은 각각 해당 대통령령의 시행일부터 시행한다.

제2조부터 제7조까지 생략

제8조(다른 법령의 개정) ①부터 <381>까지 생략

<382> 국민보호와 공공안전을 위한 테러방지법 시행령 일부를 다음과 같이 개정한다.

제3조 제1항 중 "행정자치부장관"을 "행정안전부장관"으로, "국민안전처장관, 대통령경호실장, 국가정보원장"을 "국가정보원장"으로, "관세청장 및 경찰청장"을 "대통령경호처장, 관세청장, 경찰청장, 소방청장 및 해양경찰청장"으로 한다.

제12조 제2항 제2호 중 "국민안전처·국가정보원·식품의약품안전처·관세청·검찰청 및 경찰청"을 "국가정보원·식품의약품안전처·관세청·검찰청·경찰청 및 해양경찰청"으로 한다.

제13조 제2항 제1호 중 "국민안전처·관세청·경찰청"을 "관세청·경찰청·소방청·해양경찰청"으로 한다.

제14조 제1항 각 호 외의 부분 중 "국민안전처장관 및 경찰청장"을 "경찰청장 및 해양경찰청장"으로 하고, 같은 항 제4호를 삭제하며, 같은 항에 제6호를 다음과 같이 신설한다.

6. 해양경찰청장: 해양테러사건대책본부

제17조 제1항 중 "국민안전처장관"을 "행정안전부장관"으로 한다.

제18조 제1항 및 제2항 중 "국민안전처장관 및 경찰청장"을 각각 "경찰청장 및 해양경찰청장"으로 한다.

제19조 제1항 중 "국민안전처장관"을 "소방청장"으로 한다.

제26조 제4항 중 "대통령경호실장"을 "대통령경호처장"으로 한다.

<383>부터 <388>까지 생략

부칙 〈대통령령 제29114호, 2018.8.21.〉
(군사안보지원사령부령)

제1조(시행일) 이 영은 2018년 9월 1일부터 시행한다.

제2조 생략

제3조(다른 법령의 개정) ① 국민보호와 공공안전을 위한 테러방지법 시행령 일부를 다음과 같이 개정한다.

제12조 제2항 제3호 중 “기무부대”를 “군사안보지원부대”로 한다.

제13조 제2항 제1호 중 “국군기무사령부”를 “군사안보지원사령부”로 한다.

②부터 ⑨까지 생략

제4조 생략

찾아보기

ㄴ

ㄷ

ㄹ

ㅁ

ㅂ

ㅅ

기타

저자 약력

김 용 주

육군사관학교 졸업(문학사)
서울대학교 법과대학 사법학과 졸업(법학사)
고려대학교 일반대학원 법학과 석사과정 졸업(법학석사)
고려대학교 일반대학원 법학과 박사과정 졸업(법학박사)
국방대학교 합참정규과정 연수

육군사관학교 전임강사(1994. 5. – 1996. 8.)
국방부 과학수사연구소 연구관(1999. 2. – 2000. 10.)
고려대학교 법학연구원 전임연구원(2014. 9. – 2017. 2.)
현재 초당대학교 교수

논문

경찰손실보상 심의사례의 경찰법적 검토(2019)
테러방지법상 대테러조사에 대한 법적 규제 연구(2018)
행정조사와 특별사법경찰관리의 수사의 경계획정(2014)
테러방지법 제정의 기본방향에 관한 연구(2013) 외 다수

정책연구

국가직 전환에 따른 소방관계법률 제·개정 방안 연구(2020)
공무원 징계와 군 징계의 비교법적 연구(2020)
군 범죄피해자 보호 및 지원을 위한 정책연구(2018)
군 수사와 사법제도 현황 및 개선방안 연구(2015) 외 다수

경찰법으로서
테러방지법의 이해

초판 발행 2021년 1월 1일
중판 발행 2021년 9월 10일

지은이 김용주
펴낸이 안종만 · 안상준

편 집 우석진
기획/마케팅 이후근
표지디자인 벤스토리
제 작 고철민·조영환

펴낸곳 (주) 박영사
서울특별시 금천구 가산디지털2로 53, 210호(가산동, 한라시그마밸리)
등록 1959. 3. 11. 제300-1959-1호(倫)
전 화 02)733-6771
f a x 02)736-4818
e-mail pys@pybook.co.kr
homepage www.pybook.co.kr
ISBN 979-11-303-3722-7 93360

정 가 15,000원